本书系国家社会科学基金青年项目“国际比较视野下面向拉美地区的语言传播战略研究”（批准号：15CYY015）的结项成果，同时受到中央高校基本科研业务费专项资助。

面向拉美地区的语言传播

曹羽菲 等◎著

Language Spread in Latin America

中国社会科学出版社

图书在版编目（CIP）数据

面向拉美地区的语言传播／曹羽菲等著. --北京：中国社会科学出版社，2024. 7. --（语言政策与语言教育丛书／赵蓉晖主编）. --ISBN 978-7-5227-3779-9

Ⅰ. H0-05

中国国家版本馆 CIP 数据核字第 20242YT125 号

出 版 人　赵剑英
责任编辑　张　林
特约编辑　宋英杰
责任校对　王　龙
责任印制　戴　宽

出　　版　中国社会科学出版社
社　　址　北京鼓楼西大街甲 158 号
邮　　编　100720
网　　址　http://www. csspw. cn
发 行 部　010-84083685
门 市 部　010-84029450
经　　销　新华书店及其他书店

印　　刷　北京明恒达印务有限公司
装　　订　廊坊市广阳区广增装订厂
版　　次　2024 年 7 月第 1 版
印　　次　2024 年 7 月第 1 次印刷

开　　本　710×1000　1/16
印　　张　17. 75
插　　页　2
字　　数　284 千字
定　　价　99. 00 元

前　言

《面向拉美地区的语言传播》是国家社科基金青年项目“国际比较视野下面向拉美地区的语言传播战略研究”（项目号：15CYY015）的结项成果。该项目于2015年立项，2020年以“良好”等第结项。之后，项目成果经过多次修改和完善，形成专著。

就社会语言学研究而言，拉丁美洲是一个非常有趣的研究对象，因为数以百计的语言通过各种途径汇集到这片神奇的土地，进而相互接触碰撞，产生出形态各异的语言变体。对这片土地上各种语言的传播历史进行梳理，有助于我们探寻语言传播和发展的本质规律。本书通过梳理不同国家及其语言在拉美地区的传播与发展，厘清了几个世纪以来拉丁美洲外来语言的进入、传播和发展的历史。与此同时，从国际语言竞争、移民与区域融合、商业经济、文化多样性、身份认同等角度，通过个案研究和比较分析来考察世界主要国家在拉美地区进行语言传播的背景与现状，探讨各种语言在该地区传播过程中所体现出来的政治价值、经济价值和文化价值，可为新时期我国语言政策和语言规划研究，尤其是面向拉美地区的汉语国际传播提供理论依据和实践参考。

本书由六个章节构成，第一章为绪论，主要介绍研究背景。第二章系统研究了拉美地区各种语言传播的历史和现状。第三章和第四章考察并比较了世界主要国家面向拉美地区实施的语言传播战略。第五章在借鉴各国语言传播经验的基础上，探讨了汉语在拉美地区的传播问题。第六章进行总结。从内容创新角度来看，我国学界对欧美国家语言传播领域的研究较多，本书则聚焦拉美，揭示语言传播在该地区呈现的特点和规律。此外，本书将语言政策研究与拉美研究紧密结合，为构建多学科协同的语言政策综合研究奠定基础。从方法创新角度来看，作为软实力输出的语言传播有其本质规律，本书通过国际比较揭示规律，突破单一国别或者某个语言文化推广机构的局限，在更大范围内开展纵深研究，拓展语言传播研究的范围和空间。

本书是集体智慧的结晶。上海外国语大学陆经生教授、赵蓉晖教授，同济大学沈骑教授在本项目的申报、开题以及书稿出版的过程中给予了无私的帮助和专业的指导。也是通过这个项目，几位教授为我打开了西班牙语社会语言学的大门，让我在语言本体研究之外，能够以更为宏观的视角来审视西班牙语和西班牙语世界。北京外国语大学郑书九教授审阅了本书初稿，并提出了宝贵的修改意见。更重要的是，郑书九教授创新务实、严谨负责的态度给我们青年学者树立了优秀的榜样。

本书是一个跨语种研究项目，要感谢上海外国语大学包容、开拓的科研氛围，始终鼓励语种间的协同创新，这种氛围和理念为本项目最终成果的完成奠定了良好的基础。项目负责人曹羽菲设计了本书的框架，完成了第一章、第二章、第四章和第六章主体内容以及第三章第一节和第五章第三节的初稿撰写，同时负责各章节的润色与定稿。项目组成员马小彦、王奕瑶、周磊、张琳、古雯鋆、周小舟和项目组助研张礼骏、李佳蒙、徐怡萍和张佳凤完成了第三章第二至第九节的初稿撰写。项目组成员袁艳和项目组助研阮孝煜、徐怡萍参与撰写了第二章第一节和第四章第二节的部分内容。项目组助研张婧亭和方卉利用赴拉美留学的机会开展田野调查，并撰写了第五章第一节和第二节的初稿。项目组助研阮孝煜、杨佳辉和田雨参与了本书附录一的制作与更新。最后，还要感谢中国社会科学出版社张林主任，她为本书的顺利出版提供了积极的帮助和支持。由于作者团队能力有限，书中不免会有错误或者疏漏之处，欢迎广大读者批评指正，以便再版完善。

项目组团队

2023 年 8 月于上海

目　录

第一章

绪　论

第一节　选题缘由[①]

拉美地区语言文化丰富多样，走在拉美的街头，我们能听到各种各样的语言——西班牙语、葡萄牙语、英语、法语、荷兰语等。这些语言是如何传播到拉美的？推动这些语言传播的力量是什么？各种语言传播到拉美后会发生哪些变化？在当前全球语言竞争大背景下，各国是如何争取拉美这片广阔地域的？汉语又如何在拉美地区进行传播？这些问题构成本书的主要研究对象，我们希冀通过国际比较来研究面向拉美地区的语言传播问题，并进一步探讨汉语在拉美地区的有效传播方案。

语言传播，是指A民族的语言被B民族学习使用[②]，从而使A民族的语言传播到B民族（李宇明，2008）。语言传播是自古以来普遍存在的现象，是民族间接触、交流乃至碰撞的方式之一。语言在传播中发展，产生各种变体，社会在语言传播中进步。国家是现代社会的重要实体，若引入国家的概念，我们会看到，许多语言传播在多民族的国家内部进行，也在国家之间进行。因此，语言传播研究需区分国内传播与国际传播，本书主要研究后者，即各种语言面向拉美地区的国际传播。

在全球化背景下，世界各国在拉美地区制定并实施了不同的语言传播战略，全面比较和分析不同语言战略的特点，揭示在拉美地区进行语言传播的独特性与战略内涵，具有重要现实价值和借鉴意义。国外相关

---

① 本节内容基于曹羽菲（2021）。

② A民族：语言领属者；B民族：语言接纳者。

研究主要在三个层面展开：第一，在理论层面从全球化视域考察语言传播规律，如 Wright（2004）、Kumaravadivelu（2008）、Blommaert（2010）等结合全球化理论，论述了语言传播的规律。第二，在历时层面研究各种语言在拉美的传播历史及其过程中产生的各种变体，如 Moreno（2007）、Siguan（2007）、Mufwene（2014）等全面研究了西班牙语在拉美传播的历史。Córdova（2004）、García（2007）、Lipski（2007）等则基于语言接触理论研究了各种语言在拉美传播过程中与当地语言碰撞产生的各种变体。第三，在现时层面多角度探讨各语言在拉美地区传播的现状和规律，如 Rodrigues（1993）、Pavlenko & Blackledge（2004）等从身份认同和语言使用权利的角度分析了各种语言在拉美传播的现状和前景。Tamarón（1997）、Casilda（2001）等从区域一体化和经济角度分析了面向拉美地区的语言传播战略。国外的研究视角多样，为语言传播战略研究提供了丰富的理论和实践经验，但视角多限于拉美地区内部，未能揭示全球化和国际语言竞争背景下进行语言传播的基本规律和战略意义。

近年来，国内语言学界逐步关注语言推广和语言传播的战略研究，相关研究主要集中在：第一，各国语言推广机构实施的语言传播战略。如张西平、柳若梅（2008）介绍了英国文化委员会、西班牙塞万提斯学院、德国歌德学院、俄罗斯国立普希金俄语学院等世界主要语言文化推广机构的对外语言传播模式。莫嘉琳（2009）、杨敏（2012）、陈海芳（2013）、杨德春（2013）等则分析了国外语言文化推广机构的经验对孔子学院的借鉴意义。第二，拉美各国语言传播的个案研究，如腾星、孔丽娜（2011）、李清清（2013）、李丹（2014）等分析了不同语言在危地马拉、秘鲁、玻利维亚等拉美国家的传播现状及前景。第三，汉语在拉美国家的传播现状，如朱勇（2007）、黄方方、孙清忠（2011）、付爱萍（2013）等介绍了汉语在墨西哥、智利、哥斯达黎加、哥伦比亚、古巴、秘鲁等拉美国家的传播情况。从区域国别角度看，国内学界对欧美国家语言传播领域的研究较多，对拉美等国虽已有一定研究，但多数研究集中在零星描述层面，缺少战略意识，也没有很好挖掘语言传播过程中所体现出来的多维价值。此外，相关研究往往局限于一个国家或者一个单独的语言推广机构，缺乏更为宽泛、系统的国际视野和比较研究。最后，目前还没有关于在拉美地区进行语言传播战略的独特性研究。因此，在本书中，我们将着重关注拉美地区独特性，并力求拓宽研究视野，从更为广阔的国际比较视域来分析问题。

从理论价值来看，本书聚焦拉美，揭示语言传播在该地区呈现的特点和规律。在拉美地区传播汉语有助于促进中拉双方的对话与交流，并在此基础上开展全方位战略合作。我们的研究将语言政策研究与拉美研究紧密结合，为构建多学科协作的语言政策综合研究提供一种理论架构的可能性。此外，作为软实力输出的语言传播有其本质规律，本书通过国际比较揭示规律，突破单一国别或者某个语言文化推广机构的局限，在更大范围内开展纵深研究，拓展语言传播研究的范围和空间。

从应用价值来看，本书探索全球化背景下汉语在拉美地区的传播方略，系统研究各国在拉美地区进行语言传播的模式与理念。在此基础上，透析教训，厘清问题，总结经验，为汉语在拉美地区的传播提供实践参考。此外，我们在实践层面考察、比较了各国语言文化推广机构在拉美进行语言传播的做法与策略，并进一步探讨如何因地制宜构建符合拉美地区特点的孔子学院建设方案。

第二节 理论框架①

一 面向拉美地区的语言传播战略比较

目前，学术界通用的“战略”一词发源于西方，狭义的战略是指战斗中使用的各种谋略，而广义的战略则不囿于军事领域，是指一种分配和运用各种手段以达到政治目的的艺术。② 本书所论及的语言传播战略属于广义战略的范畴。我们认为，各国面向拉美的语言传播战略是指主权国家为了实现国家利益而调动各种力量与资源，在拉美地区开展语言传播，实现既定战略目标的科学和艺术。我们可以从以下四个方面来理解上述概念。首先，战略的实施者是主权国家。其次，它的最终目标是实现国家利益。第三，运用战略手段调动各种力量与资源来开展语言传播是实现战略目标的关键所在。最后，它是一门科学，也是一门政治艺术。

---

① 本节内容基于曹羽菲（2021）。

② 本小节中有关战略的概念界定参考刘艳房（2016：37）。

基于上述概念界定，我们以语言传播的“价值”和“内容”作为核心维度开展国际比较，详见表1－1：

表1－1 面向拉美地区的语言传播战略比较框架

	面向拉美地区的语言传播战略比较
传播价值 （什么战略目标？）	政治价值、经济价值、文化价值等
传播内容 （什么战略手段？）	本体规划、地位规划、教育规划、声誉规划

价值维度主要回答“什么战略目标？”这一问题。在语言传播价值层面开展国际比较，有利于我们探索各国面向拉美地区实施语言传播战略的深层原因和战略本质。赵蓉晖（2014）也指出，语言战略研究不能停留在政策、现象的表面，而应进一步关注历史、文化理念、社会结构等深层次因素。各个国家之所以要在拉美地区传播他们的语言，是因为语言在该区域的传播具有政治、经济、文化等价值，而这些价值正是各国面向拉美进行语言传播的动力所在，构成语言传播战略的核心。

语言传播价值是复杂的，有时是单一的，多数情况下则是复合的。而且，在不同时期，各国面向拉美地区进行语言传播的战略价值也有所差异。例如，在殖民时期，西班牙在拉美传播西班牙语，主要是为了维护殖民统治。而如今，西班牙政府面向拉美倡导的“泛西班牙语”语言传播战略，承认拉美西语变体，则主要基于经济价值。正如社会语言学家 García（2007）所论，“泛西班牙语”战略制定的背景是“语言—经济”关系，而不是“语言—身份”关系。西班牙政府对于拉美西班牙语的承认，是为了能与广阔的拉美市场建立起贸易关系。Casilda（2001）在第二届西班牙语大会上作了名为《西班牙在拉美投资的十年 1990—2000：语言作为竞争优势》的发言。在发言中，他指出，1999 年西班牙在拉美的投资额达到250 亿美元，首次超越美国，成为在拉美的最大投资国。西班牙在拉美的投资主要集中在相对美国具有优势的行业，如银行业、通信业和能源产业等。

美国在波多黎各传播英语则基于文化和政治的复合价值。波多黎各曾经是西班牙的殖民地，美西战争西班牙战败后，又沦为美国的殖民地。此后，美国开始在波多黎各大力推广英语，颁布法律宣布英语和西班牙语同为波多黎各的官方语言，并规定将英语作为波多黎各所有公立学校的教学媒介语。对于美国而言，在当地大力推广英语是具有文化价值和政治价值的。一方面，西班牙曾经统治三百余年，西班牙语文化在当地根深蒂固。美国试图通过英语的传播，用美国文化习俗对当地的西语文化传统加以替代，努力在公众舆论中树立起对美国及其国家文化价值的认同和正面评价。另一方面，英语传播有利于美国在当地事务中发出声音，掌握话语权，进而加强对波多黎各的政治控制。由此可见，在美国面向波多黎各的语言传播过程中，语言的文化价值和政治价值得以凸显，构成美国在当地传播语言的源动力。

内容维度主要回答“用什么战略行为?”或“什么战略手段?”的问题，包括本体规划、地位规划、教育规划和声誉规划。比如，西班牙在面向拉美地区传播语言的过程中，本体规划经历了一个“由紧至松”的转变过程，从初期追求西班牙语的“纯正与优雅”，到近年来对于拉美变体越来越多的承认和接纳。2009 年 12 月，西班牙皇家学院出版了《新编西班牙语语法》，该书将拉美地区使用的西班牙语语法汇集其中。在西班牙首都马德里举行的新书推介会上，当时的西班牙皇家学院院长维克托·加西亚·德拉孔查形容这套书是“所有西语国家西班牙语语音和语法的大集合”。西班牙政府相信，在拉美传播西班牙语应采取包容、开放的姿态，这有助于联合拉美 19 个西语国家一起与实力强大的英语抗衡。

地位规划我们以美国和荷兰为例。1902 年，美国在面向波多黎各传播英语的过程中，宣布英语和西班牙语同为波多黎各的官方语言，规定“在岛上所有的联邦政府部门、法院和公共办公室，英语和西班牙语都应当无差别使用。而且，当有需要时，应当将一种语言笔译或口译为另一种语言，使有关当事人可以理解现场的流程或交流”，以此来推动英语在波多黎各的传播。在拉美地区，苏里南已成为世界上第三大荷兰语国家。1667 年，第二次英国战争结束后，荷兰与苏里南签订《布雷达和平协议》，正式将其纳为荷兰殖民地。1799 年到 1816 年，苏里南被英国管辖，之后，再次成为荷兰殖民地。1876 年，荷兰语成为苏里南学校上课使用的正式语言。1975 年，苏里南独立之后，荷兰语正式成为苏里南的官方语言，当地人口有60%以荷兰语作为母语。在上述提到的美国与荷兰的例子中，地位规划，即对语言官方性的规定和承认，对推动语言在拉美地区的传播起到重要作用。

教育规划主要比较中国孔子学院、美国文化中心、英国文化委员会、西班牙塞万提斯学院、德国歌德学院、法国法语联盟、葡萄牙卡蒙斯学院、日本国际文化交流基金会、荷兰语语言联盟、意大利但丁学院等世界主要语言及文化推广机构在拉美布点和开展语言教育的情况。教育规划方面，除了研究传统的师资、教材、课程、教法等，我们还研究教育规划的布点战略。例如，塞万提斯学院于2016年推出新的国际西班牙语水平测试体系，巴西被列为该测试体系最先推广的地区之一。西班牙对巴西的强力语言输出体现了该国希望把整个拉丁美洲纳入语言战略同盟的想法。另外，巴西的邻国是众多西班牙语国家，巴西本身有着与地区语言文化大环境融合的意愿。这个意愿与塞万提斯学院的推广目标一拍即合，双方充分合作，战略高地顺势成形。（陆经生等，2016）

声誉规划则是指各国在拉美传播语言过程中所进行的“语言品牌”塑造。例如，德国在面向拉美地区传播语言的时候，将德语打造成具有高科技含量和就业优势的语言。以巴西为例，德国高科技企业贡献了该国工业生产总值的10%，为当地提供了大量的就业岗位。当地人为了在就业上掌握主动权，优先进入德国企业工作，萌发了学习德语的积极性，德国企业在拉美地区的强势存在，构成德语在拉美地区传播的比较优势。在拉丁美洲，法语被视为美丽、优雅的语言，享有较好的声誉。当地人相信，学习法语能够获得更多与高雅文化接触的机会。面向这一群体，法语联盟举办了丰富多样的文化活动，以此来吸引更多人感受法语国家文化的魅力，进而来学习法语。2014年，仅在阿根廷首都布宜诺斯艾利斯这一座城市就举办了362场文化活动，共吸引到43250人次前来参加①。这些文化活动形式多样，涵盖讲座、音乐会、展览、电影播放、文学交流等方方面面，无疑是对法语国家文化很好的宣传，也进一步提高了法语的声誉规划成效。

---

① 数据来源：Fondation Alliance française，Rapport d'activités 2014，Paris，Fondation Alliance française。

二　基于拉美独特性的语言传播

李宇明（2008：115）认为，但凡开展一个崭新领域的语言政策和语言规划研究，一要明确和掌握这一领域语言生活和语言使用的基本状况，二要确定该领域存在的语言问题及需要制定的语言政策；三要研究提升该领域语言能力和素质的措施等问题。根据上述观点，就我们分析的问题而言，首先，要明确各语言在拉美地区的传播现状。其次，要总结在拉美进行语言传播的特点，并制定相应的传播策略。最后，就是要研究如何优化在拉美地区进行语言传播的效果。由此，在开展面向拉美地区的语言传播战略比较之后，应当充分总结拉美独特性，并以此为出发点，思考在拉美地区进行语言传播的优化方案。

我们认为，语言传播视域下的拉美独特性研究可以通过两个途径展开。一方面，可以通过梳理各国面向拉美地区的语言传播“共性”来总结特殊性；另一方面，可以通过比较某国或某机构在拉美和拉美以外地区传播的差异来分析特殊性。

比如，在比较各国面向拉美地区开展语言传播战略之时，我们发现很多国家的语言传播机构都因为拉美的治安状况而大力发展远程教学。英国文化委员会在巴西提供非常丰富的在线免费英语学习资源。该机构网站提供数百页的音频和视频内容，超过两千个互动练习。除了网站之外，英国文化委员会还开发了大量学习英语的客户端应用，供手机和平板电脑使用者学习。该机构甚至与巴西文化相结合，开发了学习足球英语的网页，学习者可以通过该网页了解英格兰足球超级联赛的俱乐部和球员信息、比赛规则，做游戏和小测试。拉美地区的荷兰语语言联盟近年来也在不断延伸课堂空间，通过社交媒体来传播荷兰语。此外，该机构通过网络一体化建设，将所有数据上传到网站，这样信息检索更为便捷高效。这些网站的建设对荷兰语在拉美的传播也起到了不小的促进作用。

通过国际比较，我们发现，考虑到拉美地区的治安现状和社交媒体的迅猛发展，各国语言机构都会在拉美地区充分利用信息化技术开展语言传播，这一共性构成当地语言传播的独特性之一。当然，这一特点也可以通过同一机构在拉美和拉美以外地区传播语言的差异来呈现。例如，因为拉美的治安，法国面向拉美更多建立网络课堂，而在其他地区更多设立实体学校。这一点在巴西显得尤为突出，里约热内卢法语联盟率先开设了远程法语学习课程，2014 年所提供的远程教育课时数增加了 32%，课时收入超过了 20 万欧元①。

除了信息化程度高之外，各种语言在拉美地区传播还呈现出其他特点，我们将在下文中详细研究。这些特点构成语言传播视域下拉美地区的独特性，也是我们开展研究所关注的重点。基于区域独特性开展的语言传播更符合本土化需求，有利于提高传播成效，也有利于当地民众接受并自觉内化所推广的语言文化。

上文分析表明，基于“区域独特性”开展语言传播有利于优化传播方案，面对当前在拉美持续升温的汉语热，应当抓住机遇，优化资源配置，制定切合拉美国家需求，并符合我国整体发展战略的汉语传播方案。

首先，基于“拉美独特性”的汉语传播更容易被拉美国家所接受。拉美地区汉语传播机构在建设过程中，应当深入了解拉美各国社会人文背景，考虑到拉丁民族的具体情况，因地制宜，制定切实可行的汉语推广战略。同时，以恰当的方式联合当地政府机构、教育部门、新闻媒体和出版社等单位和组织，以便获得传播对象国支持，进而使得拉美民众最大程度理解并接受汉语传播的内容和方式，达到汉语在拉美传播的最优效果。

其次，基于“拉美独特性”的汉语传播能够更好地对接国家战略。汉语传播战略的制定要契合国家整体政策和发展目标，对接当今中国宏大的对外交往布局：向西全力推动“一带一路”沿线国家的汉语传播工作；向东则重点关注跨太平洋地区及拉美孔院的建设，打造战略高地，大力促进与跨太平洋地区及拉美国家语言文化方面的沟通与互动。基于“拉美独特性”考察，充分挖掘汉语在拉美地区传播过程中所呈现的经济价值，以语言为纽带打造经贸共同体。

最后，基于“拉美独特性”的汉语传播有利于集中资源、优化配置。拉美汉语语言文化传播机构要重视“区域独特性”研究，并以此为主导

---

① 数据来源：Fondation Alliance française，Rapport d'activités 2014，Paris，Fondation Alliance française。

理念和发展特色，与外交部、商务部、文化部、旅游局等政府部门及汉语和外语教学研究权威机构协同发展，以达到学术、人力、财力资源的最优化配置。拉美地区有19个国家以西班牙语为官方语言，可基于这个特点统一编制拉美地区对外汉语教材，供拉美西语国家使用，避免面向拉美各国编制不同汉语教材，造成资源浪费。

语言传播是社会语言学和语言政策与规划研究领域的重要课题之一，而面向拉美地区的语言传播战略研究更是一个涉及多学科、以现实热点问题为导向的课题。基于上文的理论探讨，我们总结如下研究框架，包括“区域独特性”和“国际比较”这两大版块。区域独特性通过比较各国共性或者分析某国面对区域内外的差异来确定，国际比较则在战略内容和战略价值这两个维度上开展。战略内容主要包括各国面向拉美地区开展的语言本体规划、地位规划、教育规划和声誉规划。战略价值主要探究各种语言在拉美地区传播过程中所呈现的政治价值、经济价值和文化价值等。研究框架如表1－2所示：

表1－2　　面向拉美地区的语言传播战略研究框架

<table>
<tr><th>区域独特性</th><th colspan="2">国际比较</th></tr>
<tr><td rowspan="2">语言在拉美地区传播的独特性
—各国在拉美地区进行语言传播的共性总结
—某种语言在拉美和拉美以外地区传播的差异分析</td><td>战略内容</td><td>—本体规划
—地位规划
—教育规划
—声誉规划</td></tr>
<tr><td>战略价值</td><td>—政治价值
—经济价值
—文化价值</td></tr>
</table>

本研究为语言传播战略分析提供了一个“面向特定传播对象”的崭新视野，即关注不同国家或机构对于同一特定区域实施的语言传播战略。在梳理国内外研究现状的基础上，我们提出了一个战略价值和战略内容分析并行、国际比较和拉美地区独特性研究结合的理论框架。下文就将基于上述框架开展面向拉美地区的语言传播战略比较和拉美独特性分析，并进一步探讨面向该地区的汉语传播战略。第二章主要梳理拉美地区语

言传播的历史和现状；第三章从国别视角开展拉美地区语言传播方略分析；第四章在战略内容和战略价值维度开展国际比较；第五章重点分析语言在拉美地区传播的独特性，并开展战略价值视域下的拉美地区语言传播特点研究，进而分析汉语在拉美地区的传播战略。

第三节　研究方法和学术创新

一　研究方法

本书主要采用多语种文献分析法、比较法、访谈法、问卷调研法和个案研究法。

1）多语种文献分析法。文献分析包括两个部分：第一部分是各国语言文化推广机构的官方文件、年报和官网等相关信息；第二部分是国内外专家学者的相关研究成果，包括期刊论文、学术专著、课题报告、会议发言等。鉴于拉美地区语言资源丰富多元，我们的课题组织了多语种团队开展文献调研，主要包括汉语、英语、西班牙语、葡萄牙语、法语、荷兰语、德语、日语和意大利语，相关语种的文献分析有助于我们更好地掌握语言对象国的资料，也为国际比较奠定良好基础。

2）比较法。比较法主要在两个层面展开，第一层面比较中国孔子学院、美国文化中心、英国文化委员会、西班牙塞万提斯学院、德国歌德学院、法国法语联盟、葡萄牙卡蒙斯学院等世界主要语言文化推广机构在拉美实施的语言传播战略。第二层面比较同一种语言在拉美和在世界其他地区传播的差异，在此基础上开展拉美地区语言文化传播独特性研究。

3）访谈法和问卷调研法。就汉语语言文化在拉美传播的问题设计问卷，采访秘鲁天主教大学孔子学院两任中方院长和阿根廷拉普拉塔孔子学院中方院长，开展定性分析，总结汉语在拉美地区传播的现状和主要面临的问题。开展拉美孔子学院对外汉语教育规划调研和语言本体差异对汉语传播的影响调研，在教育规划和本体规划两个维度探讨如何优化汉语在拉美地区的传播方案。

4）个案研究法。选取巴西、秘鲁、智利、委内瑞拉等代表性拉美国家进行个案分析，考察这些国家的语言文化现状，并进一步研究各国在上述拉美国家实施的语言传播战略。此外，根据拉美地区语言文化现状，重点选取西班牙、葡萄牙、英国、美国、法国、荷兰、德国、日本、意大利这几个国家，考察这些国家面向拉美地区开展语言传播的历史，分析这些国家面向拉美地区开展语言传播的战略。

二　学术创新

1）关注拉美地区，突破国内语言政策研究较多关注欧美国家的局限，充分挖掘各种语言在拉美地区传播过程中所体现出来的多元价值。此外，通过比较一种语言在拉美地区和拉美以外地区传播的差异，深入剖析在拉美地区进行语言传播的独特性，具有问题意识和战略导向。

2）开展国际比较，在总结异同的基础上揭示全球化和国际语言竞争背景下面向拉美地区的语言传播规律。突破以往语言传播研究往往局限于一个国家或者某个语言推广机构，通过横向比较，在更大范围内探索更深层次的语言传播规律。

3）发挥课题组团队语言优势，开展汉、英、西、法、葡、意、荷等多语种文献分析与调研，并在此基础上进行理论阐释和国际比较，为文献收集的完整性和比较研究的充分性奠定基础。团队成员研究方向互补，包括国内外语言规划、拉美研究和汉语国际传播等，协同创新，开展多学科协作的语言政策综合研究。

第二章

拉丁美洲的语言和语言传播

拉美地区语言资源丰富而多元，构成语言传播研究的优秀样本。通过考察各种语言在拉美地区的传播情况，探寻这些语言传播背后的深层动因，有利于揭示语言传播的基本规律和特点。在本章中，我们首先介绍当代拉丁美洲的语言文化现状，包括语言分布及使用情况、各国语言政策、外语教学和印第安语语言保护情况。之后，回顾拉美地区的语言传播历史，在此基础上，分析该地区语言传播的动因。最后，以在拉美传播最为广泛的西班牙语和葡萄牙语为例，研究语言在拉美地区的接触情况和产生的地域变体。

第一节　拉美地区的语言文化现状①

现代拉美语言文化根植于拉美的历史演变进程，本土民族与语言、欧洲殖民者及外来语言、来自亚非欧洲等地的外来移民及其语言文化等共同参与了现代拉美语言文化的形成与塑造。总体而论，当代拉美呈现多种语言并存的状况，西班牙语、葡萄牙语、英语、法语、荷兰语与从前殖民时期就留存下来的多种土著语言和方言在拉丁美洲百花齐放，但以西班牙语和葡萄牙语为主要语言。从各国和地区的语言政策来看，绝大部分国家受殖民时期影响，将宗主国带来的语言确定为官方语言。在少部分土著人口较多的国家，政府也鼓励和保护土著印第安语言的使用。

① 本节第一小点部分内容以及第二、第三小点由项目组成员袁艳撰写，部分内容基于曹羽菲（2020）整理。

伴随全球化进程，在拉美各国和地区的基础教育中，学校除教授本国通用的母语外，也开设外国语言学习课程。

一　当代拉美的语言分布及使用情况

拉丁美洲共有46个国家和地区，包括33个独立国家和13个属地。目前，在拉美地区使用的官方语言主要有西班牙语、葡萄牙语、英语、法语、荷兰语和印第安土著语等如表2－1所示[①]。

表2－1　　拉美地区的官方语言

国家或地区	官方语言	国家或地区	官方语言	国家或地区	官方语言
墨西哥	西班牙语	危地马拉	西班牙语	伯利兹	英语 克里奥尔语 西班牙语[②]
萨尔瓦多	西班牙语	洪都拉斯	西班牙语	尼加拉瓜	西班牙语
哥斯达黎加	西班牙语	巴拿马	西班牙语	哥伦比亚	西班牙语
委内瑞拉	西班牙语	圭亚那	英语	苏里南	荷兰语
巴西	葡萄牙语	厄瓜多尔	西班牙语	秘鲁	西班牙语 克丘亚语
玻利维亚	西班牙语 克丘亚语 艾马拉语	智利	西班牙语	阿根廷	西班牙语
乌拉圭	西班牙语	巴拉圭	西班牙语	法属圭亚那	法语
马尔维纳斯群岛	英语	古巴	西班牙语	牙买加	英语
海地	法语 克里奥尔语	多米尼加	西班牙语	安提瓜和巴布达	英语
巴巴多斯	英语	多米尼克	英语	格林纳达	英语
圣基茨和尼维斯	英语	圣卢西亚	英语	圣文森特和格林纳丁斯	英语

① 本表根据朱伦、吴洪英（2013）中相关信息绘制。

② 伯利兹通用英语、克里奥尔语和西班牙语。

续表

国家或地区	官方语言	国家或地区	官方语言	国家或地区	官方语言
特里尼达和多巴哥	英语	巴哈马	英语	阿鲁巴	荷兰语
安圭拉	英语	波多黎各	西班牙语 英语	瓜德罗普	法语
荷属安的列斯	荷兰语 帕彼曼都语	开曼群岛	英语	马提尼克	法语
美属维尔京群岛	英语	蒙特塞拉特	英语①	特克斯和凯科斯群岛	英语
英属维尔京群岛	英语②				

从表2-1中可以看到，在拉美地区，除了克丘亚语和艾马拉语等印第安土著语，其他官方语言或者通用语都是外来语，或者外来语和当地土著语的混合。由此可见，这些原本不在拉美地区，主要通过殖民进程传播到拉美的语言，如西班牙语、葡萄牙语、英语、法语和荷兰语等都比较强势，它们不仅通过传播进入拉美地区，还在当地占据主导地位。事实上，拉丁美洲这个概念的形成也源自殖民过程（朱伦、吴洪英，2013）。按照人文地理，美洲划分为盎格鲁-撒克逊美洲和拉丁美洲，两者以美墨之间的格兰德河为界，该河以北主要是英国人的殖民地，以南主要是西班牙人、葡萄牙人和法国人的殖民地，他们属于古代欧洲拉丁人后裔，拉丁美洲由此得名。

除了前文提及的西班牙语、葡萄牙语等几种欧洲语言之外，在土著印第安人人口众多的墨西哥、中美洲以及安第斯地区的厄瓜多尔、秘鲁、玻利维亚保持着印第安人传统的文化、语言与习俗。根据Hamel（2013）的统计，2009年，拉丁美洲有近3000万印第安人，使用500多种语言。百分之八十的印第安人聚居在两大区域，一是中美洲高原，包括墨西哥

① 蒙特塞拉特通用英语。

② 英属维尔京群岛通用英语。

东南部、危地马拉、伯利兹。在这个印第安人聚居区，使用着约 80 种语言，其中 140 万人说现代纳瓦特语，620 万人使用现代玛雅语。另一个主要的聚居区在安第斯地区，包括哥伦比亚南部到智利北部，涵盖阿根廷（北部）、玻利维亚、智利（北部）、哥伦比亚（南部）、厄瓜多尔和秘鲁。在这个区域，约 1200 万人说克丘亚语，300 万人使用艾马拉语。其余的印第安族群分布在拉丁美洲各地，主要包括除危地马拉和伯利兹外的中美洲、南美洲的加勒比海岸、亚马逊盆地和拉美的最南端，使用 300 多种语言。另有数百万城市印第安人，居住在拉美各大城市郊区的贫民窟。

据统计，在欧洲人抵达拉丁美洲之前，这片大陆有多达 1750 种语言。到 20 世纪 90 年代中期，整个拉美还有 550—700 种语言。根据哈梅尔（Hamel，2013）的研究，拉美现存 56 个语系和 73 种独立语言。语言学家将拉美土著语言分为三组。一组为北美洲，包括雅基语、塔拉乌马拉语等墨西哥北部语言；第二组是中美洲，包括从墨西哥中部到哥斯达黎加的广大区域，有 11 个语系和 3 种独立语言，如奥托－曼克语系和玛雅语系；第三组是南美洲，包括南美洲地区、中美洲低地和安第列斯群岛，这里有 48 个语系和 70 种独立语言。从使用人数来看，克丘亚语系是使用人数较多的语言。绝大多数土著语言濒临灭绝，其使用者少于 5000 人。墨西哥维拉克鲁斯地区的奥鲁特科语仅有 10 余位老年人在使用。目前，拉美地区主要土著语的使用情况如表 2－2、表 2－3 所示。

表 2－2　　拉丁美洲的土著族群、人口和语言

国家和最新全国人口统计日期	全国人口总数	土著族群	土著人口		土著语言	土著语言的政治地位
			人数	百分比		
阿根廷（2001）	36260160	30	600329	1.6	15	教育语言
伯利兹（2000）	232111	4	38562	16.6	4	
玻利维亚（2001）	8090732	36	5358107	66.2	33	与西班牙语同为官方语言
巴西（2000）	169872856	241	734127	0.4	186	教育语言

续表

国家和最新全国人口统计日期	全国人口总数	土著族群	土著人口		土著语言	土著语言的政治地位
			人数	百分比		
智利（2002）	15116435	9	692192	4.6	6	教育语言
哥伦比亚（2005）	41468384	83	1392623	3.3	65	与西班牙语同为官方语言
哥斯达黎加（2000）	3810179	8	65548	1.7	7	
厄瓜多尔（2001）	12156608	12	830418	6.8	12	在部分地区是官方语言
萨尔瓦多（2007）	5744113	3	13310	0.2	1	
法属圭亚那（1999）	201996	6	3900	1.9	6	教育语言
危地马拉（2002）	11237196	24	4487026	39.9	24	国家语言
圭亚那（2001）	751223	9	68819	9.1	9	教育语言
洪都拉斯（2001）	6076885	7	440313	7.2	6	教育语言
墨西哥（2010）	112322757	67	6695228	6.0	64	国家语言
尼加拉瓜（2005）	5142098	9	292244	5.7	6	部分地区为官方语言
巴拿马（2000）	2839177	8	285231	10.0	8	教育语言
巴拉圭（2002）	5163198	20	108308	2.0	20	瓜拉尼语同为官方语言
秘鲁（2008）	28220764	43	3919314	13.9	43	部分地区为官方语言
苏里南（2006）	436935	5	6601	1.5	5	
乌拉圭（2004）	3241003	0	115118	3.5	0	
委内瑞拉（2001）	23054210	37	534816	2.3	37	与西班牙语同为官方语言
拉丁美洲	479754341	661	29491090	6.1	557	

资料来源：Luis Enrique López，*Reaching the unreached*：*indigenous intercultural bilingual education in Latin America*，2009：3，http：//unesdoc. unesco. org/images/0018/001866/186620e. pdf。

表 2－3　　　　　　拉丁美洲的主要土著语言及其使用人数

语言	语系	国家	使用者人数
克丘亚语（Quechua）	克丘亚语系（Quechua）	秘鲁、巴西、玻利维亚、阿根廷、厄瓜多尔、哥伦比亚	8500000
瓜拉尼语（Guaraní）	图皮－瓜拉尼语系（Tupí-Guaraní）	巴拉圭	3000000
基切语（Kekchí）	玛雅语系（Mayan）	危地马拉	1300000
纳瓦语（Nahua）	乌托－阿兹特克语系（Uto-Aztecan）	墨西哥	1300000
奥托米语（Otomí）	奥托－曼克语系（Oto-Manguean）	墨西哥	261000
托托纳克语（Totonaco）	托托纳克语系（Totonacan）	墨西哥	215000
米斯基图语（Miskitu）	米苏马尔盘语系（Misumalpan）	尼加拉瓜、洪都拉斯	200000
希瓦罗语（Jívaro）	希瓦罗－卡瓦帕纳诺语系（Jívaro-Cahuapanano）	厄瓜多尔、秘鲁	50000
库纳语（Kuna）	奇布查语系（Chibchan）	巴拿马	50000
恩贝拉语（Emberá）	乔科语系（Chocó）	巴拿马、哥伦比亚	40000
提库纳语（Ticuna）	尤利－提库纳语系（Jurí-Ticuna）	秘鲁、哥伦比亚、巴西	21000

资料来源："The Indigenous Languages of Latin America", http://www.ailla.utexas.org/site/lg_about.html。

来自全世界的外来移民也将其本国语言带到拉丁美洲。尽管拉丁美洲的外来移民主要来自西班牙和葡萄牙，但其他欧洲国家移民，诸如意大利人、德国人、法国人、英国人也曾大量移民并定居拉美各国。百分之九十的欧洲移民选择到南美洲的阿根廷、巴西、智利、巴拉圭、乌拉圭定居。在1875—1930年间的大移民时期，西班牙人和意大利人是大多数国家最大的移民群体，其次是英国人、德国人、波兰人、南斯拉夫人和法国人。在这一时期，约150万意大利人移居阿根廷，另有10多万英国人和12万德国人定居阿根廷。巴西是另一个受到欧洲移民青睐的国家，150万意大利人选择移居巴西，另有25万德国人移民巴西。智利吸引到20万德国移民。据估计，1990年巴西有50万使用德语的人口和近1200万德国人后裔，在阿根廷有30万德语使用者和100万德国人后裔，在智利有2万德语使用者和20万德国人后裔。在所有拉美国家，来自欧洲的英国移民、法国移民和德国移民等，都倾向于建立自己的学校及其他社会机构以保存自己的语言、传统和族内姻亲关系，这一传统保存至今。这些移民建立的学校经过多年发展，现在已逐渐演变为精英双语和三语学校，培养出大量掌握当地语言和英语、法语、德语的双语或多语人才（Hamel，2013：616）。

除了来自欧洲的移民，非洲人从16世纪起被大量引进到巴西和加勒比的种植园，其语言随之被带入拉美地区。直至19世纪末期，拉美地区才彻底结束引进非洲奴隶。亚洲人在19世纪来到拉美地区，最初作为契约劳工被大量引入。秘鲁、古巴等国曾大量从中国引进契约华工。在巴西和秘鲁则有大量日本移民。另外，在加勒比地区，如苏里南，有不少来自印度、印度尼西亚等南亚和东南亚国家的移民。亚洲的各种语言也随着移民的输入被带到当地。尽管诸如拉丁美洲的中国移民也创办华文学校，教授汉语，但总体而言，这些语言由于移民总数不大，或移民的社会影响力有限，使用者不多或分散，在现代拉美社会的影响力远逊于欧洲语言。

二　拉美各国的语言政策

在历史上，拉丁美洲就存在三种语言文化政策取向：单一语言制、多语制、多元语言制，至今，这三种语言文化政策取向在现代拉美社会依然存在，并相互竞争。其中，单一语言制否定语言多样性，体现出文化排斥倾向；多语制承认语言多样性是一个“问题”，但同时也是一项权利，体现出文化包容和从属倾向；多元语言制则将语言的多样性视为丰富的资源，体现出文化和跨文化基础的导向（Hamel，2013：610）。总体而言，经过殖民地时期以来漫长的“卡斯蒂利亚化”，拉美的单一语言制，即以殖民者语言为官方语言的传统根深蒂固。尽管在土著人口占多数的玻利维亚等国，试图实行语言的“去殖民化”，将土著语言提升到重要的位置，但西班牙语长期以来形成的强势地位依然不可撼动。近年来，为保护本国文化以及语言的多样性，拉美多国采取的语言政策体现出多语制和多元语言制的倾向。

统观整个拉美，规定土著语言与西班牙语同为官方语言的国家包括玻利维亚、哥伦比亚、巴拉圭、委内瑞拉。规定土著语言在部分地区为官方语言的国家包括厄瓜多尔、尼加拉瓜、秘鲁。规定土著语言为教育语言的国家包括阿根廷、巴西、智利、圭亚那、洪都拉斯、巴拿马等。就具体国别而言，在厄瓜多尔，1979 年宪法承认克丘亚语及其他印第安语为国家文化遗产的组成部分，土著语言被给予国家语言的地位。克丘亚语继续在国家发挥公共、战略作用。在厄瓜多尔，政治家为赢得选举使用克丘亚语，一些宗教组织使用克丘亚语以增加信众，国家电视台也有克丘亚语频道。1981 年，厄瓜多尔颁布法令，规定在印第安人占主导地区的初等和中等教育中实施双语跨文化教育。1983 年颁布的宪法规定，在以印第安人为主的地区使用克丘亚语或社区语言为教育的第一用语，西班牙语为跨文化关系语言。1988 年，该国成立印第安跨文化双语教育全国指导处，负责组织和管理在印第安人占多数地区的学校（Baldauf & Kaplan，2007）。在墨西哥，西班牙语是事实上的官方语言，为 90% 人口的第一语言，但印第安语言是国家语言。2003 年生效的《印第安人语言权利总法》确立了印第安语言的基础地位。2003 年墨西哥宪法赋予印第安语言国家语言的地位。尽管印第安语言因使用人数少为少数语言，但在农村地区仍然很强势。自 1992 年起，巴拉圭规定西班牙语和瓜拉尼语同为官方语言。尽管 1992 年宪法用瓜拉尼语写成，但西班牙语是事实上的第一官方语言。

由于土著居民和移民群体的大量存在，双语教学在拉美国家普遍存在，相当多的拉美人是双语或多语掌握者。在土著人口较多的国家，诸如墨西哥、秘鲁、玻利维亚等国，有专门面向印第安人的双语教学中心。这些以土著语言为母语的学生，在基础教育中必须以西班牙语或葡萄牙语为第二语言。为保护正在消失或边缘化的土著语言，拉美多国推行双语教学项目。但这类项目也受到一些土著学生家长的抵制。他们担心土著语言会妨碍其子女升学就业，成为其社会地位提升的障碍。另一个双语教学的群体则是移民群体，如前文提到的在阿根廷、巴西的德国人及其后裔等，他们建立学校以保存自己的语言文化习俗。这类学校现在已经转变为精英双语和多语学校。他们的双语或多语主要是强势的欧洲语言，这为学生的国际化打下基础。莱内尔·恩里克·哈梅尔认为，这两种双语教学学校的存在，体现出拉美地区的不平等，一方是处于社会边缘的印第安族群，另一方则是处于社会中上层的移民精英群体①。

拉美各国的语言政策，通过涉及所有国民的教育等主要途径，造成了广泛的影响。例如，在海地，绝大部分人（1000万左右）在日常生活中使用克里奥尔语，只有不到10%的人口讲法语，但法语是政府、法律、教育、商业等领域最高阶层使用的语言（De Graff，2014：282）。由于绝大部分书籍用法语写成，绝大部分考试使用法语，来自只讲克里奥尔语社区的青年人很难继续求学，进入大学深造的机会就更加少了。在当地，十个小学生中最多只有一人能够成功读完中学，这一因素造成了海地的绝对贫穷。

三 拉美各国的外语教学

在独立初期的拉美各国，学习外语为有途径接受中学和高等教育的少量精英所独享。在公共教育中最有声望的欧洲语言跟来自法国、英国、意大利和德国的移民相一致。在20世纪的拉丁美洲，最突出的外语是法语，其次是英语、意大利语和德语。在很多国家的中学教育中教授两种欧洲语言。法语在外语教学中受追捧，与拉美人对法国文化的尊崇有关。法语被认为是一种优雅的贵族语言。在过去的很长时期内，外语能力主要是精英专属的特有领域，与中等和高等教育以及私立学校有关。近年来，开始在小学甚至学前教育阶段迅速扩张。

随着全球化进程的推进，英语逐渐在外语教学中体现出强势地位。近年来，拉美各国加强对外语教学，尤其是英语教学的重视，旨

① Rainer Enrique Hamel，“Multilingual Education in Latin America”，http：//www. hamel. com. mx/Archivos-Publicaciones/70% 20Hamel% 202013% 20Multilingual% 20Education% 20in% 20Latin% 20America. pdf，p. 1.

在让本国国民全面参与全球化进程，同时能够更广泛地获取各种信息。许多国家正大力加强英语教学，如哥伦比亚和墨西哥在初等教育中要求必修外语，通常是英语。英国和美国也大力推动并帮助提升拉美地区的英语教学水平与师资力量，如英国文化协会在拉美多国协助培训英语师资。

从具体国别来看，近年来，哥伦比亚、智利、墨西哥、阿根廷、乌拉圭等国都实施了推动英语教学的国家项目。2004 年，哥伦比亚发起“2014—2019 国家双语计划”。该计划被视为增强国家竞争力的重要组成部分，旨在到 2019 年将哥伦比亚建设为双语国家。该计划将英语课程纳入到初等教育中，得到英国和美国政府的合作与支持，两国协助提高该计划的师资水平。智利于 2003 年开始实施“英语开门计划”（Programa “El inglés abre puertas”），规定从小学五年级开始学习英语直到中学四年级，英国文化委员会帮助该计划培训英语教师。墨西哥政府于 2008 年发起一项基础教育改革，将英语教学纳入基础教育中。直到 20 世纪 90 年代，英语教学都仅限于墨西哥的中学教育，到 20 世纪末，一部分州开始在州立小学中开设英语课程。墨西哥实施的“基础教育英语全国计划”（Plan Nacional de Inglés para la Educación Básica），提供从学前教育三年级到小学六年级的英语教学。布宜诺斯艾利斯市从 20 世纪 60 年代后期开始将外语教学引入小学，实施了“外语学习从一年级开始计划”（Idiomas desde el primer grado-English from First Grade），至 1996 年覆盖到所有州立学校九岁以上的学生。在当地，大部分学校教授英语，有的学校还教授法语和意大利语。乌拉圭实施了“英语木棉”计划（Ceibal en inglés）。该计划从 2012 年中期开始在 20 个教室试行，到 2014 年末已经在 400 所学校对五万名学生进行了培训，主要由该计划执行机构和英国文化委员会联合实施。该计划面向年龄在 9—11 岁的小学生，提供每周一课时的视频英语课程和两课时的课堂教学。

近年来，随着中国孔子学院和孔子课堂在拉美的设立，汉语教学也在当地得以逐步推广。目前，在拉丁美洲设立了 47 所孔子学院和 19 个孔子课堂①。随着中拉政治互信增强、经贸往来增多，中国在拉丁美洲

① 2023 年 7 月根据孔子学院官网统计的数据。

影响力的增强，汉语的吸引力也日益增长。汉语从之前主要在华侨华人中使用，逐步推广到拉美各国的大中小学教学中，不少拉美当地人主动学习汉语。2014 年，在智利圣地亚哥成立了孔子学院拉丁美洲中心，旨在优化拉美地区资源配置，进一步推动拉美各国的汉语教学与中国文化推广。

四 拉美地区的印第安语保护①

在积极学习外语的同时，拉美各国近年来也进一步加强土著语言，即印第安语的保护，进一步推动多语、多民族和多文化的相互交融与和谐发展。以下，我们以委内瑞拉为例，分析拉美地区土著语保护的现状和动因。委内瑞拉是拉美地区多语制国家。1999 年，乌戈·查韦斯上台之后，印第安语正式得到宪法的承认。1999 年宪法第九条规定，西班牙语是委内瑞拉的官方语言，同时，印第安语是印第安人使用的正式语言，作为国家和人类的文化遗产，应当在全国受到尊重②。宪法对于印第安语的认可，为政府推动其发展提供了强有力的法律保障。1999—2013 年，委内瑞拉政府相继颁布了八条法令来保障印第安人的双语跨文化交流权利，并积极推动相关教育项目。2002 年颁布 1795 号法令，印第安语同西班牙语一样，成为正式的教学媒介语③。同时，政府还设计教学指南，并于 2012 年提出议案，制定“双语跨文化教育法”④。据 1992 年的印第安人人口普查和 2001 年全国人口及住房普查数据显示，在委内瑞拉，至少存在 31 种印第安语，其中主要的几种按使用者人数排名如表 2 -4所示。

---

① 本小节内容由项目阶段性成果曹羽菲、阮孝煜、徐怡萍（2018）整理而成。

② 参见委内瑞拉最高法院官网，http：//www. tsj. gov. ve/legislacion/constitucion1999。

③ 参见委内瑞拉政府网站，http：//www. vicepresidenciasocial. gob. ve/index. php？ option = com_content&view = article&id = 1984% 3Adecreto-de-uso-oficial-de-los-idiomas – indigenas--arriba-a-12-anos-defendiendo-la-cultura-ancestral&catid = 8% 3Anoticias&Itemid = 471。

④ 参见委内瑞拉 Notiindigena 新闻网站，https：//notiindigena. wordpress. com/2013/01/18/venezuela-se-tiene-previsto-revisar-los-avances-de-la-propuesta-de-ley-de-educacion-intercultural-bi-lingue/。

表 2－4　　委内瑞拉印第安语使用者人数一览

语言	语系	在委内瑞拉的使用者人数
瓦尤语（Wayúu）	阿拉瓦克语系（Arawak）	293777
瓦劳语（Warao）	独立语言	32400
佩蒙语（Pemón）	加勒比语系（Caribe）	23083
皮亚罗亚语（Piaroa）	萨利巴－皮亚罗亚语系（Sáliba-Piaroa）	13000
雅诺马米语（Yanomamö）	雅诺马米语系（Yanomam）	12234
希威语（Jivi）	瓜希瓦纳语系（Guahibana）	12000
普梅语（Pumé）	独立语言	7400
耶夸那语（Yek'uana）	加勒比语系（Caribe）	6200
卡里尼亚语（Kariña）	加勒比语系（Caribe）	4450
帕纳雷语语（Panare）	加勒比语系（Caribe）	4184
库里帕科语（Kurripako）	阿拉瓦克语系（Arawak）	3743
萨努马语（Sanemá）	雅诺马米语系（Yanomam）	3035
尤科帕语（Yukpa）	加勒比语系（Caribe）	3020
皮亚波科语（Piapoco）	阿拉瓦克语系（Arawak）	1745
巴里语（Barí）	奇布查语系（Chibcha）	1520
霍蒂语（Jotí）	独立语言	767
耶拉尔语（Yeral）	图皮－瓜拉尼语系（Tupí-guaraní）	650
亚纳姆语（Yanam）	雅诺马米语系（Yanomam）	560
普伊纳维语（Puinave）	未分类	550
阿卡瓦伊语（Akawaio）	加勒比语系（Caribe）	180
哈普雷里亚语（Japrería）	加勒比语系（Caribe）	170
亚瓦拉纳语（Yawarana）	加勒比语系（Caribe）	151
洛科诺语（Locono）	阿拉瓦克语系（Arawak）	130
库马纳戈托语（Cumanagoto）	加勒比语系（Caribe）	49
乌鲁阿克语（Uruak）	独立语言	29
马波约语（Mapoyo）	加勒比语系（Caribe）	12
萨佩语（Sapé）	独立语言	5

资料来源：Mily Crevels，"Language endangerment in South America：The clock is ticking"，*The Indigenous Languages of South America A Comprehensive Guide*，Walter de Gruyter，2012，pp. 220－221；以及 The Ethnologue 网站委内瑞拉相关资料，https：//www. ethnologue. com/country/VE/languages。

如表2-4所示，瓦尤语是委内瑞拉境内使用人数最多的印第安语，有近30万的使用人口。使用瓦尤语的人口主要集中在该国苏利亚州的北部地区。佩蒙语、瓦劳语、雅诺马米语、皮亚罗亚语等也是使用人数较多的印第安语，但人口均在35000人以下。此外，委内瑞拉政府2011年的全国人口及住房普查显示，只有65%的印第安人会说他们本民族的语言，相较于2001年的普查结果，印第安语母语人口下降了4.8%[①]。许多在图表中没有出现的语言，如委内瑞拉中部地区使用的瓜蒙特语（guamontey）、中南部地区使用的奥托马科语（otomaco）等都已经消亡或正在走向消亡。

经济全球化和城市化进程的日益加快使得越来越多的印第安人离开家乡，迁入城市，并逐渐习惯使用当地的主流语言——西班牙语，从而放弃原先使用的印第安语。而且，由于印第安语使用人口日趋减少，许多语言也将随着掌握它的最后一批老人的离世而消亡。面对印第安语宝贵遗产濒临灭绝的困境，近年来，委内瑞拉政府在立法、教育、文化等多个领域采取一系列措施，多举措保障印第安语言的传承和发展，有力维护了语言生态的多样性和民族文化的多元格局。

众多的保护措施中，马波约语申遗成功最具代表性。2014年，马波约语作为“紧急保护遗产”被联合国列入世界非物质文化遗产名录，这是委内瑞拉诸多印第安语中第一个被列入该名录的语言。马波约民族大多居住在玻利瓦尔州苏阿普雷河流域附近，目前，这门印第安语的使用者只有几位老年人，该语言濒临消亡[②]。大批年轻人离开原来居住的地方，到大城市寻找工作和学习机会，陆续转用西班牙语，这使得马波约语的使用人数迅速减少。马波约语承载了该民族重要的集体记忆，委内瑞拉政府为抢救这一语言积极地组织申遗工作，最终，马波约语成功入选世界文化遗产名录。此举为今后寻求国际合作来保护马波约语创造了

① 参见委内瑞拉国家统计研究所官网：http：//www.ine.gov.ve/documentos/Demografia/CensodePoblacionyVivienda/pdf/ResultadosBasicos.pdf。

② 参见委内瑞拉 dichoyhecho 新闻网站：http：//www.dichoyhecho.com.ve/lengua-indigena-venezolana-es-patrimonio-de-la-humanidad/。

有利条件，也给其他濒危语种的抢救和保护起到了很好的示范作用。此外，委内瑞拉教育部推动实施了“语言巢”计划，为婴幼儿营造马波约语使用环境，使其在成长过程中自然习得语言知识，从而促进语言的代际传承。

在立法领域，国民议会于2013年一致通过颁布《印第安特别教育法》的提议，该提议的主要思想是尊重印第安人的世界观、价值理念、传统、先人的实践活动、口授知识的传播方式以及双语的跨文化交流模式。该项法律尊重印第安教育的特殊性：在教学实践方面以口头传授为主，书面形式为辅；营造开放式的教学氛围，在户外进行教学；授予印第安老人和“智者”教师资格等。在跨文化双语教育师资的培养和评估方面，该法对于教学人员的选拔和评价制度、教师的资质评定等内容也都有明确的规定。在教育规范性文件方面，该法还涉及特殊教学大纲的修订，提倡使用多种印第安语言编写教材。议员塞萨尔·桑吉内蒂认为，此项法律的通过对于祖先文化遗产的传承具有重要意义①。

在教育领域，2014年委内瑞拉总统尼古拉斯·马杜罗在印第安民族团体人民政府总统委员会上宣布建立印第安语学院，以拯救和复兴印第安语。印第安语学院受教育部管辖，各印第安民族在教育部中均有一位发言人。与此同时，各地政府也采取了多种措施来发展当地的印第安语教育。以瓦劳语为例，面对语言消亡的威胁，瓦劳民族团体领导人与委内瑞拉其他印第安民族的代表于2014年在莫纳加斯州会面，商讨复兴本族语言的对策，在会上讨论并通过了成立常设委员会的提议，并规定委员会应由印第安老人、印第安领袖、印第安青年以及专家共同组成。委员会的一项重要工作是编写规范性的瓦劳语教材，旨在为这门语言的教学提供便利。

此外，培训、跨文化教育及祖先知识部（Formación，Educación Intercultural y Saberes Ancestrales）也积极开展各项活动，在教育领域加快印第安语的复兴和保护进程。目前，已特设语言保护专家进入课堂，帮助学

① 参见委内瑞拉 Patriagrande 新闻网站：http：//www. patriagrande. com. ve/paises/venezuela/ley-de-educacion-indigena-reivindicara-la-oralidad/。

生使用自己的印第安语进行对话①。数量众多的双语教育出版物也极大地促进了印第安语的传播和发展。此外，解放者实验教育大学已开设印第安语专业，并且正在筹备增设跨文化双语教育相关课程，旨在培养高素质的双语教育人才。

2014 年，在莫纳加斯州召开的会议一致通过了在东部地区广播电台播放瓦劳语歌曲的提议。同年，美洲印第安议会—委内瑞拉议会团（Parlamento Indígena de América-Grupo Parlamentario Venezolano）主办的首届跨文化教育论坛在安索阿特吉州举行，库马纳戈托民族的教育工作者参与其中。论坛上，与会者围绕“复兴印第安语言，增强民族文化身份认同”等议题展开热烈讨论，并就“库马纳戈托语言复兴及重估工作的进展与前景”② 等主题发表了重要讲话，呼吁加强库马纳戈托语言以及文化遗产的保护工作。论坛的另一工作宗旨是为印第安语学院的创立吸引更多的资金支持。这些举措都有利于保持印第安语言鲜活的生命力，也为语言传播提供了新的途径。

委内瑞拉近年来积极对印第安语言实施保护，这与该国从 20 世纪末开始的社会政治变化息息相关。其主要原因在于回应印第安人群长期的政治诉求，同时，这些语言保护举措也受到左翼新民众主义的影响。根据 2011 年的统计，在委内瑞拉人口构成中，印欧混血人种和黑白混血人种占 49.9%、白人占 42.2%、黑人占 3.5%、印第安人占 2.7%，其他人种占 1.7%（焦震衡 2015：10）。从西班牙殖民时期至今的 500 多年时间里，政治权力长期掌握在白人手中，印第安人在相当长的时间里无法享有和其他人种同等的权利。之后，虽然 1961 年颁布的宪法第 77 条第一次提到通过设立例外的法规来保护印第安民族，但是并没有明确地提及印第安人所享有的权利，这条法令之后也被束之高阁。所以，在委内瑞拉，印第安人是一个长期被边缘化的少数群体。

拉美印第安人长时间在社会、经济和政治上处于不平等的状态，对

① 参见委内瑞拉 notiindigena 新闻网站：https：//notiindigena. wordpress. com/2014/05/28/venezuela-incentiva-practica-de-lenguas-indigenas-en-educacion/。

② 参见委内瑞拉 YVKE Mundial Radio 新闻网站：http：//www. radiomundial. com. ve/article/foro-de-educaci% C3% B3n-intercultural-debate-sobre-el-instituto-de-idiomas-ind% C3% ADgenas。

这种状态的不满终于在20世纪90年代爆发，印第安人争取社会经济权益和政治、文化平等权利的斗争由此进入蓬勃发展的时期，被称为“土著人崛起”的“印第安人运动”席卷几乎所有有印第安人的拉美国家。委内瑞拉的印第安人自然也成为大军中的一员，委内瑞拉全国印第安人代表大会是20世纪90年代维护该国印第安民族权利的主力军。在这种大环境之下，从20世纪90年代开始，整个拉丁美洲开始了将印第安人的权利写入宪法的进程。在哥伦比亚（1991年）、秘鲁（1993年）、玻利维亚（1994年）和厄瓜多尔（1998年）之后，委内瑞拉也在1999年颁布的宪法中承认了印第安人的正式公民身份，同时，认可其接受双语和跨文化教育的权利。近年来，委内瑞拉政府积极对印第安语采取保护措施，这正是对该群体长期以来的政治诉求所作出的一种回应，是拉美印第安人运动带来的积极成果。

“左翼新民众主义”是新民众主义的表现形式之一[①]。新民众主义的诞生与20世纪末拉美动荡的社会历史背景密切相关。当时，拉美国家普遍实行的新自由主义改革引起严重的社会后果，占统治地位的权贵阶层无力应对日益增长的社会需求，导致劳动阶层和中产阶层生活条件恶化，土著居民抗议和城市社会运动不断兴起，失业人群扩大，社会不满情绪增加（袁东振，2017）。由此，新民众主义应时而生。委内瑞拉实行的“左翼新民众主义”主要表现为查韦斯实行的“玻利瓦尔革命”[②]。他主张在政治体制中要吸收并平等对待非特权阶层，实施有利于广大普通民

---

① 拉美的“民众主义”主要表现为“领袖以代表被遗忘的普通人为名，自上而下地对选民进行社会政治动员，发起对现有精英阶层的挑战”（郭洁，2017：69）。一般认为，拉美民众主义经历了三个发展阶段，即早期民众主义时期、经典民众主义时期、新民众主义时期。新民众主义之所以被称为“新”，是因为它有一些不同于经典民众主义的新特点。“第一，放弃国家对经济的干预，追求和适应新自由主义潮流；第二，与经典民众主义相比，更加忽视政党的作用；第三，抛弃了经典民众主义中至关重要的部门（如工会和工业巨头）；第四，新民众主义者在讲演中很少强调‘民众文化’”（袁东振，2017：189）。一些拉美学者提出，拉美的新民众主义有两种表现形式，一是右翼新民众主义，二是左翼新民众主义。前者以藤森和梅内姆等为代表，大力推进新自由主义改革，弱化国家在经济中的角色。后者则由查韦斯、莫拉莱斯和基什内尔等领军，主张对国民经济进行干预和调控。

② “玻利瓦尔革命”是委内瑞拉的大型社会运动，主要领导者是乌戈·查韦斯。其主要目标包括建立一种参与型和主体型的民主，与新自由主义彻底决裂、对抗野蛮的资本主义及其贪婪的投机者，赋予人民“更大的权力”和“尊严”（郭洁，2017：75）。

众的政策。

委内瑞拉 1999 年颁布的宪法是查韦斯主要政治思想的集中体现。在宪法的起草过程中，负责相关工作的全国宪法大会中就有来自印第安民族的代表，这表明，委内瑞拉政府正式将印第安人吸纳到政府体制中。相较于 1961 年颁布的宪法中传达出的“同质”公民身份，1999 年宪法更多关注多元文化公民身份的构建，体现出政府接受和包容印第安民族的多样文化。政府积极地对马波约语进行申遗，也体现出当局将印第安文化视为国家人民共有的文化遗产。由此可见，受到“左翼新民众主义”的影响，委内瑞拉政府日益重视维护底层人民的利益。在这种情况下，历史上长期被忽视的印第安民族得到了政府的认可，其语言作为民族文化的主要载体和身份象征也由此得到政府的支持和保护。

第二节　拉美地区的语言传播历史

从语言传播角度来看，“殖民时期”和“移民潮时期”是各种非拉美本土语言传播到新大陆的两个重要时期。通过殖民进程传播到拉美的语言有西班牙语、葡萄牙语、英语、法语和荷兰语，通过移民潮进入拉美的语言主要包括各种非洲语言、意大利语、德语、汉语、日语、阿拉伯语等。这些语言传播到拉美之后，与各种当地语言接触碰撞，在拉美语言版图上留下浓墨重彩的痕迹。

一　殖民时期面向拉美地区的语言传播①

1492 年，哥伦布发现美洲。此后的几个世纪，以西班牙、葡萄牙、英国、法国、荷兰为代表的西方殖民者在拉美地区建立并争夺殖民地。西方殖民者将本国语言西班牙语、葡萄牙语、英语、法语、荷兰语带到殖民地。在殖民初期，殖民者出于征服和传教的需要，主动学习并掌握当地土著通用语言，形成殖民者语言与当地土著语言并存的局面。伴随宗主国语言政策变化、土著人口不断减少等诸多因素，殖民者语言逐渐建立起主导优势并成为官方语言和通用语言，美洲土著语言逐渐被边缘

① 本小节由项目组成员袁艳撰写。

化甚至消亡。殖民时期的这一动态变化的语言传播过程，塑造了今日拉美地区语言版图的大致雏形。

拉丁美洲的殖民者主要以西班牙和葡萄牙为代表，英国、法国、荷兰也参与到拉美殖民地的争夺中。1492 年，代表西班牙王室寻找新航路的哥伦布发现美洲。西班牙殖民者首先发现了今天的多米尼加和海地，随后到达古巴以及加勒比的其他地区。1519 年，埃尔南·科尔特斯从古巴出发发现了墨西哥，1522 年征服今天的洪都拉斯和危地马拉地区，并在那里建立了新西班牙总督辖区。该辖区包括佛罗里达、密西西比河谷、今日美国的西南部、墨西哥以及除巴拿马外的中美洲以及加勒比地区①。1533 年，弗朗西斯科·皮萨罗征服安第斯地区的印加帝国。1542 年，西班牙殖民者设立秘鲁总督辖区，管辖包括今天除巴西以外的整个西属南美洲地区。1500 年，葡萄牙人开始在巴西殖民。荷兰和法国殖民者也在巴西海岸建立要塞，但后来被葡萄牙人成功赶走。欧洲殖民者在加勒比地区进行了旷日持久的殖民地争夺。在长达几个世纪的激烈争夺中，西班牙帝国失去多个殖民地。最终英国获得包括今天的牙买加、圭亚那、伯利兹、巴巴多斯、巴哈马、格林纳达、圣卢西亚、圣文森特和格林纳丁斯、安提瓜和巴布达、圣基茨和尼维斯、特立尼达和多巴哥、多米尼克等国以及尚未独立的安圭拉、开曼群岛、特克斯和凯科斯群岛、蒙特塞拉特、英属维尔京群岛等广大殖民地。法国占领今天的海地、法属圭亚那、瓜德罗普、马提尼克等地。荷兰获得包括如今的苏里南、阿鲁巴和荷属安第列斯群岛在内的殖民地。美国在后期获得波多黎各、美属维尔京群岛。

总体而言，拉美地区的语言传播经历了以土著语言为通用语言到以宗主国语言为官方语言并被广泛使用的转变历程。但由于宗主国不同、各地土著居民数量有多寡的差异等因素，西属美洲殖民地、葡属殖民地巴西、加勒比地区经历了不同的语言传播历程。

西班牙语（亦称卡斯蒂利亚语）在西属美洲殖民地的传播，与宗主国西班牙的权力变化与语言政策密切相关。公元 8 世纪，在伊比利亚半

---

① 美国从西班牙获得佛罗里达，并在 19 世纪从墨西哥获得得克萨斯、新墨西哥、加利福尼亚。

岛至少存在六种语言，除巴斯克语外，还有加利西亚－葡萄牙语、阿斯图里亚－莱昂语、卡斯蒂利亚语、阿拉贡语、加泰罗尼亚语（Mar-Molinero，2000：18）。伴随卡斯蒂利亚人的权力扩张，卡斯蒂利亚语也得以扩展到其他地区。1469 年，卡斯蒂利亚人的权力影响扩张到阿拉贡语和加泰罗尼亚语地区。当卡斯蒂利亚人在政治和军事上主导整个半岛，在语言上，卡斯蒂利亚语也逐渐成为当地的主导语言（Mar-Molinero，2000：19）。哥伦布发现美洲的 1492 年，对于西班牙语（卡斯蒂利亚语）在西班牙的发展而言也是意义非凡的一年。这一年，埃利奥·安东尼奥·德内布里哈（Elio Antonio de Nebrija）出版第一本西班牙语语法书籍《卡斯蒂利亚语语法》（*Gramática de la Lengua Castellana*）并建议西班牙语为西班牙帝国的官方语言。同年，费尔南德斯和伊萨贝尔天主教双王宣布卡斯蒂利亚语为西班牙的官方语言。伴随着卡斯蒂利亚人建立起主导权力，这种权势语言很快被运用于法庭、教堂、书写法律文档以及西班牙国家及其帝国的管理中。在 15—16 世纪初期，卡斯蒂利亚语成为国家语言。1713 年，西班牙皇家学院（Real Academia Española）建立，进一步奠定并推动卡斯蒂利亚语的国家语言地位。1726 年和 1739 年，西班牙皇家学院编撰出版第一批权威西班牙语词典。1768 年，卡洛斯三世（Carlos Ⅲ）颁布法令，规定在整个王国的行政管理和教育体系中使用卡斯蒂利亚语。这是卡斯蒂利亚语首次被明确规定为教育用语。通过教育途径的广泛传播，卡斯蒂利亚文化在整个西班牙境内扩散，成为“西班牙”文化（Mar-Molinero，2000：22）。而正是卡斯蒂利亚语即西班牙语在西班牙本国的国语地位形成，构成其在西属美洲殖民地广泛传播并落地生根的前提。

在殖民者到来之前，西属美洲存在成百上千种土著语言。其中，克丘亚语、纳瓦特语、艾马拉语等为使用人群广泛的通用语。例如，在安第斯地区的印加帝国通用克丘亚语，在墨西哥阿兹特克地区通用纳瓦特语。伴随着西班牙的殖民征服，从语言角度来看，殖民进程成为一个渐进的、不可阻挡的，从多语（西班牙语与前征服时期土著语言并存）向卡斯蒂利亚语化（在殖民地只留下卡斯蒂利亚语为主导语言）的转变过程（Mar-Molinero，2000：27）。西班牙殖民者凭借军事征服，逐渐建立起一套殖民统治的政治经济制度，与此相伴随的是精神征服，即传播基督教。由于传教对象为当地土著印第安居民，这成为殖民者（主要是传教士）与当地居民广泛开展语言交流和交往的重要过程。尽管早在美洲开发之初，西班牙王室就颁布法令，规定必须向印第安人传授西班牙语。由于传教士负有福音传播之责，他们同样承担着语言教育的责任。但是，传教士们选择学习印第安语，而不是要求皈依者改学西班牙语。因此，出现了大量用印第安人的语言编写的词汇手册、语法手册和教义问答手册，据统计，1524—1572 年间就出版了上百种之类的手册。为了简化教学，传教士们往往会借助一种大家容易接受的通用语，通常是纳瓦特语，在尤卡坦半岛则是玛雅语。主管教区的许多传授班上都教授纳瓦特语和萨波特卡语、奥托米语等其他印第安语言。传教士们之所以作出这种选择，一则是利用语言障碍保护印第安人免于受到西班牙人的影响，二则强化教士们在印第安人和政府之间的中介地位。尽管西班牙王室再三下令，但向印第安人教授西班牙语的工作一再被拖延（彼得·伯克等，2015：350）。Mar-Molinero（2000：27）也认为，在殖民初期，西班牙语在拉美的传播并不顺利。一方面，由于当时被征服的人群极少懂西班牙语，早期，殖民者只向当地一部分有名望的人传授西班牙语，希望依靠他们来协助治理殖民当地的民众；另一方面，当时殖民者认为推进印第安人基督教化的有效方式还是通过使用他们的土著母语。最初，这个过程主要通过使用会双语的土著翻译实现，逐渐地，传教士们认为更成功的方式是他们自己学会土著语言。但是，总体而言，许多西班牙传教士对学习土著语言缺乏兴趣和热情，并且依然严重依赖翻译。

随着形势变化，西班牙王室开始颁布“卡斯蒂利亚语化”的法令和政策。“卡斯蒂利亚语化”的目标是通过向土著居民教授西班牙语而让土著语言“消失”。1634 年，菲利普四世（Felipe Ⅳ）签署命令，要求大主教和主教命令传教士使用“最温和的可能的手段”教授所有印第安人西班牙语。然而，殖民地真正地完全“卡斯蒂利亚语化”与发生在西班牙本土的进程差不多一致。从 1754 年开始，西班牙王室颁布法令，利用社区资金的扶持，在数百个印第安村庄建立了西班牙语学校（彼得·伯克等，2015：350）。1768 年，卡洛斯三世的法令规定在行政管理和教育方面使用卡斯蒂利亚语同样适用于美洲殖民地。从这时候起，教堂的传教工作只能通过西班牙语开展，尽管大多数西班牙传教士和牧师对这一法令并不积极欢迎。卡洛斯三世的法令的执行和实施，大大促进了西班牙语在西属美洲殖民地的传播。

西班牙王室对西属美洲殖民地的语言政策转变，一方面，与本国语言政策的实施有关；另一方面，也与殖民地本身的压力有关。Cerrón-Palomino（1989：21）认为，在殖民地时期存在几种压力，使得当地从使用土著语言转为强行推广卡斯蒂利亚语。他认为存在的这三种压力分别为政治压力、文化—宗教压力和语言压力。第一种压力希望将西班牙帝国打造成紧密的整体并实现中央集权。西班牙美洲帝国被划分为四个总督区，全部依赖西班牙王室，西班牙语被认为是实现集中权力的一种工具。其次，当时认为，只要土著居民继续只是使用他们的母语，即便是为了宗教目的，他们也会继续游离在基督教生活方式价值观和信条之外。最后，从语言学上说，非卡斯蒂利亚语的母语被认为是缺乏语法和语义丰富性的低等语言，无法处理基督教信仰的复杂性。

在殖民时期的安第斯地区，语言政策从使用土著语言到使用西班牙语为通用语发生在 17 世纪和 18 世纪。到殖民晚期，城市的大多数居民、农庄和矿区的许多工人都可以听懂西班牙语，并使用这门语言进行口头表达。与此同时，生活在农村村社的印第安人则倾向于保留自己的土著语言（彼得·伯克等，2015：350）。西班牙语在西属美洲殖民地地位的真正巩固发生在独立运动之后。

葡萄牙人第一次到巴西是 1500 年，当时巴西的东海岸居住着讲图皮语系语言的土著居民。在整个亚马逊海岸有 150 多种土著语言，图皮语（Tupinambá，Nheengatu）为亚马逊通用语。从 16 世纪 30 年代开始建立永久定居点起，葡萄牙人在殖民地一直学习并使用土著语言。1549 年，第一名耶稣会士抵达巴西巴伊亚。耶稣会士比起其他教宗在学习土著语言方面更为积极。1686 年，葡萄牙政府颁布“传教团”（Regimento das Missões）法令，规定亚马逊通用语（Língua Geral Amazônica）为官方语言，在耶稣会士在巴西的头两个世纪（1549—1750）以及随后在马拉尼昂和格劳 - 帕拉，它被称作巴西语（the Brasílica），主要是图皮语（Tupinambá）继续作为礼拜仪式用语没有改变（Moore，2014：116）。到 18 世纪中期，在整个亚马逊殖民地依然通行图皮语，但此时土著居民不断减少，许多亚马逊河岸的村庄不复存在。18 世纪后半期，这种语言状况开始发生变化。这一时期，耶稣会士被驱逐，国家控制印第安人，并尝试将葡萄牙语的影响带到亚马逊。图皮南巴语受到压制，葡萄牙语被推广。1757 年，“传教团”法令被新的法律所取代，要求在巴西推广葡萄牙语，消灭亚马逊通用语，其原因之一是巴西国土上有了更多的讲葡萄牙语的人（Moore，2014：119）。1822 年，巴西宣布独立，结束葡萄牙殖民统治。此后，葡萄牙语在巴西的地位进一步巩固。

殖民时期，外来语言在加勒比地区的传播情况有别于西属美洲殖民地和葡属巴西，重要原因之一是当地土著居民人口的迅速减少直至灭亡。当时，伴随着西班牙来到新世界的殖民浪潮，很多土著社区由于战争或者疾病而灭绝，这也导致西班牙语迅速在加勒比地区得以普及[①]。在加勒比地区，殖民者并未将土著语言作为征服和控制的工具，这些语言不久就在当地随着土著人口的灭亡而消失。De Graff（2014：292）也认为，在海地和加勒比的大部分地区，前殖民地土著居民的美洲印第安语是伴随哥伦布抵达美洲后土著居民的种族灭绝而消失的。

19 世纪初，原西班牙语、葡萄牙语美洲殖民地独立后，英、美势力乘机打入，这令当时处于世界第二强国的法国不甘心，以西班牙语、葡萄牙语美洲国家与法国都属于拉丁文化为由，主张法国应在美洲占有一席之地。海地原是印第安人阿拉瓦克族的居住地。西班牙殖民者到来前，那里居住着约 100 万印第安人。1492 年，哥伦布第一次航行美洲时“发现”海地岛，并在岛的北部海岸建立了在美洲的第一个殖民据点。1502 年，该岛沦为西班牙殖民地。1630 年，法国海盗在北部海岸附近的托尔图岛建立殖民据点。1697 年，根据《勒斯维克条约》，该岛分为东、西两部分，东部仍属于西班牙，西部则割让给法国，称法属圣多明各，正式成为法国殖民地。伴随殖民统治，法语开始在当地传播，并成为海地的官方语言。1493 年哥伦布航行美洲时抵达瓜德罗普，后占领该岛。1635 年，法国殖民者占领该岛。18 世纪后期与 19 世纪初，该岛几度被英国占领。1815 年又重新处于法国的统治之下。马提尼克于 1502 年在哥伦布第四次航行美洲时被“发现”，尔后沦为西班牙的殖民地。1635 年起法国人

---

① Laura Villa and José del Valle, *The Politics of Spanish in the World*, http：//academicworks.cuny. edu/cgi/viewcontent. cgi? article = 1083&context = gc_pubs, p. 572.

开始进入，法语也开始在当地传播。1674 年，法国宣布该岛为法国领地。法属圭亚那于 1499 年被哥伦布“发现”。1604 年，第一批法国殖民者开始侵入，建立殖民据点。之后，英国、荷兰、葡萄牙相互争夺此地，长达两个世纪之久。1816 年，法国得以在争夺中赢得优势，巩固了其在当地的殖民统治。1676 年，法国政府宣布以卡宴为首府的圭亚那为其殖民地，称作法属圭亚那。17 世纪，伴随大量法国移民的进入，法语在当地进一步传播，地位不断稳固。

苏里南原为印第安苏里南族人的聚居地。1498 年，哥伦布第三次远航美洲发现圭亚那海岸。1499 年，跟随意大利航海家亚美利哥·韦斯普奇远航美洲的西班牙人阿隆索·德奥赫达和胡安·德拉科萨等首先踏上苏里南大地。之后，荷兰、英国、法国等为寻找传说中的“黄金国”都到过此地。1593 年，西班牙探险家正式宣布苏里南沿海地区为其属地，但无实际定居行动。1602 年，荷兰人开始在苏里南定居，他们把荷兰语带到了拉丁美洲。1630 年，英国殖民者从奥亚波克河地区来到苏里南河畔，建立起一块殖民地，但在 15 年后被印第安人摧毁。1651 年，巴巴多斯总督弗朗西斯·威洛比勋爵派遣安东尼奥·罗斯率领一批有经验的种植园主，带着奴隶从西印度群岛来到苏里南建立殖民区，并将苏里南宣布为英国殖民地。1665 年，荷兰与英国之间爆发战争。1667 年 7 月，双方签订《布雷达条约》，英国同意将苏里南转让给荷兰，换取荷兰的新阿姆斯特丹。之后，由于欧洲列强之间不断进行战争和多次签订条约，苏里南遂在英、法、荷等之间几经易手。1815 年，根据《维也纳条约》，苏里南最终沦为荷兰殖民地。1876 年，荷兰语成为苏里南学校上课使用的正式语言。

正如前文所述，外来语言在拉美地区的传播和推广经历了与土著语言并存到逐渐变为主导语言的过程。外来语言从使用者寥寥的弱势语言到成为各国通用的官方语言以及日常通用语言经历了漫长的历程。这种转变得以实现主要受益于家庭传播、权力传播和学校传播等主要路径。

伴随西方殖民者与土著居民通婚，大量土生混血种人出生。西方殖民者语言在族际和家庭间得以传播开来。在殖民初期，由于西方殖民者男性众多，而女性极少，大部分殖民者选择与土著妇女结婚。在殖民初期，他们生下的混血子女往往受母亲的语言，即土著语言影响较大。但伴随西班牙语成为代表权势的语言，除土生白人外，混血家庭的子女以及印第安精英家庭的子女开始使用西班牙语作为交流的主要方式（Mar-Molinero，2000：29）。这种传播方式构成西班牙语在殖民时期迅速、广泛推广开来的重要途径。拉美的西班牙语化主要归功于混血民族的产生，当混血人口占据所有人口中的较大比例之后，西班牙语作为主要交流工具便日益普及起来（韩琦，2010：14）。

西班牙王室通过颁布法令的方式，强制性规定在行政管理和教育中使用西班牙语。这种通过权力的高压来促进语言传播的方式，是西班牙语、葡萄牙语在殖民地推广开来的重要原因之一。由于在行政管理中使用西班牙语，意味着在政府、法庭等重要的部门需要运用西班牙语进行交流，也意味着要获得公职、社会地位与名望，必须学习并掌握西班牙语。普通人希冀获得上升空间，也必须学习并掌握这种代表权势与声望的语言，这大大提高了普通民众学习这门语言的积极性和主动性。在殖民时期，根据肤色深浅建立了阶层结构，欧洲人，即白人，拥有政治权力、社会地位、名望和对经济活动的控制权，其他族群根据他们白的不同程度被分类，其中黑人位于阶序的最底层。学习白人的语言被认为拥有更多的上升空间①。

通过学校的教育进行传播是西班牙语得以在受教育人群中迅速推广的重要途径。早在 1768 年，卡洛斯三世颁布法令规定西班牙语为教育用语。这一规定使得西班牙语通过学校传播成为常态，成为西班牙语最为正式、规范且持久的传播方式。这种传播方式也是西班牙语最终在拉美落地生根并广泛传播推广的最为重要的手段，使得西班牙语从一种外来语言逐渐成为占据优势的强势通用语言。

西班牙语在拉丁美洲地区的最后巩固与 19 世纪初期的拉美独立运动后民族国家的构建密切相关。在法国大革命中，法语作为一种语言推动了法国国家的形成并团结了法国人民。在许多年轻的拉美共和国，西班牙语作为国家身份的标志和获取公民身份的通行证从而得到推动（Mar-Molinero，2000：30）。西班牙语被克里奥尔精英当作国家身份和社会凝

---

① Tammy Stenner，"A Historical Overview of Linguistic Imperialism and Resistance in Peru"，http：//jis. athabascau. ca/index. php/jis/article/view/30/67.

聚的有力象征。拉美各国独立后，西班牙语作为国家建构的重要象征，其官方语言的地位在拉美地区得到巩固。1804—1825 年间先后有 17 个拉美国家获得了独立，这 17 个国家包括了今天拉美大陆的主要国家。从西班牙殖民统治之下独立的国家采用西班牙语为官方语言，从葡萄牙殖民统治之下独立的巴西将葡萄牙语定为官方语言。受到英国、法国、荷兰殖民统治的国家和地区亦将英语、法语、荷兰语作为本国或地区的官方语言。如今，西班牙语作为官方语言在 19 个拉美和加勒比国家或地区使用，包括在北美洲的墨西哥，中美洲的危地马拉、洪都拉斯、萨尔瓦多、哥斯达黎加、尼加拉瓜、巴拿马，加勒比的古巴、多米尼加共和国和波多黎各，在南美洲的哥伦比亚、委内瑞拉、厄瓜多尔、秘鲁、智利、玻利维亚、巴拉圭、乌拉圭和阿根廷。巴西使用葡萄牙语；海地通用法语和克里奥尔语；苏里南以荷兰语为官方语言。英语主要在英国和美国的殖民地使用，英国的殖民地包括伯利兹、圭亚那、马尔维纳斯群岛、牙买加、安提瓜和巴布达、巴巴多斯、多米尼克、格林纳达、圣基茨和尼维斯、圣卢西亚、圣文森特和格林纳丁斯、特立尼达和多巴哥、巴哈马、安圭拉、开曼群岛、蒙特塞拉特、特克斯和凯科斯群岛和英属维尔京群岛；美国的殖民地包括波多黎各和美属维尔京群岛。

二　移民潮时期面向拉美地区的语言传播①

由于我们的研究对象是面向拉美地区的语言传播，所以我们研究的移民主要是指“移入”拉美的情况。根据丘立本（2007）的研究，结合我们这里对于“移民”的定义，拉丁美洲历史上除了上文已经论述的殖民时期大移民外，还有两次大规模国际移民潮。

第一次移民潮主要是从非洲、印度、中国等地输入奴隶和劳工。16 世纪至 19 世纪初，移民进入拉美地区人数最多的是非洲人，他们是被欧洲殖民者作为奴隶贩卖到美洲的强迫移民。欧洲殖民者对美洲原住民印

---

① 本小节主要基于丘立本（2007）、陈杰珍（2012）和周小迪（2016）的资料。（周小迪 2016：http：//mp. weixin. qq. com/s？ src = 3&timestamp = 1485317566&ver = 1&signature = EnsO1-bcgn2Nu9WZ1KqeH2xVj1UaZuKiqoUk7n-E3ev7M9hchYzkfGrN4HAfcBww7-2 * UXVPNSpAqB3KNxd-E-7polpVuEDzIIHylVi9LCsvnRqSFtxTtUeO9RvPGpETGNCGgoMXG6W6F8Kmccg1TNY0sGRaEy2RG * hN-hvnHtsAep4 = ）

第安人的大规模屠杀，导致当地土著人口锐减。为开发美洲殖民地以适应欧洲对原料和市场的需求，殖民者便到非洲掠夺黑奴。首批运到北美的黑奴是在1619年由荷兰奴隶贩子运抵弗吉尼亚从事垦殖劳动的。1660年，英国战胜荷兰取得贩奴专利权后，英国商人遂从利物浦等地运载枪支和各种其他欧洲工业品到西非海岸换取黑奴，将其运往加勒比和南北美洲各国殖民地贩卖。19世纪中叶，英国殖民地、荷兰殖民地和美国南部各州先后废除奴隶制，代之以印度的苦力和华人契约劳工，但黑奴贸易并没有完全停止。1800年，巴西、古巴和美国南部的奴隶数量约为300万人，1860年增至600万人。到1850年为止，运往美洲的黑奴总数多达1500万人。

1790—1826年间，拉丁美洲许多国家取得了独立，先后宣布废除奴隶制度。1840年鸦片战争打开了中国大门，西方殖民者和拉美大种植园主乘机掠夺中国的劳动力，以契约华工取代非洲黑奴。1847—1874年间，拉美输入契约华工人数高达50万人。这些华人劳工主要分布在古巴、秘鲁和英属圭亚那等地从事农业和采矿业劳动。

第二次移民潮发生在1870—1940年间，主要是来自南欧的自由移民。当时，欧洲正处于工业化浪潮中，机械化生产模式使得劳动力大量过剩。迫于生计，意大利、西班牙和葡萄牙等南欧的大量自由移民涌向巴西、阿根廷和乌拉圭等南美地区。此外，处于现代化早期的拉美国家普遍宣传移民福利政策，例如，可以获得土地和高收入，以此来吸引欧洲移民。第一次世界大战以后以及希特勒统治时期，德国国内的一部分受压迫者也选择移居拉美，其中百分之九十选择巴西南部、阿根廷东北部、巴拉圭、乌拉圭、智利南部、秘鲁、委内瑞拉和玻利维亚作为他们的目的地。1880—1930年，近500万欧洲移民进入阿根廷，其中意大利人多达300万。19世纪中叶，也有黎巴嫩等中东国家的移民来到拉美。当时黎巴嫩作为奥斯曼帝国的一个行省，饱受奥斯曼君主压迫，加上教派冲突不断，种族纷争频繁，人民生活苦不堪言，纷纷远走他乡，以谋生计。如今生活在拉美地区的黎裔人士，大多是当时移民潮中黎巴嫩人的后代。

此间也有一些亚裔移民，如日本人移居南美。1868年，日本开始明治维新，明治政府大力参与经济活动，推进工业革命。由政府推动建立的第一批近代大工业企业，主要靠从农民那里盘剥搜刮得来的资金进行投入。苛捐杂税令许多破产的农民离开农村到城市谋生，而尚未充分发展的城市根本无法消化大量涌入的人口。于是，从 19 世纪后期开始，明治政府开始考虑通过海外移民的办法来减轻国内过剩人口的压力，甚至将其作为一项军事辅助手段予以支持和鼓励。1895 年，日本与巴西缔结了《日巴通商友好条约》，两国宣布正式建立邦交。此后日巴两国政府协商，开始筹划有组织的巴西移民计划。从 1908 年到 1921 年，14 年间迁往巴西的日本移民共有 3 万余人。1921 年，巴西圣保罗州政府中止了对日本移民的旅途补贴，日本向巴西移民暂告一个段落。从 1922 年开始到第二次世界大战前夕，总计有超过 14 万人移民巴西，平均每年移入约 9000 人，这是日本向巴西移民的鼎盛时期。在这段时期里，由于日本社会经济危机，特别是 1923 年发生了关东大地震，日本政府急于缓解人口增长和失业的压力，鼓励国民向海外迁徙。

大量移入拉美的移民也把他们的语言带到了当地，使得拉美地区的语言呈现出丰富而多元的移民特色。我们以苏里南为例，来自各地的移民不但将其打造成“小联合国”，也使得苏里南语成为兼具各种移民语言要素的“小世界语”（雷奥诺·布勒姆，1981）。苏里南位于南美洲大陆东北部，全国有 44 万多人口，居民包括印度人、爪哇人、非洲人、华人、黎巴嫩人、犹太人、荷兰人、英国人、法国人等。由于历史上苏里南长期为荷兰殖民地，荷兰文化在苏里南影响较深，苏里南独立时将荷兰语定为国家官方语言。然而，凡是到过苏里南的人都会发现那里的居民更多讲的一种名叫“撕拉南通戈”的语言。撕拉南通戈语又称苏里南语，是一种由英语、荷兰语、葡萄牙语以及西非诸语言混合而成的语言集合体。在形成过程中还吸收了印第安语、法语、西班牙语、希伯来语等词汇，在语法上又带有明显的欧洲语言和非洲语言的特征，极具多元移民特色，被冠以“小世界语”的美誉。

尽管各国移民给拉美的土地带去了各自的语言，但比起殖民进程在当地语言版图上留下的“浓墨”，移民潮只能在拉美语言地图上留下“淡彩”（Lipski，2007），其中有多方面原因。首先，很多移民是以劳力被输入的，社会地位较低，无法通过权力传播和学校传播等途径传播他们的语言。此外，很多劳工移民来自不同部落或地区，相互之间也只能使用当地语言进行交流。例如，19 世纪时，非洲裔奴隶及其与其他人种的混血已达到古巴总人口四成以上，但是由于他们来自不同地区和部落，彼此之间或与主人交流时仍旧只能使用西班牙语（周春霞，2012）。

其次，在劳工移民和自由移民到达拉美之时，西班牙语和葡萄牙语在当地的势力已经非常强大。当地政府为了同化移民，会强制规定使用这两门语言。例如，日本移民到达巴西后经常会组织“联合会”活动，在其内部保持日语文化习俗，但巴西官方通过各种手段加以干涉，禁止任何形式的“联合会”活动，并强制他们使用葡萄牙语。此外，第二次世界大战期间，作为轴心国的语言，德语、日语和意大利语在拉美遭禁，也阻碍了这些语言在当地的进一步传播。

最后，有些移民群体移居至拉美后很快融入当地社会，开始使用当地的语言或者向当地语言靠拢。例如，墨西哥曾经接受过大量意大利移民，由于意大利语和西班牙语非常相似，语言问题并没有给意大利移民带来多少麻烦，他们很快融入当地社会，也没有留下过多意大利语语言文化的痕迹（Lipski，2007）。又如，黎巴嫩移民，由于黎巴嫩地处东西方交汇之地，不同文化自古在那里碰撞融合，黎巴嫩人因而具有极强的文化适应能力。加上他们重视教育，并且有经商创业、冒险进取的传统，因此，他们移居到拉美之后，很快就能适应当地生活，融入其中。甚至还有部分黎巴嫩移民坚持去阿拉伯化的观点，创造了拉丁字母的黎巴嫩语，这种语言以阿拉伯语黎巴嫩方言为基础，以拉丁字母为载体，并引用腓尼基文化进行诠释。

第三节　拉美地区的语言传播动因

上一节中，我们回顾了拉美地区语言传播的历史，本节我们将探讨拉美地区语言传播的动因。李宇明（2011）指出，不同时代不同语言的传播，有着不同的动因，如军事、移民、经济贸易、文化和科技等，这些动因构成推动语言传播的力量。我们以语言动因为主要维度，对拉美地区的语言传播状况进行梳理。

一　语言传播的动因

军事动因，包括殖民和军事征服等，构成历史上西班牙语、葡萄牙语、英语、法语和荷兰语传入拉美的主要因素。军事动因力量强大，受其推动而传播的语言经过一段时期的稳定发展，往往能够成为当地的官方语言或者通用语。

1492 年，哥伦布发现美洲新大陆后，伴随着殖民扩张，西班牙语在新大陆得到推广。同年，内布里哈编著的第一部《卡斯蒂利亚语语法》出版，极大地推动了西班牙语的规范化，也进一步推动了西班牙语在拉美地区的传播。19 世纪初，西班牙语已在殖民地确立其统治地位。如今，西班牙语是拉美 19 个国家和地区的官方语言。巴西于 1500 年被葡萄牙航海家佩德罗·阿尔瓦雷斯·卡布拉尔率领的船队“发现”，自此开始了其长达 322 年的被殖民历史。在此之前，这片土地上存在约 1200 种印第安语言，主要使用者是当地部落中的土著印第安居民。殖民者在巴西大力推行葡萄牙语，并将其确立为巴西的官方语言。

英语在拉美主要在英美殖民地使用，包括牙买加、圭亚那、伯利兹、巴哈马和波多黎各等。这些地方最初多为西葡殖民地，之后被几个殖民列强反复争夺，最后沦为英国或者美国的殖民地。例如，15 世纪末起，圭亚那原先为西班牙殖民地，17 世纪荷兰人占领当地。1814 年，荷兰又将其转让给英国。1831 年，圭亚那正式成为英国殖民地，英语也成为该国官方语言。波多黎各曾经是西班牙的殖民地，美西战争西班牙战败后，又沦为美国的殖民地，美国开始在波多黎各大力推广英语，颁布法律宣布英语和西班牙语同为波多黎各的官方语言。

在拉美，法语主要在法属圭亚那使用。1498 年，哥伦布来到圭亚那的海岸。一百多年后，荷兰人开始在当地殖民。1604 年，法国开始侵入，建立居民点。之后，英国、荷兰、法国和葡萄牙相互争夺此地，直到 1816 年最后归属法国，法语也成为当地官方语言。此外，海地和法属西印度群岛等地也使用法语。位于拉美的苏里南是世界上第三大以荷兰语为官方语言的国家。1667 年，第二次英国战争结束后，荷兰与苏里南签订《布雷达和平协议》，正式将其纳为荷兰殖民地。1799 年到 1816 年苏里南被英国管辖，之后再次成为荷兰殖民地。1975 年苏里南独立后，荷兰语正式成为苏里南的官方语言，当地人口有 60% 以荷兰语作为母语。此外，荷属安地列斯群岛、阿鲁巴也使用荷兰语。

移民动因是各种非洲语言、汉语、意大利语、德语、日语、阿拉伯语等在拉美地区传播的主要推动力。16 世纪初，殖民者登上新大陆的土地后，大肆掠夺当地的土地和金银财富，并强行奴役印第安原住民，逼迫他们在种植园或矿场无偿劳动。印第安人的家园被破坏，古文明遭摧毁，大批印第安奴隶遭受迫害身亡。为补充劳动力，殖民者从非洲贩入大量黑奴。随着非洲劳动力的输入，各种非洲语言①进入拉美。19 世纪，英国带头取消奴隶制，拉美无法再从非洲获取黑奴，便引入中国劳动力，汉语也随之输入拉美。华人曾经是秘鲁种植园的唯一劳动力，在古巴也一度占人口的 3% 。

拉美地区第二次移民潮发生在 19 世纪末至 20 世纪中叶。一方面，当时拉美国家相继独立，开始进入早期现代化发展阶段。但劳动力缺乏限制了当地的生产发展，因此，拉美各国普遍推出福利来吸引外来移民，比如，可以获得土地和高收入，给予移民旅途补贴等。另一方面，当时欧洲两次工业革命和日本的明治维新极大促进了生产力的发展，机械化生产模式导致劳动力大量过剩。上述两方面因素共同作用，大批意大利人、德国人、日本人涌入拉美，在阿根廷、乌拉圭、玻利维亚、哥伦比亚、智利、秘鲁以及巴西等拉美国家定居。伴随着此移民潮进入拉美的主要有意大利语、德语和日语等。

移民人口与拉美当地人相比，数量上不占优势，而且很多作为劳动力输入，地位较低，影响力有限。此外，第二次世界大战期间，作为轴心国的语言，德语、日语和意大利语在拉美遭禁，阻碍了这些语言在当地的进一步传播。因此，受移民动因传入拉美的语言很难成为当地官方语言或者通用语，只能在语音、语法、词汇等层面对西班牙语或葡萄牙语造成一定影响。例如，阿根廷的西班牙语在超音段层面受到意大利语影响，口音更加抑扬顿挫。古巴西语和秘鲁西语中至今可以找到非洲语言和汉语词汇的痕迹。

需要指出的是，我们所论述的移民动因多指“移入”而不是“移出”，尽管后者也构成语言传播的动因。例如，很多墨西哥人为移民美国而学习英语，这在一定程度上促进了英语在当地的传播。但是，这些移民去美国的目的通常是追求更好的生活，因此，究其本质还是经济动因。

① 约鲁巴语和冈果语等。

经济贸易动因构成当前英语、西班牙语和汉语等语言在拉美地区语言传播的主要动力。在全球经济一体化的大背景下，语言所承载的经济价值日益凸显其重要意义。进入21世纪，随着美国经济和高科技产业的迅猛发展，英语在拉美进一步传播。拉美民众主要学习的第二外语就是英语，因为这有助于他们获得更多的工作机会和各类资源。此外，还有一大批出于移民目的的英语学习者。我们以波多黎各为例，移民美国人口和留在当地人口的比例甚至高达2∶3（朱伦、吴洪英，2013）。面对英语的强大攻势，西班牙语在拉美采取错位竞争的策略，卡西而达·贝哈尔（Casilda，2001）在第二届西班牙语大会的发言。发言中指出，1999年，西班牙在拉美的投资额达到250亿美元，首次超越美国，成为在拉美的最大投资国。西班牙在拉美的投资主要集中在相对美国有优势的领域，如银行业、通信和能源等，西班牙语相对英语的优势也集中在这几个行业。近几年，在拉美呈上升趋势的汉语传播也是受到经济贸易因素的驱动。马洪超、郭存海（2014）的调研表明，拉美民众学习汉语主要是为了寻找工作和从事贸易活动，他们将汉语学习视为获得经济效益的一种途径。

军事、移民和经济贸易构成面向拉美地区语言传播的主要动因。除此之外，宗教、文化和科技动因也在一定程度上推动了拉美地区的语言传播。

西班牙语和非洲语言在拉美的传播除了军事和移民动因之外，伴随语言在拉美推广的还有宗教因素。1768年，卡洛斯三世下令必须使用西班牙语来对殖民地当地人讲解天主教教义。当时，在殖民地的西班牙人还很少，例如，在墨西哥只有8000名左右西班牙人，而当地土著人却超过两百多万。仅仅过了三十多年，西班牙殖民地的西语人口就猛增到了1700多万（1800年），这个数字远远超过当时伊比利亚半岛1000万左右的西语人口（Lacorte，2007）。随着拉美地区信奉天主教的人数持续增长，西班牙语也在该地区不断传播。16世纪初，大量黑奴被贩卖至拉美，被迫在当地从事繁重的体力劳动。这些奴隶遭受各种压迫，此时，参加各类宗教或文娱活动成为他们精神慰藉的最好方式。在这些活动中，他们保留使用非洲母语的习惯，由此，各种非洲语言，尤其是那些和宗教、乐器、舞蹈和音乐相关的语言得以在拉美地区传播。

拉美地区资源丰富，但科技相对落后，因此，德国等科技较为发达的国家就充分利用其优势开展语言传播。近年来，德国工业巨头蒂森克虏伯就积极布局巴西，在当地投资建造了价值 46 亿美元的钢铁制造综合体，通过技术将巴西丰富的矿产资源直接转化成了经济财富。此外，德企在拉美投资兴建的公司为当地提供了大量的就业岗位，而当地人为了在就业上掌握主动权，优先进入德国企业工作，也萌发了学习德语的积极性。此外，德国在科技学术领域的领先地位对拉美学者也有巨大的吸引力。洪堡基金会等德国学术交流机构也顺势加大对拉美国家的资助力度。我们以洪堡科学家科研奖金和科学家研究奖学金为例，仅 2014 年巴西就有 28 人获奖，在所有国家中排名第 9 位。

二　动因视域下语言传播的特点

基于上文对于拉美地区语言传播历史和现状的考察，我们可以在动因视域下总结出语言传播的几个特点。这些特点构成语言传播的基本规律，有助于我们透过现象看到本质，在理论层面进一步理解和把握语言传播的源动力。上文分析表明，语言传播的动因主要具有综合性、动态性、落差性和差异性这几个特点。

综合性可以从两方面去理解，首先，在同一地区，推动各种语言传播的动因是不同的。总体而言，语言传播动因大多是语言外因素，语言本体的因素很少，也就是说人们往往不会单纯因为一门语言非常简单或者特别有趣而去系统习得①。我们以拉美地区为例，该地区语言传播动因非常多样，包括军事、移民、经济贸易、宗教、科技、文化等，这些因素综合作用，相互交融，共同绘制出拉美地区丰富多彩、独具风情的语言地图。其次，就某种特定语言而言，在同一时期推动它传播的动因也往往不是单一的，而是综合的。例如，16 世纪非洲语言传入拉美就是受到移民、宗教、文化等多重动因的共同推动。当然，这其中移民为主导动因，其他为补充和附属动因。又如，德语如今在拉美地区的传播主要受到经济贸易和移民动因的共同推动，这其中，经济贸易动因为主导，

① 法语因为语法结构严谨往往成为文本争议时参考的基准文本，但这一语言内因素推动语言传播的力量非常有限，也往往局限在特定领域。

移民动因为辅助。

语言传播的动因还有动态性特点，即在不同时期推动某种语言传播的动因也是不同的。例如，英语在殖民时期主要由于军事动因传播到拉美，而在当代，主要动因则是经济贸易。19 世纪末，伴随着德语移民进入拉美，德语在当地开始传播，尤其是在玻利维亚、巴西、哥伦比亚、智利以及秘鲁等国家。当时，推动德语在拉美传播的主要是移民动因。我们以巴西为例，现在约有 200 万—500 万德国后裔，他们主要聚居在南里奥格兰德、圣卡塔琳娜、巴拉那、圣保罗和圣埃斯皮里图这几个州，其中的一部分人口至今仍能够使用德语进行交流。德国语言文化推广机构歌德学院也非常注重挖掘移民动因的潜力，大打亲情牌，率先在德国移民较多的拉美国家设立分院。进入 21 世纪，随着科学技术的不断发展，德语在拉美的传播更多依靠科技动因，德国的高端科技与拉美丰富的资源和广阔的市场充分互动互补，德国用技术将拉美资源转化为财富的同时，也推动着德语在拉丁美洲的传播。

如同水流总是从较高地势流入较低地势，语言的地域流动在动因层面也遵循从较高语势往较低语势流动的规律，落差越大传播越快。我们所述的语势是指一门语言所承载的综合价值。军事动因层面，殖民者的语言语势大大高于拉美当地的印第安语，因此很快在拉美传播开来，并长期占据主导地位。移民动因层面，尽管影响有限，但意大利、日本、德国等移民还是把他们的母语带到了拉美。进入 21 世纪，随着经济一体化的发展，经济动因层面语势高的语言，如英语、汉语等在拉美地区的传播速度也在持续增长。在拉美，尽管秘鲁、玻利维亚等国家规定印第安土著语和西班牙语同为官方语言，政府承认并支持“多语”与“多元文化”。但实际情况是，除了一些使用人口较多（超过一百万）的印第安语，如瓜拉尼语和克丘亚语，很多印第安语已濒临灭绝。究其原因，还是因为印第安语的语势较低，在全球化语言竞争的大背景下很难与其他语言抗争，这些语言所承载的军事、经济、文化等价值不足以构成其向外传播的动力。

差异性是指不同动因推动语言传播的力量有所差异，最终形成的传播效果也迥然不同。总体说来，军事动因、宗教动因和经济贸易动因最为强大。Crystal（2003：106）在研究英语国际传播的问题时也强调了军事和经济动因的重要作用。在拉美地区，受军事和宗教共同推动的西班牙语成为当地 19 个国家和地区的官方语言。当前，拉美人主要学习的二外为英语，近年来，汉语学习也在当地持续升温，这些现象则源于经济贸易动因。结合 Kachru（1983）提出的三圈理论，制作图 2－1。

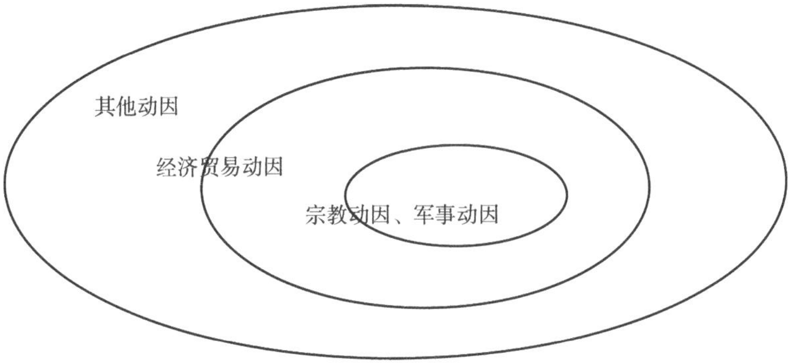

图 2－1　语言传播动因三圈理论图示

军事、宗教动因传播的语言能够进入内圈（语言作为母语）或者外圈（语言作为二语并作为官方语言）；经济贸易动因推动的语言通常进入外圈或者扩展圈（语言作为二语并且只作为外语）；移民、文化、科技等其他动因推动的语言往往进入扩展圈。

第四节　拉美地区的语言传播和语言接触[①]

上几节中我们考察了拉美地区语言传播的历史，分析了推动各种语言传入拉美的动因。本节中，我们将以在拉美传播最为广泛的西班牙语和葡萄牙语为例，开展面向拉美地区的语言传播和语言接触研究。当不同语言的说话者密切接触时，这种接触会影响至少一种语言，并带来语音、词形、句法、词汇等层面的变化。当西班牙语和葡萄牙语传播到新大陆时，也不可避免地会受到与之接触的各种语言的影响，从而产生各种变体。

① 本节中有关西班牙语在拉美的语言接触的内容基于曹羽菲（2012b，2020）。

相比在西班牙使用的西班牙语和在葡萄牙使用的葡萄牙语，拉美地区的西语和葡语由于受到土著语言、移民语言等多种因素影响而有所差异。同时，即便是在通用西班牙语的 19 个拉美国家或地区内部，各国的西班牙语在发音、语义、俚语等方面也存在一定差异性。Lipski（2014）和 Clements（2014）认为，西班牙语和葡萄牙语在拉美地区传播过程中与其他语言相互接触是形成拉美西语各种变体和巴西葡语的主要原因之一。这些接触的语言包括印第安人的土著语言，成千上万被贩卖到拉美的非洲奴隶带来的非洲语言、中国劳工带来的中国粤语，以及自由移民带来的语言，包括意大利语、德语等。除此之外，各种殖民者的语言也会相互接触、互相影响。

一　殖民语言和土著语的接触

西班牙语因受土著语影响而产生的变体主要分为三类：1）在墨西哥等地受到玛雅语言的影响；2）安第斯山脉，从哥伦比亚南部到玻利维亚，受到克丘亚语和艾马拉语的影响；3）在巴拉圭及附近地区受到瓜拉尼语的影响。

玛雅人的语言在西班牙语中的痕迹主要表现在语音方面：1）单词之间不连读，相反因声门收缩而产生停顿；2）塞辅音发音送气；3）元音之后塞音/b/，/d/，/g/ 不发生擦音变化，如将 todo 发成［todo］，而不是［toðo］；4）将词位的/ n /发成/ m /，如将 Yucatán 发成［yukatam］而不是［yukatan］。在句法方面，突出的表现是不定冠词与物主形容词连用，如 le da una su pena decírtelo。在 Yucatán 地区，人们还会累赘地使用物主形容词，而不使用定冠词，如 me dieron un golpe en mi cabeza，te cortaste tu dedo，su papá de Pedro 等。当然，句法方面的这些表现并非受玛雅语的影响，更准确地说，是当地土著人没有完全掌握西班牙语，是中介语的一种外在表现。

克丘亚语对西班牙语语音方面造成的影响主要是/i/ －/e/ 以及 /u/ －/o/两组元音发音的中性化，即发音时不区别/i/ －/e/和/u/ －/o/，如将 que 发成 qui，将 no 发成 nu 等，这在很大程度上是受到克丘亚语三元音体系的影响。在词形语法方面，当地人喜欢使用“宾语＋动词”的结构，如 casa tengo；命令式使用“da＋副动词”的结构，如 dame cerrando la puerta (cierra la puerta), dame comprando un periódico (cómprame un periódico); 此外，泛用小品词 lo，如 Se lo llevó una caja.，Me lo va a firmar la libreta? 等。指小词的高频率使用也是一大特色，甚至出现在指示词、副词和副动词中，如 estito，normasito，corriendito 等。

瓜拉尼语在西班牙语语音中的痕迹是三个浊音/b/、/d/、/g/在词首的发音鼻化成［mb］、［nd］、［ŋg］，词形句法上的影响主要有：用 todo (ya) 来表示完成体，如 Ya trabajé todo.［He terminado.］；在相对比较级中有时省略 tan，如 Mi hermano es alto como el de Juan.；有时省略系动词 ser，如 Eso lo que yo te pregunté.；"leísmo"，如 Les visité a mis tías；Le quiero a mi hija；省略宾格代词，如¿Viste mi reloj? No，no vi.，等等。此外，拉美西班牙语的主要特点还有：seseo，即发音上用［s］代替［θ］；表示完成动作倾向使用简单过去时而不是现在完成时；人称上用 ustedes 代替 vosotros；在部分国家使用 vos 而不是 tú，等等。

土著语言对于葡萄牙语的影响主要体现在词汇层面。杨菁（2011）指出，在葡萄牙殖民巴西的最初阶段，图皮语和葡萄牙语同时被作为当时的通用语言使用。这种情况一直维持到了 18 世纪中期。在与图皮语共同存在的两百多年中，传播至拉美的葡萄牙语从印第安语中吸收了大量与花卉、果蔬、动物等有关的词汇以及一些与地理相关的专有名词。例如，Abacaxi（菠萝）、Aqai（亚马逊特产的一种浆果）等巴西人日常使用的水果名字就源于图皮语。

二　殖民语言和移民语言的接触

除了土著语外，西班牙语和葡萄牙语在拉美地区的传播过程中还与各种移民语言接触，包括被动移民语言和自由移民语言。被动移民语言主要是指十六世纪起被陆续贩卖到拉美的非洲奴隶的语言，此外，还有印度苦力和契约华工的语言。例如，秘鲁的第一批中国移民是被当作苦力贩卖到那里的，西班牙语里有一个词 culi，就是从汉语"苦力"而来。另外一个典型的例子就是秘鲁西语中"中餐馆"chifa 这个单词，它源自粤语"食饭"。这个词早先为中餐馆招揽食客生意的吆喝声，现已成为秘鲁特色饮食的名片。此外，还有很多来自中国的调料和烹饪方法也进入了秘鲁家庭的日常，亦多沿袭粤语发音来言说指称。更有趣的是，秘鲁人打招呼会说："Chifa 了吗?"，像极了中国人见面说"吃饭了吗?"。

在古巴，从18世纪中叶到19世纪后期，黑奴数量增加了近五倍。19世纪时非洲裔奴隶及其与其他人种的混血占总人口四成以上。不可避免地，在这些地区西班牙语就会与非洲语言接触，受到这些非洲语言，如约鲁巴语、阿巴夸语、刚果语等的影响。对葡萄牙语影响最大的非洲语言主要是来自尼日利亚的约鲁巴语，来自安哥拉的金邦杜语和来自刚果的刚果语。根据 Lipski（2014）、周春霞（2012）和杨菁（2011）的研究，总体来说，非洲语言对于西班牙语和葡萄牙语的影响主要在词汇、语音和语法层面。西语和葡语中很多宗教、饮食、舞蹈、服装、乐器等方面的词汇就来自非洲语言。如世人皆知的巴西桑巴舞 Samba 一词就来源于非洲。此外，非洲语言和印第安语交汇以后，对拉美西语和巴西葡语的语音也开始产生影响，出现吃音现象和特殊的语音语调。语法层面的影响主要体现在"双重否定词"的用法上，在多米尼加和哥伦比亚的部分地区，语言学家发现在一个西语否定句中，人们会使用两次否定词 no，如：Yo no aguanté el calor de allá no.；El no ha vuelto no.；Yo no estoy llegando tarde no.，这种用法就是受到了非洲刚果语的影响（Lipski，2014）。

自由移民语言主要是指19世纪末至20世纪中叶大量从欧洲和亚洲移入拉美的民众所使用的语言，如意大利语、德语、日语、中国粤语等。例如，阿根廷的西班牙语在超音段层面受到意大利语影响，口音更加抑扬顿挫。有些德国裔阿根廷人说西语会保留德语的句法，如：Juan hoy tiene cumpleaños.（Hoy es el cumpleaños de Juan）（Lipski，2007）。

三 殖民语言的相互接触

最后，就是各种殖民者语言的相互接触和互相影响。比如，在巴西和法属圭亚那交界处，巴西的葡语就受到不少法语的影响。法属圭亚那于1499年被哥伦布"发现"。1604年，第一批法国殖民者开始侵入，建立殖民据点。之后，英国、荷兰、葡萄牙相互争夺此地，长达两个世纪之久。1676年，法国政府宣布以卡宴为首府的圭亚那为其殖民地，称作法属圭亚那。1816年，法国在与英国、荷兰和葡萄牙的争夺中赢得优势，巩固了在当地的殖民统治。法属圭亚那与巴西隔着奥亚波基河相望。法语是法属圭亚那的官方语言，然而，该国居民大部分都使用克里奥尔式圭亚那语。在一些靠近奥亚波基河的城镇，巴西葡语和法语之间的相互影响非常明显。即便是在法属圭亚那本国境内，因为有众多的巴西籍移民，葡语和克里奥尔式法语间的接触碰撞也相当频繁。此外，由于作为边境线的奥亚波基河不设限，当地印第安人可以自由地来往于两国境内，这种频繁的接触使得该河周边的巴西印第安部落也使用克里奥尔式法语，其中，最为主要的是卡里普纳人和卡里比人。尽管他们有自己的土著语言，但也使用克里奥尔式法语作为他们的第二语言或者对外交流的语言。可以想象，这些频繁的日常接触必然使得法语由北而南地对葡语产生一定影响（杨菁，2011）。例如，在词汇方面，abordar（探讨、处理问题）、chance（机会）、comitê（委员会）、eclosão（问世）、eletrodo（电极）、renomado（著名的）、revanche（复仇）等葡语单词就来自法语。上述地区法语对葡语的影响不仅在词汇上，也在句法上，例如，有些前置词 a 的用法取代了 em 就是受到法语影响所致。

英语对西班牙语的影响主要表现在词汇和句式结构两方面。词汇上最典型的例子就是 lonche，它来源于英语的 lunch，与 comida 或 almuerzo 不同，指快捷简单的午餐。有时，来自英语的变体还被用来避免歧义。例如，用 troca 表示 camión de carga（卡车），以此和 camión（公共汽车）区分①。比较极端的例子有：Está liquiando la rufa.（来自英语 The roof is leaking. 意思是：屋顶在漏水。Hay una gotera en el techo.）；Estoy frizando.（来自英语 I am freezing. 意思是：我很冷。Tengo mucho frío.）西班牙诺贝尔文学奖获得者 Camilo José Cela 甚至看到过 Deliberamos groserías. 的用法。（来自英语 We deliver groceries. 意思是：我们将食物送货上门。Repartimos la comida a domicilio.）

句式结构方面的例子有：El señor Fulano está corriendo para mayor.（来自英语 ... is running for mayor. 意思是：某人成为市长候选人。El señor Fulano es candidato para alcalde.）；Cómo te gustó la película?（来自英语 How did you like the film? 意思是：你觉得电影怎么样？Cómo te pareció la película?）；Tienes que aplicar para el trabajo.（来自英语 You

① camión 在西班牙是“卡车”的意思。

should apply for the job. 意思是：你应该申请这个工作。Tienes que solicitar el trabajo.）；Juan está supuesto a venir.（来自英语 Juan is supposed to come. 意思是：胡安应当会来。Se supone que venga Juan.）；Te llamo para atrás.（来自英语 I will call you back. 意思是：我将回你电话。Te voy a devolver la llamada.），等等。

从上文的分析中，我们不难发现，语言传播与语言接触关系密切，各种语言在拉美传播的过程中必然会和其他语言接触，发生一定的变化。这些与之接触的语言可以是原来就在拉美地区的土著语言，也可以是以各种方式由移民者带入的语言，或者是其他殖民者的语言。语言接触后发生的变化也在语言各层面得以体现，包括语音、词形、语法、词汇等。各式各样的语言接触都以各自独特的方式在传播的语言中留下痕迹，形成如今特色鲜明、多姿多彩的拉美西班牙语和巴西葡萄牙语。

需要指出的是，尽管因为语言接触，西班牙语和葡萄牙语在拉美地区的传播过程中发生了一定的变化，但上文分析表明，这些变化对于交流的影响非常有限。首先，语音方面的变化集中在音位变体层面，因此不会对意义的理解产生影响；其次，词形句法和句式结构方面的差异不大，这些变体在一定的上下文中不难理解。最后，受到语言接触影响而产生的新词汇数量非常有限，并且以名词为主，大多不涉及核心词汇。由此，我们可以得出结论：尽管西班牙语和葡萄牙语在拉美地区的传播历史久、范围广、变体多，但这些变体对理解或交流的影响有限。总体来说，西班牙语和葡萄牙语的一致化程度较高，这有利于这两门语言在拉美地区和世界范围内的进一步传播。

第 三 章

各国面向拉美地区的语言传播

上一章我们梳理了拉美地区语言文化现状，也考察了该地区主要语言的传播历史，同时，在语言本体层面分析了各语言传播至拉美后发生的语言接触和由此产生的变体。本章我们将从国别视角分析各国面向拉美地区的语言传播战略，为之后开展国际比较奠定基础。第二章的分析表明，面向拉美的语言传播主要受到军事动因、移民动因和经济贸易动因的推动。因此，我们国别的选择也主要基于上述三大动因，军事动因和经济贸易动因的推动力较为强大，主要传播国家为西班牙、葡萄牙、英国、美国、法国和荷兰，移民动因我们以德国、日本和意大利为例。

第一节 西班牙面向拉美地区的语言传播[①]

西班牙在拉美地区语言文化传播历史悠久，目前，世界上以西班牙语作为国家官方语言的国家或地区有 21 个，其中拉美就占 19 个。在世界上近五亿西语人口中，超过三亿集中在美洲。此外，美国中央情报局《世界各国概况》2005 年统计表明（CIA，2005），和其他发展中国家或地区相比，拉美国家的西班牙语识字率很高，达到 88%。

---

① 本节内容基于曹羽菲（2010，2012a，2020）。

表3－1　　世界各地区识字率　　单位:%

地区	识字率（15岁以上）
拉丁美洲和加勒比海地区	88
亚洲东部和太平洋地区	82
非洲撒哈拉地区	52
北非和阿拉伯国家	48
亚洲南部	43

其中，乌拉圭、智利、阿根廷、古巴的识字率可以与欧美强国媲美，在97%至98%之间；还有七个国家超过90%：巴拉圭（94%）、委内瑞拉（94%）、巴拿马（93%）、哥伦比亚（92%）、墨西哥（92%）、厄瓜多尔（92%）、秘鲁（91%）。这些数据充分显示出西班牙语在拉美教育和交流中的主导地位。

国内对于西班牙语言文化推广方面的研究主要以西班牙为主体，从以下几个角度展开：1）在语言政策研究框架下总结西班牙语对外推广的经验，如张西平、柳若梅（2006），刘建（2008）介绍了西班牙政府对外推广西班牙语的经验，尤其是“塞万提斯学院”对外西语教学和文化推广的模式。2）研究塞万提斯学院在中国的运作情况，如申宏磊、牛景华（2009）介绍了塞万提斯学院在中国进行语言和文化传播的情况。3）从对比角度开展中西语言推广机构研究，如洪晓楠、林丹（2011），陈海芳（2012），杨德春（2013）分析了塞万提斯学院在语言文化推广方面的经验对孔子学院的借鉴意义。孙鹏程（2008）、莫嘉琳（2009）、杨敏（2012）等比较了“塞万提斯学院”和“孔子学院”在办学模式、对抗英语霸权、经营理念和哲学基础等方面的异同。国外相关研究多在历时和共时两个维度展开。4）历时角度方面，主要研究西班牙语传播历史和传播过程中出现的各种变体，如Córdova（2004）、Moreno（2007）、Siguan（2007）、Lipski（2007）等人全面分析了西班牙语在国内外传播过程中所形成的各种变体。5）共时角度方面，主要研究西班牙语言推广策略的调整，如Cela（1997）、Rodríguez（2000）、De Bergia（2004）等探讨了西班牙语在全球化浪潮中的国际推广策略。Appadurai（1997）、Casilda Béjar（2001）、Carreira（2007）、Hamel（2013）等分析了“泛西班牙语”语言推广策略的应用背景和实质。国内外学术界在该领域虽已有一定研究，但视角多限于西班牙语世界内部，未能揭示全球化和国际语言竞争背景下的语言推广规律。此外，对于西班牙面向拉美地区这一特定区域的语言传播战略研究较为有限。基于上述国内外研究基础，我们在本节中首先回顾西班牙对外语言传播的历史，然后考察西班牙主要语言文化推广机构在拉美的布点，最后分析西班牙面向拉美实施的语言文化传播战略。

一　西班牙对外语言传播的历史与现状

西班牙推广自己语言的历史非常悠久，“语言素来是帝国之伴侣”，1492 年哥伦布发现美洲新大陆后，伴随着殖民时期的到来，殖民者开始在新大陆推广西班牙语。1768 年，卡洛斯三世下令必须使用西班牙语来对殖民地当地人讲解天主教教义。当时，在殖民地的西班牙语人口还很少。然而，仅仅过了三十多年，西班牙在新大陆殖民地的西语人口就猛增到了 1700 多万（1800 年），这个数字远远超过当时伊比利亚半岛 1000 万左右的西语人口（García，2007）。19 世纪初，西班牙语已在拉美确立其统治地位，并且在与当地土著语的接触过程中形成不同的变体。

如今，西班牙语是联合国六种工作语言之一，全世界以西班牙语为第一语言的人数超过五亿，在使用人数上仅次于汉语和印地语。值得注意的是，在美国也有大量居民以西班牙语为母语，这些西语人口的经济意义重大。据 2005 年《世界各国概况》统计，美国西语人口的年采购能力达到 7500 亿美元，这个数字是三个西语国家智利、阿根廷和委内瑞拉的总和，仅次于墨西哥和西班牙，这两个国家年采购能力都为 9000 亿美元左右。正如 Tamarón（1997）在《西班牙语在世界上的分量》一书中所述，最近几十年来西班牙语已成为继英语之后国际化程度排名第二的语言，这当然有地域、历史等客观因素，但很重要的一点是西班牙语在经济实力强大的美国越来越普及。

就覆盖面积而言，使用西班牙语的地区占到世界总面积的 9.1%，仅次于英语、法语和俄语。在那么大的范围内，西语的使用尽管存在一些语音、词汇、句法方面的变体，但总体说来，整个西班牙语世界中没有语言交流的障碍，这在很大程度上要归功于西班牙语对外传播过程中较高水平的规范化。语言规范化是语言规划的重要组成部分，其具体内容包括统一规范的书写规则、语法和字典。历史上最早在这方面作出杰出贡献的是阿方索十世，他将卡斯蒂利亚语应用于写作、科学和哲学，无意间开始了西班牙最初的“语言规划”。在他的带领下，犹太教徒、基督教徒和阿拉伯人都写出了具有学者风范的论文。不久之后，卡斯蒂利亚语就取代了拉丁语，成为官方语言。1492 年，内布里哈编著的第一部《卡斯蒂利亚语语法》出版，极大地推动了西班牙语的规范化，也推动了西班牙语在新大陆的传播。

1713 年，西班牙设立专门机构，即西班牙皇家学院，负责规范语言的使用，统一并且维护西班牙语的纯正与优雅，并为此采取一系列措施：编写或审订《西班牙语书写规则》《西班牙语语法》和《西班牙皇家学院西班牙语词典》。皇家学院的词典平均十年左右更新一次，从 1726 年第一部出版至今，已有 23 版问世；成立西班牙词汇学学校，同时对各国从事西班牙语教学、出版、翻译等职业的人士进行专业培训，使他们对西班牙语词汇历史演变和现状有清楚的认识，从而准确地使用西班牙语；利用网络技术，成立“今日西班牙语”办公室，开展语言咨询①，帮助人们正确地使用西班牙语，并在此基础上编写《全球西班牙语释疑词典》。

进入全球化时代，发达国家的语言传播迅猛发展，尤其是英语在世界范围内的统治和渗透得以凸显；与此同时，诸多小国、弱国的语言在不断消亡。在这个大背景下，西班牙语也面临前所未有的挑战，著名社会语言学家哈梅尔在一次媒体采访中就提到“西班牙语如今受到英语和全球化的威胁”。有识之士纷纷呼吁要重视西班牙语的保护与对外推广，并提出“西班牙语国际化”（Internacionalización del español）的概念：“我向我们的政府要一点钱用于这项崇高的事业：捍卫我们的交流工具。众所周知，语言是最有效的武器，此外，它还是最有收益的投资。”（Cela，1997）“应该继续联合力量以使我们的语言不从攻占的地区稍作后退，还要使我们的语言继续扩张，并保持其有丰富的词汇和语法特色。”（De Bergia，2004）

① 2008 年数据统计显示西班牙皇家学院平均每天接受 150 个咨询，内容涉及书写规则、词汇、语法等内容。咨询中，50% 来自西班牙国外。

面对挑战和呼吁，西班牙政府充分重视，积极应对，设立专门机构在全球范围促进西班牙语对外推广。西班牙政府 1991 年 3 月 21 日颁布 7/1991 号法令，正式宣布建立塞万提斯学院，并通过《塞万提斯学院建立章程》。该学院在实施语言推广时以西班牙语为主体，兼顾主要西语地区的其他语言和文化，与西班牙皇家学院和西班牙语学院协会合作，借助“泛西班牙语”语言政策，联合拉美西语国家，在世界各地推广传播西班牙语和西语国家的文化。正如著名文学家、诺贝尔文学奖获得者巴尔加斯·略萨在《塞万提斯学院 2009 年年鉴》中所作的评价：“当今时代，西班牙语已然在世界范围内掀起了一股热潮，塞万提斯学院的建立，对于推动世界范围内的西班牙语教学，推广西语国家的文化具有深刻的意义。”我们可以预见，在全球化大背景下，英语在一段时期内仍将作为“全球性语言”被广泛使用。然而，当代西班牙积极有效的语言推动政策必将使西班牙语在巨大的全球语言市场上占据更大的空间和更重要的位置。

二　西班牙语言文化推广的主要机构及其在拉美的布点①

塞万提斯学院是目前西班牙对外语言推广的主要机构。1975 年，西班牙独裁者弗朗哥去世，西班牙迎来新的国王胡安·卡洛斯一世，自此走上民主化进程的道路。从 1978 年颁布的宪法通过至 20 世纪末，西班牙的政治稳定，政府致力于在基础建设、教育、卫生、财政、军队、工业等各个方面进行发展，偿还历史欠债。在国际政策方面，西班牙全面加入了民主国家阵营。1977 年 7 月 28 日，西班牙申请加入欧洲经济共同体，并于 1986 年 1 月 1 日正式加入欧共体。在政治和经济顺利发展的现实环境下，西班牙政府进一步制定了向外推广其语言和文化的国家策略。

1991 年通过的《塞万提斯学院建立章程》在描述塞万提斯学院的创建动机时表示，对于一个历史悠久、语言使用广泛和文化古老的发达国家而言，长期、持续和积极的海外活动是其战略目标。语言与文化深刻地勾画出国家的自我身份，反映其特有品质，透出统一而又多元的理念。西班牙拥有世界上使用最广泛的语言之一，人们对西班牙语以及西语文

① 本小节有关塞万提斯学院的内容基于陆经生等（2016）和曹羽菲（2020）。

化的学习和研究日益增加，西班牙在此过程中发挥着举足轻重的作用，因而需要一个专门机构保质保量地推动西班牙语和西班牙语文化的传播。在以上主旨思想的指导下，塞万提斯学院“传播西班牙语和西语文化”的任务诞生。西班牙政府对塞万提斯学院的成立和运作给予了极大的支持，西班牙国王胡安·卡洛斯亲自担任学院的董事会名誉主席，主席为西班牙首相。

在对外语言教学方面，塞万提斯学院根据《欧洲关于语言教学及其评估的统一框架文件》制订了统一的教学大纲，用于指导教学活动。2016 年的统计资料表明，2015—2016 学年，学院共开设了 14829 门西班牙语课程，其中，常规课程占绝大多数，教师培训课程数量最少。全球注册学习西班牙语的人数达到 142794 人次。此外，该学院负责组织以西班牙语为外语的学生的水平考试（DELE），并以教育科学部的名义签发 DELE 证书。至 2013 年，塞万提斯学院在全球设立的 DELE 考点数量达到 833 处，遍布全球 123 个国家和地区。2016 年，基于“泛西班牙语”语言政策，学院又与墨西哥国立自治大学、西班牙萨拉曼卡大学和阿根廷布宜诺斯艾利斯大学共同合作，创设了西班牙语国际评估测试（SIELE）。

在文化活动组织方面，1992—1993 年创建初期，塞万提斯学院在全球共组织举办文化活动 700 场，至 2015—2016 年，活动数量达到 5350 场，几乎翻了 8 倍。此外，各地塞万提斯学院都建立了图书馆和资料中心，2016 年学院图书数量达到 135 万余册，是创建之初的 3 倍多。该学院的经费绝大部分是国家拨款。成立之初，西班牙政府拨款约为 300 万美元，1998 年为 3600 万美元，2002 年为 5054 万欧元，2009 年达到 1.02 亿欧元，2014 年则高达 1.10 亿欧元，之后几年，预算基本保持在这个数目。

从上述数据中我们不难看出西班牙对语言推广的重视程度。西班牙语对外传播的规模和取得的成绩将促进西班牙政府对此进一步支持，从而形成良性循环。我们可以预见，当代西班牙积极有效的语言推广政策必将使西班牙语在巨大的全球语言市场上占据更大的空间和更重要的位置。

根据 2023 年的统计数据，在全球 44 个国家的 88 个城市中设有塞万提斯学院。学院在拉美地区共设 8 个点，全部在巴西，布点情况如表 3－2 所示。

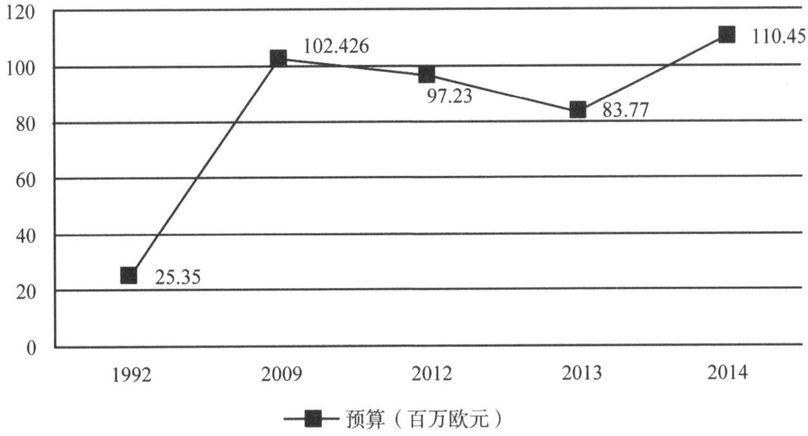

图 3－1　1992—2014 年塞万提斯学院预算情况

表 3－2　塞万提斯学院在拉美的分布情况

学院所在国家	学院所在城市	
巴西	贝洛奥里藏特	圣保罗
	巴西利亚	阿雷格里港
	里约热内卢	累西腓
	萨尔瓦多	库里奇巴

成立之初，塞万提斯学院就在其章程中弱化殖民概念，避免与拉美地区的隔阂，为西班牙语在拉美地区的进一步推广奠定良好基础。《塞万提斯学院建立章程》中指出，西班牙政府在 1991 年建立塞万提斯学院有一个特殊的意义：1492 年，第一本卡斯蒂利亚语（即西班牙语）语法书出版，同年，“西班牙语成为世界的语言”。而 1992 年，即上述事件发生 500 周年，对于西班牙有较为重要的历史意义。所以在此之前一年进行准备，建立塞万提斯学院亦具有“西班牙语走向世界”的象征意义。值得注意的是，该章程对于 1492 年的描述是“语法书的出版”和“西班牙语成为世界的语言”之年，有一个更为重要的信息却被弱化：1492 年还是哥伦布发现新大陆，西班牙对美洲殖民开始的一年。塞万提斯学院章程对于“殖民”概念的刻意弱化有利于该机构在拉美地区得到接受和认同，

也有利于该机构与拉美其他西语国家的协作。

三 西班牙在拉美地区的语言传播战略

从语言规划角度分析，当前西班牙在拉美地区实施的语言传播战略可总结为以下两点：本体规划、声誉规划联合趋同，实施“泛西班牙语”战略；教育规划有的放矢，实施巴西战略。西班牙面向拉美地区的“泛西班牙语”战略就是在本体规划层面承认拉美西语地区的多语共存以及各种西班牙语变体；在声誉规划层面推广“广义”的西班牙语概念，即全世界近五亿人口共同使用的语言。巴西战略就是把该国作为当前西班牙在拉美推广西班牙语的主战场，给予全方位的战略支持。

面对全球化背景下英语的挑战，西班牙联合众多拉美西语国家，实施“泛西班牙语”战略，努力寻求多样中的统一，为西班牙语在全球语言竞争中立于不败之地奠定坚实基础。其实，“泛西班牙语”并不是一个新名词，早在1847年，著名语言学家安德烈斯·贝约（Andrés Bello）就在其编纂的《卡斯蒂利亚语语法》中提出类似的概念：我并不企图为卡斯蒂利亚人著书立作。我的讲授面向我的兄弟姐妹们，西班牙语美洲的居民。如罗德里格斯·潘多哈（Rodríguez，2000）在《西班牙语和新千年重大挑战》一文中所述，“泛西班牙语”语言战略就是要联合所有西班牙语使用者，一起来保护并推广西班牙语。西班牙面向拉美地区实施的“泛西班牙语”语言战略主要在本体规划、声誉规划和教育规划这三个层面展开。

本体规划层面，西班牙皇家学院和其他21个美洲和菲律宾的学院一起构成西班牙语学院协会，协会成员基于共同的责任和平等的地位共同合作，致力于词典编纂、语法和正字法的修订，寻求西班牙语多样中的统一。2009年3月，西班牙政府授予西班牙语美洲协会第二十届内布里哈奖，以表彰其为西班牙语的丰富所作的努力。2009年12月，《新编西班牙语语法》出版，该书将拉丁美洲等西班牙以外地区使用的西语语法汇集其中。在西班牙首都马德里举行的新书推介会上，西班牙皇家学院时任院长维克托·加西亚·德拉孔查形容这套书是“所有西语国家西班牙语语音和语法的大集合”。该部语法书是皇家学院自1931年以来首次出版的语法书，也是第一部反映所有西班牙语语法和语音变体的学院语法书。2014 年，西班牙皇家学院第 23 版《西班牙皇家学院西班牙语词典》问世，该词典收录了 20 余万条释义，其中近 2 万条是拉美西班牙语的用法。上述语法书和词典的出版在一定程度上折射出西班牙政府面向拉美地区在本体规划层面所作的战略部署。西班牙皇家学院设立之初提出要维护西班牙语的“纯正”与优雅。然而，为应对当前英语的强势挑战，面对广阔的拉美地区，西班牙皇家学院已经不提“纯正”两字了，而是采取更加开放、包容的姿态，承认并吸纳各种拉美变体，以便整合拉美地区各个西语国家的优势，争取潜力巨大的拉美市场。

声誉规划层面，塞万提斯学院一再强调“广义”的西班牙语概念，将其推广的语言打造为世界上近五亿人民共同使用的语言，这其中包括 19 个拉美西语国家所共同使用的西班牙语。基于“泛西班牙语”语言战略，塞万提斯学院在拉美开展语言文化推广活动时非常注重与拉美国家并肩作战，期待以一种团结联合的形象出现在语言推广的战场上。仅 2012—2013 年一个年度，塞万提斯学院就与玻利维亚、智利、哥伦比亚、古巴、多米尼加、厄瓜多尔、危地马拉、乌拉圭、尼加拉瓜、巴拿马、巴拉圭、波多黎各、萨尔瓦多、委内瑞拉等 14 个西语国家的语言学院，以及墨西哥自治大学签署合作协议，一同致力于开展西班牙语教学并组织文化活动。除了组织西班牙电影周，塞万提斯学院也会开展墨西哥女性艺术家作品展，举办智利电影周、乌拉圭电影周、阿根廷电影周、古巴电影周、哥斯达黎加电影周等等。这一切都是“泛西班牙语”战略在塞万提斯学院语言文化推广时的具体表现。毫无疑问，“泛西班牙语”语言推广战略有助于提高西班牙语在拉美进一步推广时的接受度，并且有利于西班牙国家形象在该地区的整体提升。

教育规划层面，西班牙与拉美国家广泛合作，在塞万提斯学院教学大纲编制时就注意吸收拉美变体特色，专门论述拉美西语问题。在教材方面，在原来广泛使用的教材“Aula”的基础上，编制了具有拉美西语特色的教材“Aula Latina”，即“Aula”教材拉美版。与原来的教材相比，拉美版的教材编制团队中增加了大量的拉美西语教师和研究人员，教材内容也更加注重拉美西语的特色和文化。例如，原教材“Aula”第二册第 12 页使用“新西班牙人”这一版块内容来教授如何使用西班牙语进行人物介绍。“Aula”拉美版第二册第 12 页教授同样的知识点，版块设计也非常类似，然而内容却是“新墨西哥人”。同样地，“Aula”第二册第14页通过一位西班牙女士的一天生活记录来教授“时间表”的内容，拉美版的教材则相应改成了一位墨西哥妇女一天的生活，文章的配图也做了相应的替换。拉美版教材不但在文化、情景设计方面体现拉美特色，在语言的呈现上也体现拉美变体的特点。例如，第二册第2单元导读内容“在本单元，我们将寻找一位伙伴来合租公寓”中，原版中“公寓套间”使用“piso”一词，而拉美版中则用拉美人更常使用的“departamento”一词来表达。语法上，原版教材更多使用现在完成时，而拉美版教材则体现拉美当地特色，更多使用简单过去时。对于经典西语教材的拉美化改编很好地体现出“泛西班牙语”传播战略的实施，也使得教材更加适应西语在拉美地区的教授和传播。与教材类似，西班牙在原来DELE语言测试的基础上与拉美合作，依托对外西班牙语证书国际联盟，共同开发了SIELE考试（国际西班牙语水平测试体系），在考试中更多体现拉美西语特色。该考试更为拉美地区接受，有利于西班牙语在拉美地区的进一步推广。

在教育规划方面，西班牙面向拉美实施重点国家（地区）战略，将巴西定为当前西班牙在拉美教育规划的主战场，有的放矢，特殊照顾。西班牙在拉美建立的八个塞万提斯学院全部在巴西；近年来，塞万提斯学院推出新国际西班牙语水平测试体系，巴西也被列为该测试体系最先推广的地区之一。

从外部环境来看，在当前各国竞相传播本国语言文化的大背景下，语言国际推广竞争日益激烈，这就要求各国语言传播机构根据各自国情和发展大方向，选择合适的发展策略，避免“平均用力”，而是要“有所侧重”，以期在国际竞争中立于不败之地。另一方面，从语言传播规律来看，语言教学和文化传播成效的显现必须经历较长时间，这是一项长期而艰巨的任务。因此，语言传播推广机构战略高地的选择必须从长计议，符合可持续发展的目标。这就要求各国在推广语言文化时不能急于求成，只关注数量，而是要冷静面对，注重质量的提高，同时全面考察语言在各国、各地区传播过程中所体现出来的多维价值，包括政治价值、经济价值、文化价值等，并在此基础上理性地进行分析比较，最后确定战略重点。

作为一个被西班牙语国家包围的南美发展中国家和南方共同市场的成员国，塞万提斯学院对于巴西这一主战场的选择是基于该国经济发展、地理位置、区域融合等因素的综合考量。《塞万提斯学院建立章程》第一章第二条明确规定塞万提斯学院是非营利机构，其绝大部分资金来源由国家财政预算拨款。作为一个公共机构，尽管奉行的是非营利形式，但是对于其他形式的“利润需求”是明显的。在西班牙，语言是与旅游业占有相同份额的财富；语言学产业创造了一个复杂的文化符号，它通过“西班牙语”这个品牌保护伞，通过各种服务和产品，可以渗透进许多不同的市场。地处南美洲的巴西，全国1亿6500万人口，其中5000万是西班牙语学生，大约需要20万西语教师，随后还需要书籍、电影和音乐产业。仅仅在巴西，就设立了八所塞万提斯学院，巴西国内对于西班牙语相关的资源需求可见一斑。由此可见，塞万提斯学院绝不仅是简单的非营利模式。此外，西班牙对巴西的强力语言输出体现了该国希望把整个拉丁美洲纳入语言战略同盟的想法。巴西的邻国是众多西班牙语国家，巴西本身有着与地区文化大环境融合的意愿，这个意愿与塞万提斯学院的活动目标一拍即合，双方充分合作，战略高地顺势成形。

西班牙在拉美实施的“泛西班牙语”战略和巴西战略充分考虑到语言的政治价值和经济价值。西班牙语在拉美地区传播历史悠久，本身就有很好的基础。以联合趋同的形象出现有利于弱化“征服者”的形象，使得西班牙语语言文化推广在当地获得更多的认同，进一步巩固西班牙语在拉美地区的主导地位。拉美地区对待西班牙和西班牙语的积极态度又会反过来刺激对西班牙产品的购买，并且会产生对于西班牙公司在拉美发展的包容性，有助于西班牙与巴西等发展潜力巨大的拉美国家建立起贸易关系。1999年起，西班牙在拉美地区的投资超过美国，成为在拉美的最大投资国。西班牙在拉美的投资主要集中在相对美国有优势的领域，如银行业、通信和能源等。正如加西亚（García，2007）所论，“泛西班牙语”战略制定的背景是“语言—经济”关系，而非“语言—身份”关系。

西班牙语在拉美地区的传播历史悠久，西班牙语和西班牙语文化早已在拉美的土地上生根发芽。“塞万提斯学院”和“西班牙皇家学院”这两个西班牙官方机构一直主导着西班牙语在拉美地区的推广及“规范化”

工作。为进一步拓展西班牙语在拉美语言地图上的势力范围，西班牙面向拉美地区实施了“泛西班牙语”战略和“巴西战略”。这些战略的制定主要基于西班牙在拉美地区传播语言的政治利益和经济利益考量，有利于西班牙广泛结盟、集中资源，优化西班牙语语言文化的传播效果。

第二节　葡萄牙面向拉美地区的语言传播①

葡萄牙语是当今世界第六大语言，拥有 2 亿多使用人口。除葡萄牙外，以葡萄牙语为官方语言的国家和地区遍布美、非、亚三大洲，包括：巴西、安哥拉、莫桑比克、圣多美和普林西比、几内亚比绍、佛得角、东帝汶和中国的澳门地区。此外，葡萄牙语是 32 个国际或区域性组织机构的工作语言，其中包括：欧盟、南方共同市场、伊比利亚美洲首脑会议、美洲国家组织、西非国家经济共同体、非洲联盟等。根据“互联网世界统计”（Internet World Stats），2015 年 11 月公布的网络十大语言统计排行显示，葡萄牙语是继英语、汉语、西班牙语和阿拉伯语之后的互联网用户使用最多的第五大语言。尽管如此，葡萄牙语在国际上的使用仍然十分有限，尤其与西班牙语相比知名度较低，常常陷入被误认为是西班牙语的尴尬境地。另外，葡萄牙语不同分支间存在的较大差异和分歧，这也使得其作为统一的语言对外辨识度有所降低。在此背景下，葡萄牙语的传播推广及其不同分支间凝聚力的增强便成为葡萄牙政府对外语言规划战略所关注的焦点。

近年来，伴随学界对于语言政策及语言发展战略的关注，国内陆续出现了着眼于葡萄牙对外语言文化传播的研究，究其内容，大多基于国别分析的视角，如：古雯鋆（2013）、徐亦行（2014）、古雯鋆（2015）都探讨了葡萄牙整体的语言推广政策、语言规划手段或对比其殖民时期前后语言传播战略的转变。也有以语言文化传播机构为出发点的研究，如徐亦行等（2016）梳理了葡萄牙卡蒙斯学院的发展历程、职能、组织管理模式、工作范围与成效。或是结合其他国家开展现状对比分析，如苏金智（1993a）探讨了葡萄牙与巴西的语言推广政策，两国在该领域互

① 本节初稿由项目组成员古雯鋆撰写。

动以及面临的问题。国外相关领域的研究也呈现类似的特点，如，Reis et al.（2010）和 Mateus（2014）都评析了葡萄牙语言传播的历史与现状。又如，Baptista etal.（2009）和 Rollo etal.（2012）都以葡萄牙卡蒙斯学院为研究对象开展分析。总体而言，研究对象相对局限，研究视角大多集中于整理和描述层面，或稍欠系统性，或缺乏战略意识。缺乏以葡萄牙为支点，语言文化传播为载体，区域性战略为目标视角的研究。以下我们将探讨葡萄牙面向拉美地区的语言传播战略，希冀给葡萄牙语言政策研究带来新的分析视角。

一　葡萄牙对外语言传播的历史与现状

和许多西方国家一样，葡萄牙早期的对外语言推广主要伴随殖民扩张实现。15 世纪初，于内资源不足、局势不稳，于外受邻国压制的葡萄牙为了摆脱当时的困境，放弃了所在的欧洲大陆，转而向外探索，寻求发展机会。在黄金和奴隶等资源需求的驱使下，葡萄牙先后涉足非洲、亚洲和拉丁美洲，在陆续“发现”新土地和新利益的过程中，葡萄牙语的传播顺应着贸易往来和管理，以及整合“新资源”的需求得以实现。

16—19 世纪，葡萄牙语对外扩张达到巅峰，一度成为在巴西、非洲沿海地区、印度和东南亚港口广泛使用的重要语言，尤其在当时被葡萄牙殖民的巴西和非洲地区，葡萄牙语的普及不仅是实际运用的需求，而且受到利益的驱使，带上了文化输出和征服的色彩。葡萄牙在巴西殖民的初期，当地土著人口居多，日常沟通与彼时的传教活动主要以土著语言开展。随着黑奴贸易的兴起，大量黑人奴隶被贩往巴西。由于黑奴不懂土著语，葡萄牙语便转而成为当时奴隶与奴隶主之间沟通的主要用语（Mateus 2014：32）。18 世纪后半叶，金矿和钻石资源的开发吸引了大批葡萄牙移民涌入巴西，提升了当地葡萄牙语的使用需求。此外，葡萄牙皇室颁布法令①，强调应在巴西严格推广葡萄牙语，禁止土著语言的使用，以帮助土著人民摆脱“无知”和“野蛮”。1759 年，传教士遭到驱逐，维护当地土著语使用权利的中坚力量被赶出了巴西。这些因素使得

① *Diretório dos Índios*，颁布于 1757 年，旨在规范和指导巴西地方官员对于当地土著居民的管理。

在其后的50年间，葡萄牙语彻底取代曾经土著语在当地的语言地位，成为巴西的通用语（Teyssier，1993：75）。

在安哥拉、莫桑比克、几内亚比绍等非洲国家，殖民时期葡萄牙语的传播方式也颇为类似。当时的葡萄牙殖民者主要通过颁布系列政策干预和管理殖民地的语言使用，实现推广葡萄牙语的目的。例如，1921年颁布的第77号法令，规定非洲殖民地学校禁止使用当地语言。又如，60年代在非洲建立的类似葡萄牙的教育体制，要求儿童在学龄前就必须注重葡萄牙语的学习（刘海方，2006：365）①。此外，还以葡萄牙语的认知掌握程度为标准，划分殖民地居民等级（李广一，2007：285）②。总体而言，一方面采取措施压制殖民地本土语言的使用，另一方面尊崇葡萄牙语的语言文化价值，强化其传播与使用。

20世纪末，伴随去殖民化进程，葡萄牙的前殖民地最终全部实现独立。摆脱了从属地位的前殖民地各国，出于民族统一、沟通便利、对外交往等种种因素的考量，不约而同地选择了葡萄牙语作为本国的官方语言。自此，初步形成了殖民时期后葡萄牙与其前殖民国家或地区间关联的新格局，即以葡萄牙语为重要纽带和共同标识的国际互动关系。

当代葡萄牙的语言传播不再以殖民统治为出发点，转而将其视作加强与外部世界往来，增进世界对葡萄牙语言文化认识，提升国家影响力的方式之一，构成葡萄牙对外发展战略的重要方面，呈现出三个重要特点。首先，以法律为保障。自2005年起，《葡萄牙共和国宪法》将“捍卫葡萄牙语的使用，促进其在国际上的传播”纳入国家根本任务③。葡萄牙《教育基本法》把葡萄牙语言文化在海外的教学列为“学校教育的特殊类型”之一，明确“国家将通过多种形式，促进葡萄牙语言和文化在海外的传播和学习”④。在此基础上，第165/2006号法令⑤以及第234/

---

① 引自古雯鋆（2015）。

② 引自古雯鋆（2015）。

③ 《葡萄牙共和国宪法》（*CONSTITUIÇÃO DA REPÚBLICA PORTUGUESA*），第9条第6款。

④ 葡萄牙《教育基本法》（*LEI DE BASES DO SISTEMA EDUCATIVO*），第19条、第25条第1款。

⑤ DECRETO-LEI N. 165/2006（http：//sm. v2. vectweb. pt/media/116/File/Legisla% C3% A7% C3% A3o/DL-165-2006. pdf）（参考日期：2016年7月11日）。

2012 号法令①又进一步确立了葡萄牙海外语言文化教育的宗旨和目标，细化了活动组织形式、人员聘用等具体实施办法。通过系列法律，明确语言文化推广工作的重要性，同时也为其执行提供依据。

其次，以葡语国家为支点。尽管脱离了殖民背景，当代的葡萄牙语传播仍然和前殖民地国家有着密切的关联。葡萄牙重视与其他葡语国家间由于历史累积而形成的语言文化牵系，倾向于以此为基础优先开展交流与合作。1996 年成立的葡萄牙语国家共同体（CPLP）② 便是在这样的理念下建立起来的，与之同期成立的还有葡萄牙语国际学院（IILP）③。葡萄牙注重将语言的传播与葡语地区网络相结合，许多语言文化活动都首先在葡语国家或地区开展，或在相关国家和地区投入更多的资源。东方葡萄牙学会（IPOR）④ 的成立及其多年来在我国澳门地区从事的葡萄牙语言文化推广工作便是一个很好的范例。

最后，以全球为视野。随着全球化概念的不断深入，葡萄牙在对外语言传播层面的视野也逐步拓宽，传播对象由葡萄牙海外移民、葡语国家公民转向了不论国籍渊源的更为广阔的群体。进入 21 世纪后，国际文化流动、碰撞、互融的必然趋势让葡萄牙意识到“应当放眼全球，为葡萄牙语制定更远大的发展目标”。具体来说，“应当寻求有效措施，不断强化和推动葡萄牙语的教学，为全球范围内有意了解这一语言的人提供学习机会，使葡萄牙语的价值被更多人所认识，从而为葡萄牙在国际上赢得更多的认可”⑤。这一葡萄牙语全球化发展的新视角可以从葡美发展

---

① DECRETO-LEI N. 234/2012（http://d3f5055r2rwsy1. cloudfront. net/phocadownload/decretos_lei/dl234_2012_epe. pdf）（参考日期：2016 年 7 月 7 日）。

② 葡萄牙语国家共同体（Comunidade dos Países de Língua Portuguesa，简称 CPLP），由葡萄牙、巴西、安哥拉、几内亚比绍、莫桑比克、佛得角、圣多美和普林西比、东帝汶以及赤道几内亚九个核心成员国组成，旨在构建葡语国家战略网络，加强成员国在各领域的平等对话与协作。

③ 葡萄牙语国际学院（Instituto Internacional da Língua Portuguesa，简称 IILP）是葡萄牙语国家共同体（CPLP）的下设机构，成立于 2002 年，致力于推动葡萄牙语的传播。

④ 东方葡萄牙学会（Instituto Português do Oriente，简称 IPOR），成立于 1989 年，致力于在亚洲地区传播葡萄牙语言文化，提升其影响力，加强葡萄牙与亚洲地区的联系。

⑤ DECRETO-LEI N. 165/2006（http://sm. v2. vectweb. pt/media/116/File/Legisla% C3% A7% C3% A3o/DL-165-2006. pdf）（参考日期：2016 年 7 月 11 日）。

基金会（FLAD）[①] 近年来在美国院校开展的葡语教学、交流等活动中窥见一斑。

二 葡萄牙语言文化推广的主要机构及其在拉美的布点

当代葡萄牙的语言文化推广工作主要由葡萄牙外交部下设的卡蒙斯合作与语言学院统筹开展，该机构简称卡蒙斯学院。根据葡萄牙第21/2012号法令[②]的规定，卡蒙斯学院在外交部监管下，拥有自主管理权和自主财务权。同时，承担在国际范围内传播葡萄牙语言文化的重要职能，主要工作包括筹划并推行海外葡萄牙语言文化的教学与传播政策，向国外大学选派葡萄牙语教师，管理海外基础教育及中等教育层面的葡萄牙语教学网络等内容。

卡蒙斯学院的历史可以追溯到20世纪初，其前身是成立于1929年的国家教育委员会（Junta de Educação Nacional，简称JEN），旨在促进本国科学文化发展，加强对外交流，推动国际范围内的葡萄牙语言文化教学。在80多年的发展历程中，伴随国家的改革，该机构几度更名。1992年，正式以葡萄牙著名诗人、葡语文学的杰出代表人物——路易斯·德·卡蒙斯（Luís de Camões）命名，沿用至今。1994年，该机构从葡萄牙教育部转归至葡萄牙外交部，一定程度上体现了被赋予对外语言文化传播的战略意义和定位。多年来，尽管在工作重心上屡有调整，但是卡蒙斯学院的职能始终没有远离葡萄牙语言文化在海外的推广。因此，该机构对于葡萄牙语作为非母语教学发展的贡献是巨大的。正如西班牙的塞万提斯学院、德国的歌德学院一样，卡蒙斯学院正逐渐发展成为葡萄牙面向世界展示语言文化的名片。

为了提升葡萄牙语在国际上的普及和认知程度，卡蒙斯学院致力于同海外高校和机构开展合作，主要在以下三个方面发挥作用。

首先，是学校教学。语言教学是该机构最为核心的活动领域，从基

① 葡美发展基金会（Fundação Luso-Americana para o Desenvolvimento，简称FLAD），成立于1985年，旨在促进葡萄牙和美国之间的往来，推动葡萄牙经济、社会和文化等方面的更大发展。

② DECRETO-LEI N. 21/2012（http：//d3f5055r2rwsy1. cloudfront. net/phocadownload/decretos_lei/dl21_2012_lo_camoes. pdf）（参考日期：2016年7月7日）。

础/中等教育和高等教育两个层面开展，在师资协调，协助推动专业、课程建设或是相关活动的举办方面提供帮助，有两种具体实现形式：海外葡萄牙语教学协调处和葡语专业点建设。

“海外葡萄牙语教学协调处”是卡蒙斯学院协调海外葡萄牙语言文化教师活动、促进不同教育层级与形式间互动、推动海外教育系统中葡萄牙语作为非母语教学的主要途径。协调处大多设置在葡萄牙驻海外使领馆，直接为当地葡语教师提供服务，或为其教学工作给予后勤支持。目前，卡蒙斯学院已在包括德国、澳大利亚、委内瑞拉、印度、南非等在内的15个国家设立了这一协调机构。

与海外院校合作，共同开展葡语专业建设是卡蒙斯学院语言文化推广的经典模式。卡蒙斯学院通过向海外高等院校或教育机构派驻葡语外教，直接参与教学活动，设置葡语“专家点”，以保障语言文化的传播。或是基于各类合作项目，支持海外院校创建葡萄牙语系或同类机构，协助当地葡语师资的聘任，推动葡萄牙语言文化课程的开设，实现语言传播的目的。此外，还积极推动高校成立“葡萄牙语教研室”和“葡萄牙语中心”，协助筹建相应配置的图书馆、放映厅、影音资料库等，鼓励多学科领域乃至跨学科领域的教学及研究，从而挖掘葡萄牙语作为科学语言的价值和意义。目前，全球已有66个国家设有葡语专家点或通过合作协议与卡蒙斯学院建立了语言文化推广合作关系，17个国家成立了葡语教研室，40个国家建立了葡萄牙语中心。

截至2015年，卡蒙斯学院已在全球84个国家开展了语言文化传播与教学活动，与357所高等教育机构和国际组织建立了合作关系，构建的海外葡萄牙语教学网络惠及157586名学生①。

其次，是培训。除学校教学外，卡蒙斯学院还组织筹划语言培训，为海外葡萄牙语教师、翻译人员、国际或区域机构技术/管理人员、外交人员、葡资企业人员等不同群体提供所需的葡萄牙语培训支持。据统计，

---

①　数据来源：卡蒙斯学院官网（http：//www. instituto-camoes. pt/sobre/sobre-nos/identid-ade/camoes-em-numeros）（参考日期：2017年1月20日）和徐亦行等（2016）。

2015年培训项目惠及各类葡语教师31531人，口译、笔译人员2484人[①]。

最后，是研修资助。此外，为了鼓励全球范围内葡萄牙语言文化相关学习和研究的开展，卡蒙斯学院设置了多个项目资金为各类研修提供支持，以下介绍已开设的主要项目。

学术研究项目：主要面向在海外定居的教师和研究人员，资助其在葡萄牙开展葡萄牙语言文化相关的学术研究，或在葡萄牙大学攻读硕士、博士学位。

佩索阿（Pessoa）项目：主要面向海外高校或研究机构葡萄牙语专业负责人以及卡蒙斯学院设立的海外教研室负责人，资助其开展葡萄牙语言文化相关培训或项目研究。

埃萨·德·克罗兹（Eça de Queiroz）基金会与卡蒙斯学院联合项目：面向在海外从事葡萄牙作家埃萨·德·克罗兹作品研究的教师、研究人员或高年级学生，资助其参与埃萨·德·克罗兹基金会暑期研讨会。

富布莱特委员会（Fulbright Commission）与卡蒙斯学院联合项目：以语言学、历史学、社会学、文学、政治学、国际关系、远程教育七个领域为背景的葡萄牙语言文化相关研究课题为基础，为有意赴美开展学术活动的葡萄牙博士研究生、教师、研究人员，或正在从事相关课题研究的美国学生提供资助。

葡萄牙语言与文化暑期及年度课程项目：面向居住在海外的葡籍和外籍学生，为有意提高葡语能力者提供奖学金资助。

维埃拉（Vieira）项目：是笔译和会议口译领域培训/深造的项目。参与对象为在海外定居的葡籍或非葡籍本科毕业生。

费尔南·门德斯·平托（Fernão Mendes Pinto）项目：面向参与由卡蒙斯学院组织的葡萄牙语作为外语培训项目的葡籍或外籍本科毕业生或本科应届生，为其提供奖学金资助[②]。

---

① 数据来源：卡蒙斯学院官网（http：//www. instituto-camoes. pt/images/artigos/painelindicadores2015. pdf）（参考日期：2017年1月20日）。

② 本小节第三部分信息基于卡蒙斯学院官网和徐亦行等（2016）。

根据 2023 年的统计数据，卡蒙斯学院在拉美地区的分布情况如表 3－3所示①。

表 3－3　　卡蒙斯学院在拉美地区的分布

语言文化传播机构	在拉美地区的布点总数	布点所在国（数量）	布点所在城市（数量）
卡蒙斯学院	32	阿根廷（2）	布宜诺斯艾利斯（2）
		巴西（8）	巴西利亚（2）、贝洛奥里藏特（1）、里约热内卢（1）、圣保罗（1）、萨尔瓦多（1）、库里奇巴（1）贝伦德帕拉（1）、
		智利（4）	圣地亚哥（3）瓦尔帕莱索（1）
		哥伦比亚（3）	波哥大（3）
		古巴（2）	哈瓦那（2）
		墨西哥（4）	墨西哥城（3）瓜达拉哈拉（1）
		乌拉圭（1）	蒙得维的亚（1）
		委内瑞拉（5）	加拉加斯（5）
		巴拿马（1）	巴拿马城（1）
		秘鲁（2）	利马（2）

三　葡萄牙在拉美地区的语言传播战略

狭义而言，拉丁美洲指的是美洲以拉丁语族语言为官方语言的区域。这一地区受到曾经欧洲殖民历史的影响，语言类型和分布相对比较集中，当地使用的语言有西班牙语、葡萄牙语、法语、英语、荷兰语等，以及一些原住民语言。例如，克丘亚语、瓜拉尼语、纳瓦特尔语等。在上述这些语言中，西班牙语和葡萄牙语的使用人口最多。近年来，伴随国际

① 数据来源：Reis *et al. A Internacionalização da Língua Portuguesa. Para uma política articulada de promoção e difusão.* Gabinete de Estatísticas e Planeamento da Educação（GEPE）. Lisboa：2010. 卡蒙斯学院官网（http：//www. instituto-camoes. pt/activity/o-que-fazemos/ensinar-portugues）（参考日期：2017 年 1 月 20 日）。

局势的变化与发展，拉美地区的发展潜力越发受到世界瞩目，特别是20世纪末，“南方共同市场”的成立，更为该地区赋予了新的战略意义。在此背景下，当代拉美地区的语言格局也出现了新的发展趋势。

从地区层面看，拉丁美洲内部各国间日益密切的互动需求带动了当地语言之间，尤其是西班牙语和葡萄牙语之间的流通和互融。2009年，委内瑞拉决定将葡萄牙语以选修科目的形式正式纳入教学课程，旨在推动葡萄牙语在该国作为第一外语的学习。在巴拉圭，中学、大学及成人院校都设有葡萄牙语课程。阿根廷的教育系统还细化了各个教学层级中葡语课程的类型。初等和中等教育里，葡语是选修或必修科目；高等教育中，是选修科目或是面向教师以及翻译人员开设的课程。乌拉圭则在部分基础教育院校推行了双语教学制，即使用西班牙语和葡萄牙语两种语言授课；部分中等教育院校设置了葡萄牙语作为第二外语的课程。另外，从国际层面看，越来越多非拉美国家开始注重与拉美国家之间的往来，希望推动本国语言文化在拉美当地的传播和交流。法国在拉美地区着力开展法语联盟建设，德国在拉美地区中小学校推动的PASCH德语推广项目，美国在拉美实施的“全民英语”（English for All）项目等，都是这一趋势的写照。

面对拉美地区“原生”的语言格局及其在现代国际环境下新的发展趋势，葡萄牙在当地开展语言文化推广的处境是微妙的。一方面，葡萄牙与拉美地区的历史渊源以及另一个葡语大国——巴西在拉美的影响力，为葡萄牙语在当地奠定了比较好的传播基础，使得葡萄牙较之于其他许多国家更具优势。然而，另一方面，也正是因为巴西的存在，葡萄牙在拉美地区的语言文化推广受到了一定程度的“牵制”，这种“牵制”主要是由葡萄牙语不同分支间的差异所造成的。

众所周知，葡萄牙和巴西作为葡萄牙语的两大代表性国家，其使用的葡萄牙语是有所差异的。由于语言传播发展历程的不同，如今巴西使用的葡萄牙语与葡萄牙的葡语在语音、语法、词汇上都存在区别，尽管对于彼此的沟通并不造成阻碍，但两者的差异依然较为明显。这样一来，葡萄牙主要推动的葡萄牙语传播便从内容上与拉美地区较为熟悉的、在巴西使用并推广的葡萄牙语产生了分歧，这就需要葡萄牙在实施语言推广政策时考虑到这一特殊性。目前，葡萄牙面向拉美地区的语言传播呈现出以下两个特点。

（1）以“求同存异”为基本战略

在面向拉美地区传播语言的过程中，面对两种葡萄牙语分支内部存在的差异，葡萄牙选择了一种更为包容和发展的视角，并没有一味强调葡萄牙语的特点，将巴西的葡萄牙语置于竞争的对立面，而是将葡萄牙语视作所有使用者的共同财富，并以此为支点，和巴西开展合作，以“求同存异”的战略原则推动葡萄牙语在当地的传播。

相较于葡萄牙，巴西在拉美地区推动的葡萄牙语传播工作无疑更有基础也更具优势。巴西的葡语推广工作始于1938年，多年来，通过巴西文化中心（Centro Cultural do Brasil，简称CCB）、双边文化学院（Instituto Cultural Bilateral，简称IC）和葡语专家点（Leitorado）等多个机构开展，目前已在41个国家设立了59个葡语专家点，其中大部分都位于拉丁美洲（Cruz 2013：24）。2005年，巴西政府决定建立马查多·德·阿西斯学院（Instituto Machado de Assis，简称IMA），和卡蒙斯学院以葡萄牙诗人为名的初衷相似，该机构以巴西著名作家马查多·德·阿西斯（Machado de Assis）命名，致力于对外传播葡萄牙语及巴西文化。葡萄牙政府在表达赞许的同时，还与巴西签署了联合声明，强调在全球范围内推广葡萄牙语的重要性，并承诺将通过卡蒙斯学院与巴西为此目标共同努力。

此外，葡萄牙也在缩小语言内部分支的差异方面作出了表率和贡献。由其推动起草的1990年版《葡萄牙语正字协议》规范了葡萄牙语中部分单词的拼写形式、重音和标点符号的使用，调整涉及葡萄牙葡语中约1.6%的单词和巴西葡萄牙语中约0.8%的单词。从某种程度上说，这是欧洲葡萄牙语向巴西葡萄牙语的一次靠拢。尽管此举在葡萄牙国内引起了较大争议，但对实现葡萄牙语的统一，以及面向拉美的葡语传播有着积极的意义。

（2）重视开发远程教育平台

除了传统的教学支持、教研点建设、项目开展等“实体”语言传播手段外，近年来，葡萄牙愈发重视以网络和多媒体技术为依托的，不受地域、时间、人数、信息量限制的虚拟语言文化推广形式的开发。通过卡蒙斯学院的官方网站，葡萄牙构建起了卡蒙斯虚拟中心（Centro Virtual Camões）。这是一个面向全球网络用户，可依照个人兴趣和需求使用的远程语言文化信息教育平台。

目前，卡蒙斯虚拟中心由语言文化信息平台和远程教育课程中心两部分内容构成。语言文化信息平台，主要通过“学”“知”“教”“研”四个板块，提供大量的葡萄牙语言文化信息。例如，“学”主要涉及相对基础的葡语词汇、语法、语音和历史文化知识；“知”探索难度较大的葡萄牙相关主题，如：艺术、音乐、电影、哲学、语言史、文学、戏剧等，还配置了卡蒙斯数字图书馆（Biblioteca Digital Camões），提供可下载的电子文件和书籍资料；“教”为教师提供可用于课堂的教学、练习资料、教学及其相关评估标准的信息等。

远程教育课程中心，主要面向不同的学生群体和需求提供葡萄牙语在线课程，目前已开设的门类有：“外国人学葡语”（Português para estrangeiros），分 A1，A2，B1，B2，C1 五个难度等级；“特定用途葡语”（Português para fins específicos），包括“基础法律葡语”“商务葡语”“新闻写作”“创意写作”“教师培训课程”等，学生只需在网上完成报名注册手续，即可参与课程学习。值得一提的是，“外国人学葡语”的课程中，还特别开设了“西语群体学葡语”（Português para Hispanohablantes），专门面向已掌握了西班牙语的学习对象，旨在为该群体“量身定制”学习内容，利用语言之间的相似性，提升该群体的葡语习得成效。

综上，我们可以看到，葡萄牙对外开展语言传播具有较为深厚的历史渊源。早期，语言是该国进行殖民扩张和统治的工具，因此，葡萄牙一直具有较为强烈的语言文化推广意识，这也为该国在当今开展语言传播工作奠定下良好的基础。脱离了殖民属性后，葡萄牙顺应时代发展趋势，实现了语言文化战略的转变，基本形成了新时期背景下葡萄牙语言文化传播的核心模式，即以葡萄牙卡蒙斯学院为主要执行机构，以教学、培训和研修资助为重点活动领域，以海外院校或机构为依托的语言文化推广机制。葡萄牙当代的语言传播战略既延续了通过葡萄牙语维系与前殖民地国家间往来互动的积极态度，同时也开始打破局限，以全球为视野制定葡萄牙语传播的目标。

伴随全球化进程以及世界对于拉美地区的日益重视，葡萄牙把语言文化推广工作拓展到拉美地区是必然的发展趋势。然而，另一个葡语大国巴西在当地的影响力却为葡萄牙在拉美地区的语言传播提出了新的课题。与巴西葡萄牙语同根异质的欧洲葡萄牙语如何在前者已有发展基础的拉丁美洲实现自我发展乃至“共赢”是该国面临的挑战。对此，葡萄牙交出了自己的答卷：一方面，“求同存异”，合作发展；另一方面，开发网络平台，突破地域限制。

第三节　英国面向拉美地区的语言传播[①]

英语，作为世界通用语（English as a Lingua Franca），在促进世界各地交流沟通领域贡献了不可磨灭的力量。英语在全球的扩张始于大英帝国从17世纪开始的殖民历程。在殖民的鼎盛时期，除南极洲外各大洲均有英国的殖民地。在18世纪末期，英语在商业、科技、外交、艺术和教育方面所起的巨大促进作用已经使其成为真正意义上的第一个世界通用语。大英帝国衰败之后，英语在全球的地位又伴随着第二次世界大战后美国的崛起有所提升。美国的经济、文化在世界的影响力进一步推动了英语在全球范围的传播。如今，英语是联合国、欧盟和许多国际组织的官方语言。母语是英语的人口数量位列世界第三，仅次于汉语和西班牙语。下面我们将以巴西为例，研究英国面向拉美地区的语言传播战略。

一　英国对外语言传播机构与战略

英国自从殖民扩张起就没有停止过对外进行英语传播的活动。该国对外语言传播与文化交流工作主要由英国文化委员会承担。英国文化委员会（British Council）是一个专注开展国际教育与文化交流的英国组织，在英国注册为慈善机构。英国文化委员会于1934年成立，前身为“英国与他国关系委员会”。在英国政府内部，它隶属于外交与英联邦办公室，但是日常管理保持独立。

20世纪20年代，法国、德国、意大利的官方文化组织运作模式较为成功，这在一定程度上促成了英国文化委员会的建立。成立之初，“英国与他国关系委员会”的工作主要分为两个方面，一是支持海外英语教育，二是通过讲座、巡回音乐会和艺术展览的方式传播英国文化。由此可见，

① 本节初稿由项目组成员周小舟撰写。

在英国文化委员会成立之初，发展英语教育与传播英国文化就是其重要工作目标。英国文化委员会的工作开始于东地中海地区与中东地区，接着延伸至欧洲较为贫穷的国家与南美。英国文化委员会独立于英国在各国的使领馆之外工作，它的驻外工作人员负责搜集有关当地情况、机会和开放性的信息，这些信息搜集功能在第二次世界大战之初转化成新成立的情报部。英国文化委员会在拉美的很多国家与地区也设立了分支机构，根据2023年7月的统计，如表3-4所示。

表3-4　　英国文化委员会在拉美地区布点

国家	城市
古巴	哈瓦那、圣多明各
牙买加	金斯敦
特立尼达和多巴哥	圣奥古斯汀
墨西哥	墨西哥城
秘鲁	利马
哥伦比亚	圣菲波哥大、麦德林
乌拉圭	蒙得维的亚
委内瑞拉	加拉加斯
巴西	里约热内卢、圣保罗
智利	圣地亚哥
阿根廷	布宜诺斯艾利斯

英国文化委员会的主要工作包括英语教学、海外工作、体育项目和一些在线活动。如今，该机构在全世界50余个国家设立了教学中心，教授了30余万名学生，课时超过100万小时。因此，英国文化委员会宣称它是世界上最大的英语教学机构。此外，它的考试中心每年还负责超过100万考生的考务，其中最重要的考试便是与英国剑桥大学ESOL机构和澳大利亚IDP Education机构一同负责的全球雅思考试。另外，英国文化委员会还与英国的其他有关机构与行业协会合作，共同监管海外的英国学校。在英国本土，英国文化委员会与英国教育部合作，授予了300万儿童“国际学校奖章”，旨在鼓励他们理解并欣赏外国文化。

英国文化委员会在国内还负责运行一项海外实习项目 IAESTE（International Association of the Exchange of Students for Technical Experience），该项目在全球 80 多个国家实施，接收本国本科二年级以上的优秀理工科学生，安排他们在国外从事与专业相关的有酬实习工作。另外，该机构在 40 余个国家开展与体育相关的活动，在此过程中，帮助年轻人学习领导才能与团队合作精神。由此可见，英国文化委员会的主要工作任务是传播英语与英国文化，通过负责标准化英语考试考务、提供英语学习资源、培训英语师资以及开展各类文体活动，让世界各地民众融入英语学习和英国文化的氛围中。不仅如此，该机构还积极开展教育交流活动，让英国年轻人走出去，在了解他国文化的同时，成为传播英语和英国文化的使者。

英国文化委员会自创立以来便争议不断，主要集中在开支以及对待各国分支资金支出不平衡的问题。英国文化委员会一直强调自己独立于政府，但是它的开支全部来自英国政府，也就是来自英国的纳税人，这不可避免地使得英国文化委员会的工作带有政府的目的性。但是，英国文化委员会在这个关键问题上一直很巧妙地躲避了公众的质疑，坚称他们的工作是完全独立的。然而，在开支的问题上，英国文化委员会却不止一次卷入使用纳税人的钱支持工作人员出差开销的报道中。这也进一步反映出英国文化委员会与英国政府之间的关系，即英国文化委员会其实并非独立于政府的机构，它的工作计划与内容在很大程度上反映了英国政府的全球战略。

英国在全球的英语传播主要在以下几方面展开：提供奖学金、培训师资并进行资格认证、出版教材、开展标准化考试。英国通过提供奖学金鼓励国际学生去英国留学，接受全英语的授课方式，继而间接扩大英语在全球的影响力。英国政府提供的奖学金主要面向欧盟学生。国际学生，尤其是非理工科专业学生的机会相对较少。比较为公众熟知的有海外研究生奖学金（Overseas Research Students Scholarship）和志奋奖学金（Chevening Scholarship），不过遴选门槛很高。近些年，意识到国际学生会给英国高等教育，乃至英国经济带来非常可观的利益，英国大学开始增加奖学金的数量。除了政府提供的奖学金之外，很多大学也有为研究型硕士生和博士生提供学费补助的项目。

在英国培养对外英语教师的师资，主要是通过两门硕士课程的进修与学习，一门是“教授母语非英语人士英语”的硕士课程（MA in TESOL），另一门是应用语言学硕士课程（MA/MSc in Applied Linguistics）。前者注重实际教学操作，后者强调理论与研究方法。英语教师的资格认证工作主要是由“英国英语教学认证机构”（English in Britain Accreditation Scheme）负责，英国文化委员会也参与该机构的协调管理。除此之外，“获认可的英语学校协会”（Association of Recognised English Language Schools）承办一些私立师范的培训工作。与英语教学相关的两大行业协会“英国应用语言学协会”（British Association of Applied Linguistics，简称 BAAL）和“国际英语作为外语教学的教师协会”（International Association of Teachers of English as a Foreign Language，简称 IATEFL）为这一领域的教师和研究者提供就业指导、培训等各类机会。母语非英语的英语教师通常要先取得英国皇家文科协会认证的 CELTA 证书（Certificate in Language Teaching to Adults），才能开始在世界各国担任专业英语教师。英国利用其英语教学的优势，开展英语教师的培训活动与资质认可，这些培训课程与颁发的资质在国际上也享有很高的声誉，吸引想要从事英语教学的人群求学英国，学成之后将英语学习的经验在世界各地传播，进一步拓展了英语在全球的影响力。

英国的英语教材出版行业已经发展成了规模经济，是英国政府进行全球英语传播的坚强后盾。最为典型的大型出版机构有：朗文（Longman）、麦克米伦（Macmillan）、牛津大学出版社（University of Oxford Press）和剑桥大学出版社（University of Cambridge Press）。其中，剑桥大学是雅思考试的主办机构之一，它的出版社依托这一优势发行了大量与雅思考试相关的英语学习资料。这些出版的英语学习教材反映了不同时期在英美和欧洲流行的英语教学方法。例如，从早期的听说法（audiolingua method）演变至后来的交际法（communicative method），教材的更新换代意味着教学法的不断发展，也反映了英国对国际英语教学动向的操控与引导。

英国文化委员会在各国的分支机构承接着雅思考试在当地的所有考务。雅思考试是由国际上多家教育机构联合推出的测试，包括英国剑桥大学、英国文化委员会、IDP 澳洲教育机构和澳洲雅思服务处。雅思考试的主要目的是测试母语非英语学生的综合英语水平。雅思考试分为通用型和学术型，分别适合就业与留学两种人群。考试内容分为听、说、读、写四个部分。英联邦国家的大学将雅思考试成绩作为录取国际留学生的要求之一。许多美国大学也接受用雅思成绩来衡量学生的英语水平。全球化带来了教育国际化的发展，无论是吸引留学生去英美等西方国家留学或是发展跨国教育、建立海外校园，雅思考试都是学生必须参加的考核之一，雅思考试在全球大范围的推广与应用无疑也间接提升了英语在全球的影响。

二　巴西及其语言状况简介

巴西是拉美最大的主权国家，也是世界上人口和面积第五大国家。它是世界上最大的官方语言为葡萄牙语的国家 。葡萄牙在 1534 年正式开始了对巴西的殖民。在殖民时代开启之前，巴西大部分的部落使用土著语交流。殖民时代的前两百年，当地土著人与欧洲人之间的战争从未间断。16 世纪中叶，蔗糖成为巴西最重要的出口产品，导致大量非洲奴隶涌入。在蔗糖出口开始下降时，17 世纪末，因为黄金的发现，巴西又吸引了众多葡萄牙人和其他葡萄牙殖民地人，导致移民和当地人的纷争不断。一直以来，葡萄牙在巴西的殖民政策主要有两个目标，一是控制并扫清一切奴隶反抗活动，二是压制所有自治或独立运动。

被殖民之后的巴西，葡萄牙语成为其官方语言，也是报纸、广播、电视等媒体及商业和行政场合使用的唯一语言。巴西葡语在很大程度上与十六世纪欧洲葡语的中南部方言较为类似，同时也受到美洲印第安语和非洲语言的影响。因此，巴西葡语在发音上与欧洲葡语还是有些许不同，这样的不同有点类似英国英语和美国英语之间的区别。巴西是美洲唯一一个说葡语的国家，这使得葡语成为巴西人身份和文化象征的一部分，也是他们用以区别自身与其他说西班牙语的邻居们的重要特征。

除了葡语之外，巴西境内也存在着很多少数民族语言。据统计，在偏远地带约存在着 180 多种美洲印第安语。在圣加布里埃尔 – 卡舒埃拉（São Gabriel da Cachoeira）自治市，三种土著语①与葡语一同被列为官方

① Nheengatu，Baniwa 和 Tucano 这三种语言。

语言。外语教育方面，在巴西，接受初等和中等教育的学生必须学习至少一门外语，通常是英语或者西班牙语。巴西是南美第一个向中学生开设世界语课程的国家。巴西的南部和东南部地区还有较多德语和意大利语社区，这主要是由于早先德国和意大利移民将他们自己的方言带入巴西，在多年的融合过程中，这些德语和意大利语也受到了葡语的影响。

三 英国面向巴西的语言传播战略

正如前文所述，英国在世界各国的语言文化传播主要是由英国文化委员会执行的，在巴西亦是如此。该委员会在巴西的语言传播战略可以从两个角度去分析：一是英国文化委员会在官网上直接提供与英语学习相关的服务与援助；二是通过开展与英国文化相关的一系列艺术、教育、文学、体育等活动来扩大英语在巴西的影响力。

通过提供与英语学习相关的服务与援助来开展语言传播，这种传播主要以三种方式进行：提供英语学习的网站与客户端应用，为英语教师提供在线资源，为院校提供英语服务。

（1）提供英语学习的网站与客户端

英国文化委员会在巴西并不提供英语课程给个人，但是，他们提供非常丰富的在线免费英语学习资源。例如，英国文化委员会的网站提供数百页的音频和视频内容，还有超过 2000 个互动练习。这些音频和视频资料包括：播客故事、情景剧的音频、一系列 BBC 英国文化委员会英语教学电视，以及教学生如何在不同场合说话的视频。学习者可以成为会员，这样可以为网站提供资源，还可以与其他学习者互动并下载资源。用户还可以通过游戏和笑话来练习英语。

除了网站之外，英国文化委员会还开发了大量学习英语的客户端应用，供手机和平板电脑使用者学习。这些应用里的内容包括播客、情景剧、小测试、游戏和帮助学习者训练语法、词汇和发音的练习。同时，英国文化委员会的网站专门设计了分别给 5—12 岁的儿童、13—17 岁的青少年、商务人员学习英语的网页。甚至与巴西文化相结合，开发了学习足球英语的网页，学习者可以通过这个网页了解英格兰足球超级联赛的俱乐部和球员信息、比赛规则，做游戏和小测试。

（2）为英语教师提供的在线资源

英国文化委员会的网站为英语教师提供了丰富的免费在线资源。老师们可以下载教学大纲、授课资料、学习技巧以及关于职业发展、学术会议与资质认证的文章和信息。其中，网上所提供的教学大纲和授课资料会定期更新，对于目前在职的英语教师而言，网上提供了可以帮助他们加强对教学法理解的文章与文献，还有供教师参考的课堂活动安排。对于正在接受培训，想要成为英语老师的人群，也会有定期更新的资料发布在网上。英国文化委员会针对学生的英语听力水平和发音问题提供了一个“音位图”工具，帮助学生更好地理解和掌握英语的音标发音。该机构还给英语师资提供线上教师培训课程，涵盖初级和中级教学、教学技术指导等内容。

（3）为院校提供的英语服务

英国文化委员会有着 80 余年的英语教学经验和丰富的研究数据库，致力于将英国的专业知识经过加工，根据客户的要求提供匹配度和性价比更高的服务。在与公立院校和私立院校的合作中，英国文化委员会主要提供的服务包括：教师培训、个性化的英语课程、为政策制定者提供咨询。教师培训方面的服务涉及如下几点：英语教学资质认定、教学质量控制项目的考核与实施、面向教师的英语语言发展、课程大纲与英语学习资料的开发。在制定个性化的英语教程方面，英国文化委员会开发了用以确立学习者英语水平的分级考试，且提供英语作为特殊用途语言的课程。例如，在酒店管理、警察和安全部门等语境下的英语课程。除此之外，为国家层面的教学计划提供政策对话、策略建议和帮助支持，这是英国文化委员会的一项重要任务，高质量地完成该任务使英国文化委员会获得较高的国际声誉。它支持政府提高教育质量，加强科研与创新，确保教育满足工商业的需求，并且在英国和世界其他国家之间建立持久的教育伙伴关系。

除了直接地提供与英语学习相关的资料、教师培训与政策咨询之外，英国文化委员会还积极举办一系列文体教育活动，通过宣传英国文化来扩大英语在巴西的影响力。在艺术方面，英国文化委员会负责艺术工作的团队与英国最优秀的创意人才长期合作，组织创新的高质量艺术活动，吸引当地民众积极参与，并与全世界的艺术文化机构开展合作。艺术的不同门类他们均有涉足，例如，设计与时尚、创意经济、戏剧与舞蹈、电影、文学、音乐、视觉艺术。每一个门类下都有具体详尽的介绍，以网页或博客的形式展现。英国与巴西有一项名为“Transform”的艺术交流活动，2012 年在英国举办，2016 年在巴西举办。这项新艺术与创意活动使得两国艺术界的专家可以分享各自经验，借此展开交流，促进英巴之间的艺术对话。2015 年，英国文化委员会举办了世界上第一个在线电影节。在成功举办电影节之后，英国文化委员会和英国电影学院在 2016 年举办了“FiveFilms4Freedom”电影活动，通过五部电影传达自由精神。这五部电影均可免费在英国文化委员会的巴西国家网页上观看。2016 年英国文化委员会组织了莎士比亚逝世400 周年的纪念活动。活动形式包括戏剧、摄影、科技、电影、英语教学等。可以看出，英国文化委员会的用意在于将语言传播与文化交流紧密相连，在扩大英国文化影响力的同时间接地传播了英语。

在教育方面，英国文化委员会作为英国的文化传播机构，它的目的就是为英国和其他国家创造并提供教育国际化的机会，这一点体现在高等教育和初等、中等教育上。在高等教育方面，英国文化委员会支持推动学生、学者和教职人员的流动性，鼓励各国学生与教师的互换项目。英国文化委员会竭力推广大学、工商业和政府之间的合作，通过政策对话和科学研究推动英国和世界各国的高等教育国际化发展。为此，英国文化委员会每年都会举办 Going Global 大会，召集全球教育专家共同商讨高等教育发展中国际化的角色与位置。同时，鉴于英国高校强大的科研能力，英国文化委员会支持并推动英国和其他国家之间建立以科研为基础的合作伙伴关系。通过提供各种形式的资助，主要为奖金资助，为科研创新提供机会与动力。在推进英国高等教育国际化的同时，英国的教育理念、科研文化得以输出到世界其他国家，而这样的输出，都是以英语作为交流媒介。所以，英国文化委员会在高等教育领域的策略最终希望达到的结果是英语与英国文化在全球的传播与互动。

除了高等教育之外，英国文化委员会也在积极促进英国与巴西之间在初等与中等教育层面的合作，例如，通过建立学校之间的合作关系帮助孩子了解全球要事，利用英国的经验帮助巴西中小学开展评估，并提高教职员工的领导才能。为了提高巴西英语老师的水平，将他们送到英国接受培训。上述这些举措在推动两国教育合作发展的同时，都直接或间接地推进了英语在巴西的传播。

在体育方面，英国文化委员会通过体育传播文化，将体育作为推动国与国之间关系发展的力量，在巴西开展不同形式的体育活动。例如，与英国的橄榄球职业联赛和足球职业联赛，结成伙伴关系，将这些赛事介绍给巴西的年轻人。此外，“青年体育领导力”这个项目也可以帮助教师和年轻人在体育运动中提高他们的领导才能和信心。两国之间体育活动的展开，给予了文化交流充分的机会，也是英国将自身体育文化传播弘扬的契机。在这样的交流过程中，英国本土的语言优势得到进一步发挥，英语在交流活动中的主导地位也得到进一步确认。

第四节　美国面向拉美地区的语言传播①

在当今全球信息化时代，国家软实力②竞争日益盛行，向国外推广本国语言、传播本国文化已成为增强国家软实力、提升国家国际地位的重要战略手段。语言作为载体，可传播本国的文化和价值观念，扩大国家的文化影响，使其在国际竞争中掌握更多话语权。因此，语言传播是事关国家利益的大事，全球层面早已兴起了极为激烈的语言传播竞赛。在此过程中，英语赢得了全球范围的优势地位。

英语的优势地位首先体现在英语使用的地理范围和人口数量上。根据联合国教科文组织的数据，英语是全世界使用最为广泛的语言，超过十亿人将英语作为第一或第二语言。在全球大约不到 200 个国家与地区中，几乎有 60 个国家将英语作为官方或主要语言，还有 20 个地区以英语为官方语言。此外，英语还是 40 多种克里奥尔化语言和混杂语的母体。据世界英语教师协会（TESOL）2014 年国际研讨会发布的数据，全球约有 15 亿人口正在学习英语，且此人数还在不断扩大。英国文化委员会估

---

① 本节初稿由项目组助研李佳蒙撰写。

② 美国学者约瑟夫·奈在 20 世纪 90 年代最先提出了“软实力”概念，认为一个国家的综合实力既包括经济、科技、军事实力等“硬实力”，也包括文化、价值观、意识形态影响力等“软实力”。

算，2020 年世界上有超过 19 亿人在学习英语。其次，英语的绝对优势地位体现在英语的应用领域上。第二次世界大战以后，随着美国在世界舞台的地位不断上升，英语的传播范围也与日俱增，在全世界各个领域被广泛使用，成为国际政治、贸易、网络等方面的公共语言。

英语全球通用语地位的形成与多方面因素密不可分，包括英国殖民时期竭力推行的语言同化政策，20 世纪以来美国在军事、经济、科技、文化等领域的领头羊地位，英美及其他英语国家的语言传播战略等。国内对于英语语言推广和国际传播的研究集中于语言学、教育学等领域，涉及英语语言政策研究、对外英语语言教学、英语成为国际语言的原因等多个方面。其中，研究美国语言推广传播战略方面的文献主要有：张西平、柳若梅（2008）一书中介绍了美国语言推广政策、机构和教学考试产业的相关内容；李清清（2014）对英语和法语国际传播展开了较为深刻的比较研究，其中分析了美国的对外语言传播战略；张天宇、周桂君（2016）探究了英美两国语言推广的合作与竞争；焦亚新（2012）分析了当代美国对外英语教育的特点及影响。总体来看，国内学术界对于美国语言推广传播策略的研究主要集中在美国国家整体层面，对于美国在拉美地区的英语推广机构和传播战略涉及甚少。而国外研究主要集中在描写和分析英语的国际化进程发展趋势，如 Crystal（1997）等研究通过对英国殖民语言政策、英美语言推广政策、机构组织、对外语言教学等一系列问题的分析，从国际全局视角描写了英语国际传播的发展趋势。由于美国的海外语言推广政策是其公共外交政策的组成部分，关于美国语言推广政策的研究往往包含在对于美国文化外交和公共事务政策的研究之中，如 Kim（2011）简略分析了美国的海外语言教育和奖学金交流项目。此外，我们也可以从美国国务院下属的教育和文化事务局及国际信息局等部门的官方文件得到美国语言推广战略的相关信息，如《美国空间事务处年报》等文件，但涉及拉美的介绍也十分有限。

无论是国内还是国外，对于美国面向拉美地区语言传播战略的研究都较为有限。然而，拉美作为美国的“后院”，是美国最早输出其语言文化的目标地区之一。长期以来，美国对拉美的各项政策一直受到“门罗主义”[①] 的主导，美国一直将拉美视为在自己的势力范围之内。而面向拉美的语言文化传播是美国依靠非武力的“软实力”争取和维护其在拉美霸权地位的重要手段，其语言推广和文化传播手段值得研究，可以为汉语在拉美地区乃至全球的推广提供经验与启示。

一 美国对外语言传播的历史与现状

美国的语言传播相较于英国、法国等老牌殖民国家起步稍晚。20 世纪初，美国作为新兴强国登上世界舞台，为向海外传播美国的文化、价值观，塑造美国在国外民众心中的良好形象，美国开始通过出版、广播等媒介以及文化和教育交流等手段，以语言为载体向外国民众传播有关美国的社会文化、生活方式、价值观念等，以此来服务于美国的国家利益。

美国政府首次有组织地进行海外语言传播和对外文化宣传活动始于第一次世界大战期间。美国参战后，美国联邦政府于 1917 年设立公共信息委员会（Committee on Public Information），通过在海外设立美国书籍杂志阅读室、提供免费英语课程、输出体现美式生活的电影等方式，为美国在全球塑造了一个积极形象。第一次世界大战结束后，随着经济大萧条的到来，美国的对外语言文化推广工作陷入停滞。20 世纪 30 年代，很多国家都建立了传播语言文化的相关机构，而美国直到 1938 年才建立了此类机构。第二次世界大战爆发前夕，德国在拉美积极展开传播纳粹思想的工作。为稳住自己的“后院”，遏制法西斯国家的影响力，美国于 1938 年设立文化关系处（Division of Cultural Relations），专门负责美国对外文化交流活动，用以加强美国与其他地区，尤其是拉丁美洲地区之间的文化关系。此外，于 1940 年设立“美洲国家事务协调局”（the Office of Coordinator of Inter-American Affairs），通过学生交换项目、建立海外中心和图书馆、推广迪斯尼电影等方式向拉丁美洲国家传播美式英语，宣传美国，加强拉美民众对美国历史、社会和文化等方面的了解。

第二次世界大战以后，美苏争霸成为国际政治的主轴，为在意识形

---

① 1823 年，时任美国总统的门罗在国会咨文中发表了《门罗宣言》，提出“美洲是美洲人的美洲”，这一主张日后发展为门罗主义。

态领域对抗苏联，美国加紧了对外推广语言和传播文化的步伐。1946 年，美国签署《富布莱特法案》（*The Fullbright Act of 1946*），标志着美国联邦政府对推广国际教育和文化传播的正式介入。1948 年，美国通过《信息与教育交流法》（*The Information and Educational Exchange Act of 1948*），使美国政府对外文化交流、语言推广、信息传播活动具备了合法地位。从 50 年代起，美国政府加大对全球范围内各种教育和文化事业的投入，积极推广美式英语与美国文化价值观。1953 年，美国新闻署（US Information Agency）成立，该署宗旨是“通过个人接触、电台广播、图书设备、电视、展览、英语教育诸多手段引导国外大众舆论，使之为实现美国外交政策各项目标服务”（张西平、柳若梅，2008：59）。对外推广英语成为美国新闻署的重要工作，该机构管理遍布全球 53 个国家的 196 个信息中心和阅读室，并为 34 个（主要在拉美的）海外中心提供语言教学和图书支持（Quinn，2014：182）。1999 年新闻署被并入国务院，不再作为独立机构存在，其职能由国务院下属部门承担。

除通过教育文化交流来推广语言之外，美国在第二次世界大战以后的各项对外援助计划也对海外传播英语起到了重要的推动作用。如 1947 年出台的“马歇尔计划”是美国向欧洲推广英语的极为关键性的一步，美国在为欧洲提供大量援助资金的同时，还进行了大规模的文化输出，美国英语正是依托这一对外援助计划，凭借电影等流行文化传播到欧洲各国。又如，杜鲁门总统于 1949 年提出“第四点计划”（Point Four Program），旨在向亚、非、拉等欠发达地区援助技术知识及技术设备，以促进这些落后地区的经济发展。这一计划为对象国带去的不仅仅是美国的技术，还有美国的语言，形成了一种软性的、无形的语言和文化传播。

在向海外推广英语和传播文化的过程中，除美国政府以外，美国的民间机构也起到了决定性的作用。例如，从 20 世纪 50 年代早期开始，“卡内基国际和平基金会”“洛克菲勒基金会”“福特基金会”便开始提供对外留学生的奖学金，资助开发海外英语教学资源等。除了资金的支持，民间机构还为海外语言传播提供了大量人员支持，如美国“和平队”（Peace Corps）向全世界派遣了数目可观的青年志愿者，到 80 年代中期，已有十万名美国人加入了这一计划（张西平、柳若梅，2008：59）。

在历史发展的基础上，目前美国的对外英语推广基本上形成了政府机构与民间组织通力合作的局面。语言推广工作的资金来源多样化，既有美国政府部门的资助，也有美国各种基金会的赞助，还有海外学生所交纳的学费。语言推广工作运作模式灵活化，美国政府起到核心领导的作用，而具体管理权力下放到各地语言文化教学推广的所在机构。

二　美国语言文化推广的主要机构及其在拉美的布点

正如前文所说，美国的海外语言推广政策是其公共外交政策的组成部分，因此美国推广英语的主要机构隶属于美国国务院（U. S. Department of State）负责公共外交和公共事务的副国务卿（Under Secretary for Public Diplomacy and Public Affairs）所掌管的下属部门。其中，国际信息局（Bureau of International Information Programs）和教育与文化事务局（Bureau of Educational and Cultural Affairs）两个部门在海外推广语言和传播文化中所起的作用十分重要。国际信息局下属的美国空间办公室（The Office of American Spaces）管理着 700 多个海外美国空间（American Spaces），其网络遍布全球 169 个国家，为海外民众提供了学习美国英语、了解美国文化的场所和空间。教育与文化事务局管理着国务院的教育和文化交流计划，以增强美国与海外的相互了解，它支持着“美国空间”的四个核心项目：英语学习项目、教育美国、文化交流项目、校友活动。教育与文化事务局的众多英语教学、学术交流项目为海外民众提供了丰富的体验和学习美国语言文化的资源和机会。

美国空间（American Spaces）由美国驻世界各大使馆与当地机构合作运行，海外民众可以在“美国空间”学习英语、会见美国专家学者、观看美国展览和多媒体设施等，并可以通过网络媒体资源获得信息。全球 700 余个“美国空间”根据不同的目标群众共分为四种：美国中心、信息资源中心、海外中心、美国角。其中只有前两类机构由美国政府直接管控，后两类机构则为与当地组织的合作机构。

（1）美国中心

美国中心（American Centers）独立于美国大使馆或领馆的场地之外，其工作人员为美国大使馆员工或美国政府的直接雇员，主要用来推进公众外交活动。在拉丁美洲最早设立的美国中心位于墨西哥首都墨西哥城的本杰明·富兰克林图书馆。该图书馆自 1942 年创立以来，以丰富的书目、精彩的展览等活动源源不断地吸引着墨西哥民众前去感知、了解、学习英语和美国文化。目前该馆书目超两万本，还有丰富的光盘、报纸等资源，每周至少举办三场活动，包括英语对话俱乐部、电影之夜、故事时间、游戏之夜等推广英文的项目。此外，在特立尼达和多巴哥的西班牙港、古巴哈瓦那和牙买加金斯顿也设立了美国中心。

（2）信息资源中心

信息资源中心（Information Resource Centers）的规模比美国中心小，通常设在美国大使馆或领馆之内，中心拥有大量的英文实体和电子书目资源，为所在国政府官员、媒体、学生等人员提供有关美国经济、政治、社会、文化方面的信息，并组织英文教学活动，提供美国留学咨询服务，作为 TOEFL、GRE 考试考场等。

拉丁美洲共有 13 个信息资源中心，位于阿根廷、巴西、智利、哥伦比亚、哥斯达黎加、古巴、秘鲁、巴拉圭、乌拉圭、巴拿马、萨尔瓦多、洪都拉斯、尼加拉瓜的美国大使馆内，为当地国家提供了近距离接触美国语言文化的渠道。

（3）海外中心

海外中心（Binational Centers）是私有的自主组织，致力于促进所在国与美国之间的相互了解，英语教学是其重要活动，海外中心大部分资金来源于中心英语课程、TOEFL 和 GRE 考试培训所收的学费。海外中心通常与美国驻外使领馆密切合作，但它们在经济和行政管理上是独立的。全球超过 80% 的海外中心都在拉丁美洲，这些中心分布于中美洲、南美洲和加勒比地区的 18 个国家。拉美的海外中心每年为 25 万名学生提供英文指导，其文化、教育、社会项目每年吸引 1600 万名访客前来参加①。

世界第一个海外中心于 1927 年在阿根廷建立，建立该中心的是一群曾在美国生活学习过的阿根廷人，他们想在回国后建立一种与美国人民保持联系和友情的方式，于是建立了这个文化机构，用以教阿根廷人英文、教当地美国人西班牙语，并用所收的学费举办各种文化活动。美国政府直到第二次世界大战时期才开始对拉美的海外中心进行资助，包括提供书籍、资金，最重要的是提供英语教学专家和英语教学材料。海外中心作为当地

① 数据来源：http：//www. globaltiesus. org/news/exchangematters/267-our-latin-counterparts。

的自治组织，更易于当地人接受其推广的美国语言及文化，起到事半功倍的效果。根据2023年7月的数据，拉美的海外中心分布如表3－5所示：

表3－5　海外中心在拉丁美洲的分布①

国家	海外中心个数
巴西	37
阿根廷	13
智利	7
哥伦比亚	9
墨西哥	3
秘鲁	8
玻利维亚	4
委内瑞拉	4
多米尼加共和国	1
厄瓜多尔	2
洪都拉斯	2
哥斯达黎加	1
萨尔瓦多	1
危地马拉	1
海地	1
尼加拉瓜	1
巴拉圭	1
乌拉圭	1

（4）美国角

美国角（American Corners）是美国大使馆与当地图书馆、大学等合作建立的机构，通常规模较小，由当地机构提供场地和工作人员，美国大使馆提供人员培训和信息资料。美国角的多媒体、英文书籍和期刊收藏以及因特网等全部免费向所有感兴趣的公众开放，以这种方式向公众提供关于当前美国的消息。拉丁美洲共有31个美国角，分布在墨西哥、

① 数据来源：http：//www.ablaonline.org/bnc。

巴西、智利、厄瓜多尔等国。

三　美国在拉美地区的语言传播战略

美国在拉美英语推广的实施战略可以从两个角度去分析："引进来"和"走出去"。"引进来"即吸引拉美的留学生来美国本土学习，留学生长时间学习、生活在美国，使得美国语言文化在留学生中得到广泛传播，这些留学生又会将美国语言及文化辐射到拉美地区。"引进来"战略包括提供留学咨询服务、提供访美交流项目和利用"校友"资源。

（1）提供留学咨询服务

美国十分重视吸引世界的优秀人才来本国学习，在拉美地区也不例外。"教育美国"是美国致力于推广国际教育的咨询中心，在全球共有400多个，遍布170多个国家。"教育美国"咨询中心大部分位于海外的"美国空间"之中，包含线下和线上服务，旨在为国际学生提供全面、准确、及时的关于申请美国大学或项目的指导，宣扬其世界一流的高等教育。"教育美国"咨询中心在拉丁美洲的线下服务主要依托"海外中心"等"美国空间"来提供，在没有"美国空间"的国家主要依托大学、图书馆来提供。"教育美国"咨询中心在拉丁美洲的覆盖面十分之广，拉美地区共有128个美国空间、大学或图书馆可提供留学美国的咨询服务。巴西、墨西哥、哥伦比亚、秘鲁、智利是美国在拉美推广其教育的重点对象，这五国均有十个及以上的"教育美国"咨询中心。此外，加勒比地区的一些小国也被囊括在"教育美国"咨询中心的网络之内，足以证明美国海外推广教育战略之成熟。该中心在拉美地区的具体分布如表3－6所示。

表3－6　"教育美国"咨询中心在拉丁美洲的分布

地区	国家
北美洲、中美洲、加勒比地区	墨西哥（17）、多米尼加共和国（3）、洪都拉斯（2）、巴拿马、哥斯达黎加、古巴、尼加拉瓜、萨尔瓦多、危地马拉、伯利兹、苏里南、安圭拉、巴巴多斯、巴哈马、特立尼达和多巴哥、圣文森特和格林纳丁斯、圣克里斯托弗和尼维斯、圣卢西亚、格林纳达、安提瓜和巴布达、圭亚那、海地、牙买加、多米尼克

续表

地区	国家
安第斯地区	哥伦比亚（11）、秘鲁（11）、玻利维亚（5）、委内瑞拉（4）、厄瓜多尔（3）
南锥体地区	巴西（33）、智利（10）、阿根廷（5）、乌拉圭（2）、巴拉圭

数据来源：https：//educationusa. state. gov/。

除了线下的、面对面的咨询服务，“教育美国”咨询中心还提供完善的线上服务。中心官网为海外学生提供在线自我指导服务，详细解释了申请到美国学习的五个步骤。所有“美国空间”都会提供“教育美国”咨询中心的官方网址，并给出相应的指导。

（2）提供访美交流项目

美国为各行各业的海外人才提供十分丰富的教育、文化、职业交流项目，申请者可为学者、研究人员、运动员、教练、政府领导、英语教师、初高中学生、本科生、研究生、艺术家、作家、导演等多种行业的人才。例如，“英语小额奖学金”项目计划（The English Access Microscholarship Program）为海外落后地区的优秀高中生提供两年的英语语言培训课程，并传播美国文化和民主价值观。自 2004 年启动以来，已有来自 85 个国家的 95000 名学生参与了该项目，包括拉美地区的多个国家。例如，2015 年，近 200 名阿根廷高中生通过当地海外中心成功申请到该项目。

此外，美国还有面向特定国家或地区的交流项目，如“青年行动”（Youth in Action）是美国一个为期四周的夏季交流计划，专门为墨西哥高中学生所设，项目包括专题讨论会，讨论当地社区如何通过解决帮派、暴力、滥用药物、欺凌、人权等问题来发展法律文化。项目参加者到美国参与各种活动，例如，参加关于领导力的课程，到社区实地考察，访问高中，学习英语课程，参与当地文化活动等。由此可以看出，美国在推广其教育时，不仅推广了语言，还推广了其价值观。一位 2016 年参与该项目的墨西哥学生的经历证明了这一点，他认为“青年行动”项目教会他，他可以成为改变世界的一部分，他可以影响另一代人。

美国强劲的综合实力和成熟的海外教育推广战略吸引了许多国际学

生前去求学。美国每年都会出台一份有关年度国际学生统计数据的报告，名为《开放门户报告》（*Open Doors Report*），根据该报告提供的数据，2015—2016 年度拉美和加勒比地区共有 84908 名学生前去美国学习，占整个美国国际留学生总人数的 8.1%；其中，巴西（第 8）、墨西哥（第 10）、委内瑞拉（第 20）、哥伦比亚（第 23）四国跻身 2015—2016 年度美国国际留学生生源地前 25 国①。留学生到美国学习之前都需要认真学习美国英语以通过 TOEFL 或 GRE 考试，赴美留学之后，留学生需要在日常的学习、生活中大量使用英语，促使他们加强对英语的学习，使得美国英语得到有效推广。

（3）利用“校友”资源

美国除了善于吸引海外人才来美求学，还善于利用在美国留学过或参加过美国交流项目的校友（Alumni）在其家乡推广美国的语言文化。“美国空间”通常会给“校友”提供机会，让他们与当地社区分享自己在美国生活学习期间的所见所闻。这一传播方法十分有效，因为校友既了解美国文化，也熟知当地文化，因此他们介绍美国的方式可引起当地听众的共鸣，也更可信。许多校友在美国生活过相当长的时间，他们有优秀的英语能力，可在当地的“美国空间”中讲授英语、传播英语。校友们还可在“教育美国”的咨询服务中起到重要作用，他们的第一手经验可以给当地学生提供在美国生活学习的真实例子，以及这些经历的宝贵价值。例如，在墨西哥城的本杰明·富兰克林图书馆，两组“青年行动”交换项目的校友为 180 名当地学生介绍了该项目及个人经验，为推广该项目起到了很好的效果。此外，校友还可以通过“美国空间”的一些项目来传播美国文化，如在阿根廷，五位在美国学习过的学生为当地社区组建了一个棒球队，将这一美式运动传播到了当地。

“走出去”即美国将师资力量、语言和文化资源等主动输出到拉美地区，通过提供相关的服务与援助来扩大美国语言及文化在拉美地区的影响力，从而服务于美国的政治、经济、文化利益。“走出去”战略包括提供英语教师、提供英语教学资源及培训。

---

① 数据来源：http://www.iie.org/opendoors。

（4）提供英语教师

美国的政府机构和民间机构都会经常向国外派出英语教师，在世界许多国家教授英语。美国国务院教育与文化事务局管理的“全民英语”（English for All）项目包括五个子项目，旨在为世界提供优秀的英语师资力量：1）“英语教师计划”项目时长十个月，为世界的学术机构提供对外英语教学领域的高素质美国人才，迄今为止，超过 1000 名英语教师在 80 多个国家开展了此项目；2）“英语语言专家计划”项目时长两周至五个月，为海外提供取得对外英语教学、应用语言学或相关领域硕士或博士学位的美国学者；3）“富布莱特英语助教计划”项目时长六个月至一年，为海外中小学或大学提供英语助教，通常为美国刚毕业的大学生或从事英语教育的年轻人员；4）和 5）为“和平队志愿者计划”及“和平队回应志愿者计划”，二者都是根据民间组织“和平队”的特定项目或工作机会，为海外国家提供英语教学人员。这五个项目在拉美和加勒比地区的分布如表 3－7 所示。

表 3－7　“全民英语”项目在拉丁美洲的分布①

国家	英语教师计划	英语语言专家计划	富布莱特英语助教计划	和平队志愿者/回应志愿者计划
阿根廷	√	√		
墨西哥	√	√	√	√
玻利维亚		√		
巴西	√	√	√	
智利	√			
哥伦比亚		√	√	√
哥斯达黎加			√	
古巴		√		
多米尼加共和国	√	√	√	
厄瓜多尔	√		√	√
萨尔瓦多	√			√

① 数据来源：https：//exchanges. state. gov/us/english-all。

续表

国家	英语教师计划	英语语言专家计划	富布莱特英语助教计划	和平队志愿者/回应志愿者计划
危地马拉			√	√
尼加拉瓜	√			√
巴拿马	√	√	√	√
巴拉圭	√	√		√
秘鲁	√		√	√
乌拉圭			√	
委内瑞拉		√	√	
伯利兹				√
多米尼克				√
圭亚那				√
牙买加				√
圣卢西亚				√

（5）提供英语教学资源及培训

美国国务院为海外提供了大量线上英语教学资源，拉美的海外中心等美国空间负责在当地推广这些信息资源，并为当地民众提供如何获取这些资源的指导。“美国英语”（American English）是一个关于教育和学习美国语言文化的网络资源中心，为英语教师及学生提供各种有吸引力的材料和资源。“美国英语”网站资源共有四个板块：1）学习和教授英语听、说、读、写技能的材料；2）每月提供不同主题活动的“教师角”（Teacher's Corner），如 2017 年 1 月的活动主题为英语动词短语的教学，网站针对这一主题每周更新一次详细的教学大纲、课堂教学具体内容等；3）可以在英语学习课堂上使用的美国文化、歌曲、游戏资源；4）丰富多彩的网络讲座，其内容包括发音教学技巧、读写技能培训、如何在课堂中讲授美国文化等。此外，“美国英语”网站还提供《英语教学论坛》（*English Teaching Forum*）杂志的电子资源，该杂志为美国国务院发布的一份季刊，通过发表创新、实用的教学想法支持世界各地的英语教学，在全球一百多个国家发行。

此外，美国国务院还提供了一些学习美国英语文化的游戏，具有创新特色，如 Trace Effects。语言学习游戏 Trace Effects 通过交互式 3D 多媒体学习模式来补充学生的课堂英语学习，适合 12—16 岁的玩家。游戏玩家在虚拟世界中与说英语的游戏人物互动并解决谜题。在游戏中，学生们可前往堪萨斯州、新奥尔良、大峡谷、纽约市、旧金山、华盛顿特区等文化场所游玩。

语言文化的推广与传播可增加国际交流，塑造国家形象，提升国家“软实力”，且有利于增强国家“硬实力”。第二次世界大战以后，美国得以实现政治经济影响力辐射下的大规模英语传播，除受其综合国力影响之外，还得益于美国英语的国际推广战略。通过研究美国面向拉美地区的“引进来”和“走出去”语言传播战略，我们可以看出，美国凭其雄厚的资金、先进的技术、一流的教育、丰富多彩的交流项目源源不断地吸引着拉美人才前去求学，深入美国了解并学习其语言及文化，对推广美国语言起到了重要作用；而在语言文化“走出去”的过程中，美国积极与拉美当地教育机构合作，结合当地特色推广其语言文化，使其对外语言机构能够在拉美落地生根，避免了教育“水土不服”的现象，有效地推广了美国英语。

当前，中国正在积极开展汉语及中国文化的国际推广工作，孔子学院在海外的汉语推广工作正如火如荼地进行着。近年来拉美在中国外交中的地位大大提高，人文交流在中拉关系中的地位也大大提高，因此中国在拉美的中文推广工作十分重要。美国在拉美的语言传播战略可为汉语在拉美地区的推广提供经验与启示，如为对象国提供具有吸引力的交流项目、免费而又系统的汉语学习和教学资源、创新性的语言学习游戏等，提升汉语在拉美地区的传播能力。

第五节　法国面向拉美地区的语言传播[①]

法语为全球近 30 个国家和许多国际组织的官方语言，其地位的重要性不言而喻。根据 2014 年“法语国家及地区国际组织”（Organisation in-

① 本节初稿由项目组成员马小彦撰写，主要内容作为项目阶段性成果发表于马小彦（2016，2018）。

ternationale de la Francophonie）观察机构发布的《全球法语状况报告（2014）》数据显示，全世界五大洲共有2.74亿人说法语，其中2.12亿人以法语为日常交际语，其余6200万人则多数通过中学或大学期间学习外语掌握该门语言。根据评估，以语言的使用人数统计，法语是世界上第五大语言，位列汉语、英语、西班牙语和阿拉伯语之后。

此外，目前约有1.25亿人在学习法语。与英语一样，法语是全球非母语国家人士首选的学习语言之一。在1.25亿法语学习者中，4900万以法语作为外语学习，他们分布于159个国家，其中北非和中东、撒哈拉以南非洲及印度洋地区、美洲及加勒比海地区、亚洲及大洋洲和欧洲各有19个、25个、34个、37个和44个国家；就学习者人数而言，北非和中东地区高居首位，超过半数（52%），其次为欧洲（22%），后面依次为美洲及加勒比海地区（13%）、撒哈拉以南非洲及印度洋地区（7%）和亚洲及大洋洲（6%）。最后两大区域尽管目前人数占比最低，但却是近年来增长速度最快的区域，自2010年以来分别增长44%和43%。

法国在国际上对法语的推广和教学可谓是不遗余力，历来都相当重视。法国推广和教授法语的机构网络遍布全球五大洲，无论是其传统势力范围的欧洲、非洲抑或亚太和拉美地区。通过《报告》中所提供的法语学习人口的数据分布不难发现，美洲及加勒比地区学习法语的人数无法与欧非相提并论，而在学习人数的增长层面与撒哈拉以南非洲及印度洋地区和亚太地区相较，也略逊一筹。虽说拉美地区主要是西班牙语国家居多，在语言、文化等方面与西班牙接近，而在地域上又被美国视为其后花园，但整个拉美地区资源丰富，经济市场发展潜力巨大，法国作为大国自然不会无视这块“大蛋糕”，况且无论在历史上还是现今法国都与拉美地区颇有渊源，海地、多米尼克等国曾是其殖民地而现今的马提尼克、法属圭亚那仍是法国的大区。法国完全有理由，也有必要在拉美地区推广法语和法国文化，以便在该地区更好地实施国家政治、经济、外交等策略。

近年来，语言学界逐步对语言推广和语言战略等问题予以关注和研究，对于法国语言推广传播战略方面的研究主要有：李宇明主编的《中法语言政策研究》（2014），张西平、柳若梅编著的《世界主要国家语言推广政策概览》（2008）中介绍了法国的语言推广政策及主要推广机构法语联盟等。戴曼纯、贺战茹（2010）分析了法国语言政策与语言规划由紧到松的政策变迁。王明利、戚天骄（2012）、李娜（2014）等分析了法语联盟语言文化传播战略及其对孔子学院的借鉴意义。国内学术界对于法国语言推广传播策略的研究主要集中在法国国家整体层面，而在研究法语联盟个案时主要是结合中国国内的法语联盟情况作为切入点，对于拉美地区涉及很少。而国外对于法国的语言推广传播战略方面的研究主要有：De Saint Robert（2000）对法国法语语言政策情况的系统介绍，Calvet（2005）、Monenay（2005）对于语言冲突和法语在全球化背景下传播的思考。Chaubet（2004）对于法语联盟推广法语以及法国展开语言外交的研究。此外，法国的文化部以及法语联盟基金会每年分别发布的《法语语言使用报告》和《法语联盟基金会工作报告》会介绍法国推广法语的实质性举措。这些报告为全面了解法国整体语言推广政策提供了较为丰富的资料，但对于拉美地区的专题研究却略显不足，官方报告对于法语在拉美各国传播情况的介绍略显分散。以下，我们尝试将法国在拉美地区的法语传播推广策略整合起来，并置于全球化的大背景下来分析。在此之前，我们首先简要回顾法国语言传播的历史与现状。

一　法国对外语言传播的历史与现状

法语的传播历史悠久，早在 11 世纪，伴随着征服者威廉加冕为英国国王，法语被大量引入英语之中，至今仍对英语词汇产生影响。而欧洲最古老的大学之一巴黎大学以及后来的巴黎索邦大学都吸引了大量的外国留学生前去求学，这也在客观上扩大了法语的影响力。在欧洲大陆，直至十八世纪中叶，随着法国国力日益强大，整个欧洲宫廷都讲法语，法语作为外交语言和条约文书的撰写语言①，资产阶级家庭都开始学习法语，以讲法语为荣，整个欧洲都形成了法语的语境，可见法语在当时欧洲的地位之重。另外，从 17 世纪开始，随着法国对外殖民扩张，在全球争夺土地和资源，法兰西殖民帝国建立。法国先后在北美、非洲、东南亚、南美、大洋洲等地建立起殖民地，并在殖民地强势推行法语教育和

① 法国与奥地利于 1714 年签署的《拉施塔德和约》以法语撰写，法语作为外交语言的历史由此开始。

使用，尽管有违殖民地民众的意志，却在客观上推动了法语在世界的传播，今日世界法语语言版图基本就是在法兰西殖民帝国时期形成的。

然而，法国在殖民扩张的进程中与列强冲突不断，加之随后的两次世界大战，这些都使法国衰落，法语的使用率也随之开始下滑。与此相对的是，英美的先后强大使得英语的影响力不断扩大。面对这一局面，法国力求捍卫法语的地位。首先，在政府的支持下于1883年在巴黎建立了法语联盟（Alliance française），旨在法国的海外殖民地推广法兰西的语言并力图恢复法国因战败而遭受损害的国际声望。时至今日，法国的国民教育部、外交部和文化部等部委都对法语联盟的活动予以形式多样的支持，保持着密切的合作关系。根据2014年的统计数据，法语联盟遍布全球135个国家，有816所联盟成员，注册学员达到461270人，若将参加法语联盟各类培训和教学协助活动者计算在内，总人数达到543969人。联盟提供的课时数为3352万，共组织文化活动21302次。

其次，法国外交部一直致力于法国语言文化的传播工作。2011年，法国文化署经改组成立了法国文化中心，隶属外交部管理。其主要使命有推广法国的文化、加强法国与外国的文化交流、鼓励法语的推广和学习等，与法语联盟有着紧密的合作关系。

再次，法国越来越注重媒体对于语言传播的作用。1984年，法国外交部力促法国媒体联合比利时、瑞士等国的同行创立了法语电视台TV5台，第一次向全球的法语使用者提供了一个全法语的国际电视平台来进行语言文化的交流和传播。2010年，TV5MONDE电视台在200多个国家和地区每周拥有超过5000万的收视群体。为更好地传播法语，在法国外交部和国民教育部的支持下，TV5MONDE还在官网上提供在线的免费法语教学和学习资源以及智能客户端应用的下载，形式多样、内容丰富。

最后，法国还借助法语国家及地区国际组织的影响力来推广法语。在法语国家及地区国际组织的倡议下，自1988年开始，每年3月20日举办的“国际法语日”活动已经成为全世界最重要的法语语言文化庆祝活动。此外，法国是国际高校法语联合会（Agence universitaire de la Francophonie，简称AUF）的主要资助国，该机构是法语国家及地区国际组织的一个重要机构。法国大力支持联合会在全球大力发展以法语为媒介的学术空间，在高等教育和科研机构中开展法语教学、高校法语教师培训、学术交流、合作及资助等。法语教学和数字化教育是联合会在2014—2017年间的两大战略部署。国际高校法语联合会自1961年在蒙特利尔成立以来，已拥有来自98个国家近800所高等教育与研究机构作为成员。法国为了法语的国际推广，在全球编织了一个庞大细密的网络来实施语言推广政策。

二　法国语言文化推广的主要机构及其在拉美的布点

法国对外推广法语主要依靠其编织的庞大海外法语文化网络来进行。上文所提及的法国文化中心和法语联盟就是这一网络的重要组成部分。

1）法国文化中心

"法国文化中心"是法国政府依据2010年7月《国家对外行动法》组建的专门负责对外执行文化运作的官方机构，由此前承担法国文化对外推广任务的公益性协会"法兰西文化署"改组设立，成为政府管理对外文化网络的中央机构。该机构设在巴黎，隶属于法国外交部，于2011年初正式开始运作，整个机构网络遍布全球161个国家，促进法语的全球推广、传播和教学是该机构的一项重要使命。文化中心下设部门分别负责各类推广活动，其中，法语、书籍和知识部主要负责法语的推广和教学，这其中涵盖了不同阶段的语言学习。机构还设有文化中心网络协调部来协调中央和不同地区文化中心间的工作和沟通。文化中心所推行的各项任务都遵循法国政府制定的方针政策，并积极与推广法国文化的外国机构开展对话与合作，这其中就包括了遍布全球的法语联盟。

（2）法语联盟

法语联盟的宗旨是，在全世界范围内传播法语，扩大法国思想和法国精神的影响，尤其是团结生活在海外的法国人和热爱法国的外国友人，使他们继续保持或发扬对法国语言及思想的热爱。法语联盟创办至今已有130多年的历史，无论是战争年代的动荡或是和平时期的发展，法语联盟在全世界推广法语与法国文化的宗旨始终得到贯彻。该机构总部同样设在巴黎，法国外交部、文化部以及国民教育部都积极支持法语联盟的语言推广和文化艺术活动，并提供资助。

进入21世纪以来，法语联盟为适应互联网时代和全球化潮流也加快了其现代化的脚步。为了加强和加快法语联盟全球网络的联系和发展，同时出于筹措资金便利性的考虑，联盟在其国际部的基础之上开始筹建法语联盟基金会（Fondation Alliance française），并于2008年1月1日起正式运营①。新机构秉承了法语联盟的历史使命，成为法语联盟网络的核心，任何联盟新成员的成立和法语联盟的冠名都必须得到基金会的认可。与此同时，基金会为法语联盟成员提供管理和行政方面专业化的培训和支持，以帮助各成员更好地开展活动并保持网络内部的交流协作和活力。各地的法语联盟成员与基金会在法律、行政、财政上不存在从属关系，保持财务独立，并且成员各自根据所在国的国情和相关法律规定进行办学，大部分成员都是以非营利性的协会组织形式建立。

拉丁美洲地区虽然是西班牙语的传统势力范围，但却在20世纪成为法语联盟的一艘“旗舰”，这要归功于在墨西哥城（1885年）、哥斯达黎加和古巴（1886年）、加拉加斯、蒙得维的亚、利马、门多萨、图库曼等多地成功建校。1886年，里约热内卢法语联盟建立伊始，当地的一份报纸对此做了如下报道：“法语联盟不分国籍、年龄、性别、地位、贫富、肤色或种族，向所有人教授一种语言。正是用这种语言，人类第一次书写出人权。”② 表3－8和表3－9两张表格分别显示了截至2014年法语联盟各大区域注册学员数的概况和法盟注册学员总数最多的10个国家。

表3－8　　法语联盟各大区域注册学员数

区域	2014年注册学员	2013年注册学员	2014/2013比较（%）
非洲、印度洋	73160	81300	－10.01
北美	37358	38557	－3.11
拉美	205450	195702	＋4.98
安的列斯、加勒比海	21701	22081	－1.72
亚洲	97080	97917	－0.85

① 2007年7月26日的法国官方公报上正式对外公布关于批准基金会建立的官文。

② 谢军瑞、刘常津、刘莹莹：《外国语言文化推广的机构与战略研究：法语联盟》，2014年度上海市人民政府发展研究中心——上海外国语大学“外国文化政策”研究基地项目成果，第10页。

续表

区域	2014 年注册学员	2013 年注册学员	2014/2013 比较（%）
欧洲	94353	95268	-0.96
大洋洲	14867	12911	+15.15
合计	543969	543736	+0.04

表 3-9　　法语联盟注册学员总数最多的 10 个国家①

注册学员总数最多的 10 个国家			
排名	国家	2014 年总注册学员	2013 年总注册学员
1	阿根廷	42128	35315
2	秘鲁	36926	35145
3	巴西	33918	34422
4	哥伦比亚	31148	32701
5	法国	28854	28155
6	美国	26705	27179
7	马达加斯加	26471	27297
8	中国	23853	25240
9	墨西哥	23756	24738
10	印度	22855	24235

两个表格显示，整个拉美地区（南美洲、加勒比地区）注册学员约占法盟全球网络的 40%，在注册学员总数最多的 10 个国家榜单中，拉美国家占据 5 席，由此可见，拉美地区的法语教学活动相当活跃。基于上述数据，我们将进一步分析法国在拉美地区的传播战略。

三　法国在拉美地区的语言传播战略

法国在拉美地区的语言传播活动，主要依托各法语联盟和法国文化中心来开展，与此同时，外交部给予大力支持。面向拉美地区，法语传播网络的建设和发展采取整体和局部相结合的模式。此外，注重法语教

① 数据来源：Fondation Alliance française，*Rapport d'activités 2014*，Paris，Fondation Alliance française。

育规划的质量，并通过“文化牌”来开展语言传播。

（1）分层管理，加强区域网络内部交流

首先，在管理层面，法语联盟巴黎总部会对法语联盟分支机构数达到一定标准的国家派驻总代表来负责该国法语联盟机构的管理，并协调各分支机构理事会、巴黎总部以及法国驻外使领馆之间的关系。目前，在整个拉美地区的33个国家中设立了15个总代表处。值得一提的是，全球整个法语联盟网络中11个最大的法语联盟成员中有6个位于拉美地区。

其次，通过举办法语联盟年会来加强全球联盟成员的交流。面向各个地区，也会不定期举行区域性大会，从而促进联盟成员之间的学习交流。在拉美地区，法语联盟基金会于2011年11月27—29日在巴西里约热内卢组织召开了拉美地区法语联盟大会，来自29个拉美国家80个法语联盟的147位主席或主管，以及上百位拉美地区和法国的重要人士出席了大会。与会人员就语言多样性、学员跨国流动性中拉丁语系语言的吸引力等议题进行分组圆桌讨论。本着互相交流和提出建设性问题的精神，各项专业化讨论增进了拉美地区各个法语联盟之间的经验交流和友好合作。

2011年之后，在国家语言文化推广方针政策的整体框架下，法国文化中心总部将其全球网络中传播法语的资源进行了集中配置，与时俱进地发展数字化平台，方便各地文化中心的交流。

（2）因地、因材施教，以高质量的教学吸引学员

在拉美地区，英语仍是绝大部分当地人所选择的第一外语，而法语则被视为美丽、优雅的语言，享有良好的声誉。多一门外语的选择，就多一次接触该语言文化的机会。面向这一热爱法语的群体，法语联盟主要通过法语语言课程来实现语言传播，并且通过举办贯穿全年、丰富多样的文化活动来吸引更多人来感受法语以及法语国家的文化魅力。2014年，在哥伦比亚和秘鲁的法语联盟分别举办了782场和780场文化活动，而在布宜诺斯艾利斯，则有多达362场文化活动，共吸引到了43250人次前往参加①。文化活动形式多样，涵盖了讲座、音乐会、展览、电影活

① 数据来源：Fondation Alliance française，*Rapport d'activités 2014*，Paris，Fondation Alliance française。

动、文学交流、竞赛组织等方方面面，这些无疑是对法语国家文化，尤其是法国文化很好的宣传，也能吸引到很多潜在的法语学习者。

还有部分群体学习法语是出于工作或是学习的需要。法语联盟利用自身的优势，针对学员的学习目标来设置课程，例如，商务法语、留学法语、一对一课程，而法语联盟作为法语学习文凭（DELF）、法语深入学习文凭（DALF）考试点也会开设DELF、DALF考试辅导等课程。例如，在哥伦比亚，自2011年哥伦比亚和法国签订学位互认协议后，法国更是成为继美国和西班牙之后，哥伦比亚大学生的第三大出国深造目的国。在法国外交部和哥伦比亚当地部门的资助下，法语联盟为将赴法留学的大学生们提供语言培训课程。在巴西，大学生们可以选择"科学无国界"项目前往法国学习交流。而在墨西哥，报名参加法语学习文凭（DELF）、法语深入学习文凭（DALF）考试的人数越来越多。

此外，拉美地区的法语联盟还尝试走出墙内，延伸拓展课堂空间。随着信息技术和社交网络的发展，远程教育授课的模式也为法语联盟所使用，这在巴西显得尤为突出。为了方便居住在较偏远地区的人们进行学习，同时考虑到社交网络的迅速发展和社会治安方面的问题，里约热内卢法语联盟率先开设了远程法语学习课程。2014年，该机构提供的远程教育课时数增加了32%，课时收入超过了20万欧元①。

在教学手段方面，法语联盟普遍实施互动式教学，强调语言的实际运用能力，从一开始就对语言的四种基本能力——听、说、读、写十分重视，力求达到语言综合能力的全面发展。法语联盟的授课规模都是小班授课，人数控制在20人以内，这样可以最大程度上保证每一名学员都可以得到个性化的教学辅导，从而提高学习效果。

而全球各地的法国文化中心则会设置各类法语语言培训项目，包括对外法语（FLE）、专业法语（FOS）、各类法语水平考试辅导等，以满足各类法语学习者的需求。这其中，法语水平考试面向不同群体就设置了十几个类别。为了在拉美地区更有效地推广法语，法国文化中心越来越重视拉美数字化教育平台的建设。在2014年的2月和11月分别上线了数

① 数据来源：Fondation Alliance française，*Rapport d'activités 2014*，Paris，Fondation Alliance française。

字化专业法语教育（NumériFOS）和法国文化中心法语教师（IFProfs）两大平台，这主要是面向法语教师群体，为加强法语教师师资力量所推出的。前者主要将旅游、外交、大型流通行业、销售和维和等领域的法语教学资源整合在平台上，以数据库的形式免费供法语教师作为教学素材选用；而后者则为全球法语教师提供了互相交流的在线平台。

在授课方面，在数字化专业法语教育平台之上，法国文化中心在法国外交部的支持下，针对专业法语学习者于2015年初正式推出了文化中心专业法语（IFos）数字平台，为专业人士提供职场法语远程培训。此外，文化中心法语数字平台还推出了“慕课”，学习者通过Moodle平台进行自主学习。2014年度，法国文化中心总部为法语、书籍和知识部以及数字化部门支出的费用分别达到了5037683欧元和539663欧元①。

师资力量对于法语教学培训的质量起着至关重要的作用，法语联盟基金会通过协议委托巴黎大区法语联盟具体执行，包括对法国外派教师的培训、各法语联盟分支机构派遣的国外法语教师的培训，以及国外其他法语教学机构选派教师的专业培训，从而保证师资质量。这其中，自然也包括对拉美地区法语师资的培训活动。法国文化中心在政策和资金上都会对拉美地区法语联盟的教师培训予以支持。

（3）争取多方合作，主打“法语文化名片”

在全球化的大背景之下，法语联盟的发展绝非单打独斗，而仅仅依靠语言教学是很难进一步扩大法语影响力的，尤其是在拉美地区，法语的影响力或传统本来就不如西班牙语、英语甚至是葡萄牙语。面对这样的形势，拉美地区的法语联盟积极调动一切可利用的力量来发展自己的网络，努力扩大规模，同时发挥好文化软实力的作用。

首先是法国官方的支持。法国国家首脑、外交部、教育部等部委和法国文化中心在政策和资金上都会对拉美地区的法语联盟予以支持，实施学历互认并专门设立法国文化中心的教育信息化和教育传播技术基金。此外，法国参众两院也会为法语联盟的建设提供支持。在古巴，桑迪飓风曾给圣地亚哥法语联盟带来了巨大的损失，为帮助重建并尽快为当地

---

① 数据来源：http：//rapport-activite2014. institutfrancais. com/rapport/#page_livre_et_promotion_savoirs。

学员提供高品质课程，法国参众两院在2014年为古巴的法语联盟机构提供了3万欧元的资助。此外，代表海外法国人的参议员也会为当地的法语联盟筹措资金或自己慷慨解囊。2014年，参议员克里斯蒂安·卡梅尔曼女士为智利康塞普西翁法语联盟争取到了3.5万欧元的议会储备金用于多媒体图书馆的建设。克劳迪娜·勒帕奇女士向阿根廷布宜诺斯艾利斯法语联盟捐助6400欧元用以购买平板电脑等设备。参议员路易·杜维尔诺瓦先生则资助了阿根廷布宜诺斯艾利斯和门多萨法语联盟礼堂翻新的修缮工程。

其次是当地政府部门的支持。法语联盟的课程和活动都努力争取和所在国的教育部、文化部和教育机构等进行合作，以便更好地推广活动，扩大影响力。巴西教育部选择法语联盟的远程教育课程加入“科学无国界”项目，并将法语联盟的课程选定为留法巴西大学生们的法语培训课程。在墨西哥，在法国文化中心教育信息化和教育传播技术基金的资助下，整个法语联盟网络于2013年9月创建了全新的法语联盟学员社交平台网“墨西哥法语联盟”（Mexicaf），供所有墨西哥法语联盟学员交流学习使用，这提高了学习和交流的效率。同时，在线下，法语联盟开始越来越多地和当地教育机构展开合作，以便融入当地的教育体系。在巴西，有些法语联盟直接选址在当地学校。在秘鲁，法语联盟网络和一些初中建立合作伙伴关系。在高中，秘鲁政府设立了“18岁奖学金”，资助优秀高中生在接受法语联盟的语言培训后赴法国学习。2014年有13名学生通过该项奖学金赴法国留学。2011年，法国和哥伦比亚签署学位互认协议，此后，一方面，法语联盟为赴法留学的哥伦比亚大学生提供语言培训；另一方面，法国外交部着手将法语引入哥伦比亚公立中小学课堂中，由法语联盟负责语言的培训工作。哥伦比亚教育部也希望将法语发展为该国第二大外语。

法国文化中心在全球化和大数据时代的大背景下，除了将自身的蛋糕越做越大之外，还与全球推广法语和法国文化的组织开展合作，构建更加细密的法语与法国文化推广网络，在拉美地区亦是如此。

首先，法国文化中心积极支持法语联盟的发展。法国文化中心教育信息化和教育传播技术基金除了支持墨西哥法语联盟学员社交平台网“墨西哥法语联盟”项目的建设之外，还于2014年分别资助了阿根廷法语联盟代表总署的“自主学习：设备、建议和教育信息化和教育传播技术”、巴西圣保罗法语联盟的“服务于语言听说能力教学开发的可触摸移动设备使用”和古巴法语联盟的“古巴法语多媒体资源库建设”等项目。此外，法国文化中心的“多媒体图书馆扶持计划”（PAM）向阿根廷布宜诺斯艾利斯法语联盟的“数字化与生态：征服大众”项目提供支持。鉴于阿根廷法语联盟网络中的法语学员对学习法语有较高的热情，但对数字化资源的使用仍不太了解，历年的“多媒体图书馆扶持计划”都会对整个阿根廷法语联盟网的数字化资源建设提供支持，并让大众熟悉在线平台的使用方式。

其次，法国文化中心与国际高校法语联合会在高校法语教育、法语学术圈交流等领域展开合作。法国文化中心支持高等院校法语系、法语国家高等教育、高校语言中心的发展以及与法国高校合作办学交流等项目。国际高校法语联合会是世界范围内一个非常重要的高等教育与研究机构联盟，也是法语推广的一个重要推动者，法国文化中心与该联盟的合作可谓是强强联合。2013 年，法国文化中心和国际高校法语联合会共同设立了“评估对话”项目，旨在对申请教学评估的相关高校或语言中心提供服务，帮助其提高教学质量，优化法语学术教育圈的生态。在拉美地区，那些已加入国际高校法语联合会的高等教育机构都可以提出评估申请。

除了法语培训项目之外，法语联盟和法国文化中心这两大网络还积极打造“法语文化名片”。法语联盟的另一项重要工作内容就是举办或参与形式多样的法语国家文化，特别是法国文化的推广活动。在拉美地区，法语联盟根据所在国的文化生态和传统来组织各类文化活动，从而展现法国和法语国家的文化魅力，力求吸引当地民众广泛参与其中。在法国驻智利大使馆和当地政府的支持下，智利的康塞普西翁街头于 2014 年第一次迎来了全球音乐盛会法国音乐节。阿根廷的法语联盟网络则在全国 17 座城市举办了法国电影巡演周活动，吸引到了 8700 名观众。此外，还有与法国作家面对面交流的活动。例如，乌拉圭邀请过知名导演兼作家菲利普·克罗岱尔与读者开展交流。此外，还有各类展览、美食推介、舞台表演等艺术文化活动呈现给拉美民众，立体多元地展示了法国文化和法语的魅力。得益于拉美人民热情开朗的性格，法语联盟每年在拉美地区举办的各类文化活动有上百场之多，参与人数也十分可观。法语联盟在 2014 年哥伦比亚组织的文化活动吸引到了 5.4 万多名观众，秘鲁的这一数字则是超过了 17.8 万名①。

拉美地区的法语联盟从本地区的实际情况出发，采取各项措施，不遗余力地推广法语和法国文化。与此同时，在法语联盟基金会的协调下，拉美各地法语联盟之间加强交流和经验分享，以求搭建起更好更大的平台，开展语言和文化的传播。各项举措使得拉美地区法语联盟的学员数近年来保持稳定增长。综上可见，拉美地区法语联盟网络的建设多举措并重，整体生态健康有序，构成法语联盟全球网络的重要一环，也是该网络中的一个发展亮点。

法国文化中心也和法语联盟一样积极扮演法国文化传播使者的角色。在拉美地区各类法语和法语国家文化活动中都能看到法国文化中心的身影，包括法语出版物的推广活动、法语电影节、法语国家艺术展览会等。例如，在阿根廷组织法国电影巡演周活动，邀请阿根廷参加 2014 年巴黎书展，在哥伦比亚、厄瓜多尔两国举办 Marsatac 电子音乐节等。

法国两大语言推广机构在拉美地区的发展既对接总部全球性规划布局，又切合所在地区的实际情况，它们积极与当地政府开展合作，不断提高语言教学和培训的质量，并且大打“文化牌”来吸引拉美民众。这些举措促使拉美地区法语联盟学员数在全球经济形势并不乐观的情况下逆势增长。

第六节　荷兰面向拉美地区的语言传播②

荷兰语属于印欧语系日耳曼语族下的西日耳曼语支，是荷兰、比利时、苏里南和荷属安的列斯群岛的官方语言，在荷兰全境和比利时北部的佛兰德斯地区通用。欧洲约有 2400 万人以荷兰语作为第一语言，还有曾经被荷兰统治了四个世纪的印度尼西亚也有部分地区仍使用荷兰语。

---

① 数据来源：http：//rapport-activite2014. institutfrancais. com/rapport/#page_livre_et_promotion_savoirs。

② 本节初稿由项目组成员王奕瑶撰写，作为项目阶段性成果发表于王奕瑶（2016）。

对于这些人来说，荷兰语扮演着重要的角色，这门语言不仅是他们部分身份的象征，也在社会生活中起到重要作用。荷兰语语言联盟是荷兰最重要的语言文化传播机构，荷兰通过该机构以及其他各个语言文化推广平台全方位对荷兰语进行传播和推广。

在拉美地区，荷兰语主要在前殖民地苏里南使用。目前，该国是世界上第三大以荷兰语为官方语言的国家。1667 年，第二次英国战争结束后，苏里南与荷兰签订《布雷达和平协议》，正式成为荷兰殖民地。1799—1816 年，苏里南被英国管辖，之后再次成为荷兰殖民地。1876 年，荷兰语成为苏里南学校上课使用的正式语言。但是 19 世纪末，随着印度斯坦人和爪哇人的增加，荷兰语地位受到严重威胁。直到 1975 年苏里南独立后，荷兰语才正式成为苏里南的官方语言，并成为学校、法院、政府、媒体等的官方语言。当地人口有 60% 以荷兰语作为母语。

随着全球一体化进程和网络技术的飞速发展，作为发展相对少数人使用的语言，近 30 年来，世界各地的荷兰语受到英语很多的影响。在一些重要的社会领域，如科技、经济、创新和教育等，荷兰语存在一定程度的危机感。荷兰语各领域功能日渐丧失，这对于荷兰语作为母语的国家和地区是一个巨大的损失。面对危机，荷兰语语言联盟于 1980 年应运而生 。荷兰、弗莱芒、苏里南政府为化解语言危机，将这个重任委予荷兰语语言联盟，通过这个联盟将各地荷兰语的发展紧密联系在一起。以下，我们将以苏里南为例，分析荷兰面向拉美地区的语言传播战略。

一　荷兰对外语言传播的历史与现状

17 世纪，荷兰继葡萄牙和西班牙之后，凭借其精湛的航海技术成为了世界海洋霸主，在世界范围内曾经拥有多达 40 个殖民地。也就是在荷兰的黄金时代期间，荷兰语逐渐开始发展成熟，有了较为统一的形式。因此，荷兰语的向外推广也就有了内部的动力。荷兰语曾经流行于阿鲁巴、圣马丁等加勒比岛国，亚洲的印度尼西亚、斯里兰卡以及日本，非洲的刚果等国家。然而，目前以荷兰语作为官方语言的国家只剩下六个，这一方面与英语的迅速崛起密切相关，另一方面，与荷兰殖民时期的语言政策失利也有千丝万缕的联系。

目前，荷兰语在世界各地的传播主要通过以下几个途径。第一，在高等教育中提升荷兰语地位。目前荷兰语在荷兰高等教育体系中的地位并没有十分突出，由于荷兰教育的国际化开展较早，因此，英语在荷兰高等教育体系中的地位甚至要高于荷兰语。面对这种情况，荷兰语语言联盟在2013—2017年的政策规划中，把提升荷兰语在高等教育中的地位提上了议事日程。第二，提升荷兰语在荷兰语国家的地位。目前，荷兰语国家都面临着一个多语共存的共同问题。这在很大程度上与这些国家的移民政策相关，因为这些国家都有大量移民，而这些移民对掌握标准的荷兰语并没有什么兴趣。此外，这些移民不能掌握荷兰语也会造成国家归属感不强等一系列社会问题。荷兰语语言联盟已经意识到这个社会问题的重要性，希冀通过促进荷兰语的学习来提升这些移民对于移入国家的认同感。第三，在荷兰语国家推广荷兰文学。荷兰语国家对荷兰文学有天然的情感，然而，随着越来越多的其他外国文学进入荷兰语国家，大家对荷兰文学的关注度有所下降。2010年，荷兰文学巨匠哈里·穆里史（Harry Mulisch）陨落，荷兰文学遭到巨大损失。荷兰语语言联盟充分认识到掌握荷兰语对于荷兰语文学创作有着积极的推动作用，而荷兰文学的广泛传播也会反过来促进语言的推广。

除了以上荷兰语语言联盟推广荷兰语的政策外，该机构在荷兰语国家内部还通过各种方式积极稳固荷兰语原有的地位，例如，提供资金支持、设置专门的语言机构，同时开展广泛而深入的语言合作等。以下，我们将着重介绍下荷兰目前在拉美地区，主要是在苏里南的荷兰语推广情况。

二　荷兰语言文化推广的主要机构及其在拉美的布点

在上文中我们提到，荷兰语语言联盟是推广荷兰语最主要的机构。该机构主要职能如下：1）制定语言政策：荷兰语语言联盟和各个机构建立联系，共同推广荷兰语的使用和发展。主要涉及的领域有：主要应用于治疗和克服语言障碍的语言康复训练机构、文学研究机构、各大公司企业、福利机构等。语言联盟通过相关语言数据和资料的采集与分析，为这些机构政策制定者提出建设性意见和建议。2）语言本体建设，重点关注荷兰语的拼写、词汇和语法。荷兰语语言联盟是荷兰语本体规范使用的最权威机构，他们利用网络平台为语言使用者提供语言使用规范。此外，语言联盟还为其他职能部门提供语言使用标准，从而确保在各领域的工作中人们使用规范且正确的荷兰语开展交流。此外，他们还帮助以创新为主的企业开发新的语言产品和应用程序，例如，语言导航系统、自动阅读软件等，并为这些产品上市提供平台。3）开展语言教育。语言联盟可以说是荷兰语言教育的智库，除了荷兰语为官方语言的国家，荷兰语语言联盟也在全世界范围推广荷兰语。例如，他们为世界其他非荷兰语国家的荷兰语专业教师和研究员提供经费赞助，供他们开展语言相关的研究和活动，并购买语言教学材料，邀请荷兰语专家开展讲座等。此外，还提供给这些研究人员和教师各种培训或是研修的机会。

语言联盟2009年前总部设在荷兰海牙，在比利时和苏里南设有分部。拉美其他国家（库拉索、阿鲁巴等）的语言推广主要通过语言联盟苏里南分部进行。2009年，荷兰语语言联盟将总部从荷兰海牙搬到比利时布鲁塞尔。作出这个决定最重要的原因之一就是布鲁塞尔是欧盟总部，欧盟常任理事会都在布鲁塞尔召开。这是适应欧洲及世界经济一体化而作出的决定。荷兰语语言联盟很多政策都是在欧盟语言政策框架下制定和展开的，因此要切合欧盟这个大环境。将总部搬到布鲁塞尔，有助于更加及时地接触到最新政策方针和各项规定，优化荷兰语的推广效果。

此外，荷兰语语言联盟近年来通过网络一体化，将所有数据上传到网站，方便信息检索，这些网站的建设对推广荷兰语也起到了促进作用。同样，通过社交媒体，荷兰语教师和学生之间可以突破时间和地域的限制，随时随地就教学方法和学习经验等问题进行探讨。语言联盟还为各国移民提供各类荷兰语语言文化培训，以此来帮助他们到达荷兰后尽快融入当地生活。目前，荷兰语语言联盟已经和世界100多所有荷兰语专业或者科研工作人员的高等院校建立合作，为他们提供经费支持，保证荷兰语相关教研活动顺利开展。

三　荷兰在苏里南的语言传播战略

（1）制定有利的语言政策

苏里南是以移民为主的多民族国家，常被人们描述为“世界的缩影”，甚至还有“小联合国”的雅称。苏里南共有六个主要民族群体，分别是印度人（亦称印度斯坦人，Hindustanis）、克里奥尔人（Creoles）、印度尼西亚人（Indonesians，亦称爪哇人 Javanese，因为主要为爪哇岛人，但苏里南华人常称其为“马来人”）、丛林黑人（Bosnegers 或 Boschnegers）、印第安人（Amerindians）和华人（Chinese），每个民族都有自己的语言。由此可见，在苏里南，虽然荷兰语是官方语言，但是不同民族的语言多达 20 种。据统计，2000 年，苏里南共有人口 435000 人，苏里南居民大多掌握至少两门语言。表 3－10 为苏里南常用语言使用人数的统计（Carlin & Arends，2004：87）。

表 3－10　　苏里南常用语言使用人数

语言	第一语言（母语）（人）	第二语言（人）
荷兰语	200000	200000
汤加语	120000	280000
萨尔纳米语	150000	
爪哇语	60000	
汉语	6000	
印第安语	4500	
克里奥尔语	40000	

1975 年，苏里南从荷兰殖民地中独立出来后，荷兰语的主导地位开始动摇。由于经济和贸易原因，英语在苏里南的地位也逐渐变得举足轻重。荷兰政府和教育部意识到这个危机后，同苏里南教育部协商，经苏里南教育部批准，2003 年 12 月 13 日，苏里南政府与荷兰语语言联盟签订协议，正式加入荷兰语语言联盟。这个协议的签订对荷兰语在苏里南的推广起着至关重要的作用。苏里南教育部部长认为，这项协议的签订不仅在教育和语言政策制定方面能使苏里南获得更多帮助，也可以进一步提高苏里南各学校的教育水平和教学质量。此后，荷兰语语言联盟进一步呼吁苏里南政府通过法律、行政、财政等多种实践形式来支持该国的荷兰语发展。

近十年来，荷兰语语言联盟在制定对苏里南语言政策方面，从落实少数人权利、促进自身的整合统一、保护苏里南语言和文化多样性等角度出发，构建了多元语言主义框架下的荷兰语语言保护与促进政策。

2004 年，《荷兰语语言联盟条约》第 12 条明确规定，荷兰在尊重苏里南各个民族与宗教的多样性，积极维护荷兰共同文化遗产的同时，也要保护本国语言在文化、政治、宗教、教育等方面的主导地位，并促进荷兰文化的繁荣。2006 年，《荷兰语语言联盟条约》第 21 条强调，在尊重宗教与语言多样性的同时，要推动在学校和工作场合使用荷兰语。荷兰语语言联盟在苏里南荷兰语的传播和推动中发挥了领导角色。同年，荷兰语语言联盟发布《关于苏里南荷兰语言与文化的决议》。这份决议在教育、法律、大众传媒、社会与经济等领域对保护苏里南的荷兰语提出了针对性建议，并建议苏里南国家政府、教育部和财政部为荷兰语发展和使用提供充足的财政支持。在教育领域，荷兰语语言联盟在苏里南开展全荷兰语授课的教育体系中起到重要作用，包括从学前教育到大学教育及成人教育的全部过程。《决议》还建议在大众传媒领域，在保障各个语言广播节目的连续性与有效性的前提下，推动荷兰语广播节目在公共广播电台和私人广播电台中的播出，并确保荷兰语广播节目能够得到与多数人群体的语言节目一样的政府资助。在经济和社会领域，《决议》提议在公众关注的领域、路标及其他公共标志、产品标签等消费信息领域中更多使用荷兰语，而非英语或其他少数民族语言。这份决议使荷兰语在保护和推广方面比以往迈出了更大的步伐。

2012 年 9 月，荷兰政府通过了《关于推广苏里南荷兰语使用的提议》，要求苏里南各学校，包括小学、初中、高中及大学在 2013 年 6 月底之前提出一项包括荷兰语语言推广和语言学习在内的法律性提议，并且在小学、初中和高中确保荷兰语授课课时，提高学生整体荷兰语水平。此外，各地政府要为当地外来移民提供免费或价格便宜的荷兰语课程，通过这些语言学习机构帮助他们更好地克服语言障碍，融入当地生活。到 2010 年，在苏里南开设的荷兰语培训机构近 300 家，确保每个大城市每个区都有 2—3 所荷兰语培训机构，每个中小城市共有 3—5 所荷兰语培训机构。据统计，通过免费或者低学费参加这些课程，苏里南外来移民荷兰语普及率每年以 9% 的比例增长。

（2）经济上大力支持苏里南及拉美国家荷兰语言文化推广活动

从2008年起，荷兰语国家教育机构的经济预算发生了一些变化，因此也导致了荷兰语语言联盟对于资金使用的一些改变。我们以2011年以及2012年荷兰语语言联盟的资金支持作为参照，研究2013—2017年计划预算的变化情况。具体预算情况如表3－11所示：

表3－11　2013—2017年荷兰语语言联盟资金来源情况与2011年、2012年的比较　（单位：欧元）

时间	2011年	2012年	2013—2017年
收入来源：			
荷兰教育部			
常规拨款	7972000	7576000	7596000
专款	72000	72000	2500
比利时弗莱芒语区政府			
常规拨款	3652000	3470500	3435500
专款	42000	42000	10000
苏里南教育部	无拨款	无拨款	无拨款
皇室拨款	50000	42500	35000
其他	586160	590015	555015
总计	12374160	11793015	11634015

数据来源：荷兰语语言联盟2013—2017计划（Baken 2013：32）。

从表3－11中我们可以看出，荷兰教育部的专用拨款在2013—2017年每年会减少69500欧元，这主要是由于荷兰语词汇研究院（INL）的Taalbank项目结项（原本有69500欧元拨款），因此这笔专项费用不再发放；与此同时，比利时弗莱芒语区政府也减少32000欧元的资金资助，其中也包含了荷兰语词汇研究院（INL）的Taalbank结项项目（原本有32000欧元拨款）；除此之外，苏里南由于经济状况不佳，虽然是荷兰语语言联盟重要成员国，但语言联盟并未从苏里南教育部获得任何拨款。但每年用于苏里南和拉美国家荷兰语传播的经费却接近总收入的1/6。我们来关注下荷兰语语言联盟对于经费的使用情况：

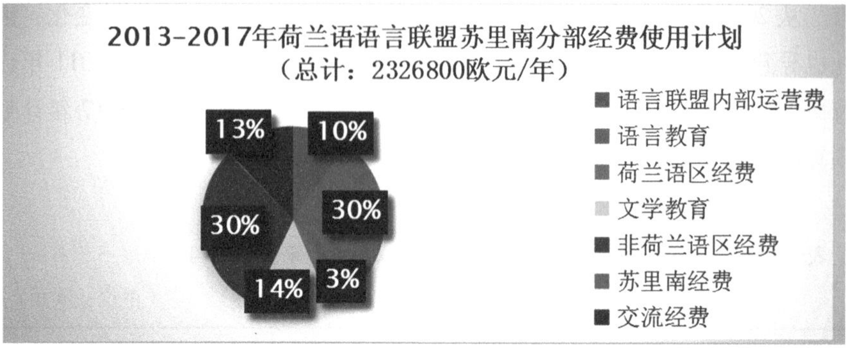

图3－2　荷兰语语言联盟苏里南分部经费使用（2013—2017）

数据来源：荷兰语语言联盟2013—2017计划（Baken 2013：32）。

从图3－2中我们可看到，语言联盟在资金的使用上有自己的侧重点。首先，对于荷兰语的教育，语言联盟占了30%左右的预算，约为3490204欧元。可以看出，荷兰语教育仍然是荷兰语语言联盟主要资助的块面。因为根据语言联盟的基本政策，推广荷兰语以及提高荷兰语在苏里南的地位是核心及首要目标。其次，我们可以看到，语言联盟在拉美非荷兰语区的教育投资力度也相当大，约占30%，达到了3490204欧元。如此大规模的资金投入，可以看出其对拉美其他国家（阿鲁巴、荷属安特列斯群岛、库拉索等）荷兰语市场的重视程度，而这一点恰恰符合了核心政策制定的初衷。接着占预算14%的是荷兰语文学教育及推广，文学是语言的一部分，为了能够使语言更好地传播出去，其需要一定的文化载体以及思想载体，因此文学成为首选。因此，推广荷兰文学旨在帮助拉美国家了解荷兰语以及荷兰语国家的风土人情。

近十年，荷兰各语言传播推广政策制定的另外一个重要目标就是获得更多财政支持，以促进政策的推广和实施。政府机构政策的制定必须符合社会的需求。除了文化和学术效应，还要关注其经济价值，荷兰语语言联盟和各语言推广平台近十年将重心置于社会这个大框架下，其中政府和企业需求为首位。例如，为荷兰在苏里南的各个公司提供语言使用规范和商务语言培训，主要目标是减少员工在工作中因为语言问题而导致的错误。此外，由于近年来经济不景气，荷兰语语言联盟和其他文化推广机构从教育部和欧盟获得的经费也在不断缩减，如果这些机构能从企业获得更多的经济支持和赞助，用于开展各类活动，这对于语言传播和推广来说也是非常具有价值的。

（3）设立多元化语言、文化交流合作平台

为了增进荷兰、比利时和苏里南三个国家内部的交流联系，及时更新语言政策，同时把握教育走向，荷兰语语言联盟在这三个国家内部设立交流论坛和交流委员会，以统筹各对象国的行动和最新动向。以下，我们就来介绍下这些交流的平台。

“荷兰语讲坛”（Platforms）① 是荷兰、比利时和苏里南之间沟通交流的最好平台。该讲坛的使命是讨论、更新并实施最新的荷兰语语言政策。而荷兰语语言联盟的秘书处直接负责与这些荷兰语论坛保持沟通，并开展荷兰语相关语言文化活动。例如，荷兰语教育研讨会、苏里南教育研讨会、语言建议讲习班等。

国际荷兰研究会（IVN）② 成立于1970年，是全世界荷兰语及荷兰研究教师组成的一个研讨平台。荷兰语语言联盟对其日常运营提供资助，并搭建起一个广阔的支持平台。目前，参与的国家除了荷兰、比利时和苏里南，还有其他40余个设有荷兰语专业课程的国家。除了教师之外，还吸引超过15000余名学生参加。这些学生毕业之后，去向一般是从事与荷兰语相关的职业。例如，荷兰语教师、荷兰问题研究员、译员、新闻工作者等。国际荷兰研究会主要对荷兰语教育、比较语言学和文学、教学法、文化历史研究等专业提供支持。除了这些定期组织的活动和论坛之外，国际荷兰研究会还有一个职责，就是发布电子版荷兰研究的最新消息，这些电子刊物在荷兰研究领域享有很高的声誉，例如，科研杂志《国际荷兰研究》《荷兰研究通讯》等。

荷兰语语言联盟主要资助的交流平台还有“荷兰语术语委员会”（NL-Term）③。该委员会成立于1997年，是一个开放的平台，所有从事荷兰语术语研究的教师和研究员都可以加入其中，目前约有2500多名成员。目前，荷兰语术语委员会负责了约20多个术语论坛以及研讨会，其中最

---

① http：//lgbtplatformsuriname. com/2015/08/.

② http：//www. ivnnl. com/.

③ http：//taalunie. org/organisatie/netwerk/nl-term.

为有名的是荷兰语区术语论坛。其中，部分论坛为国际学术论坛。例如，术语与社会（Terminologie en Samenleving）、术语在欧洲（Terminologie in Europa）等。除了这些研讨会和论坛之外，术语委员会还会组织实践类短期课程，给学生讲解术语统一规范的重要性。

荷兰作为苏里南之前的宗主国，对苏里南一直保持着相当的影响力，因此，苏里南的荷兰语研究机构也是一支非常重要的力量。“苏里南荷兰研究协会”（SVN）[①] 致力于推进在苏里南的荷兰研究，主要包括荷兰语教育以及荷兰语言文学研究。这一协会通过同苏里南国内外的组织加强联系和沟通，确保其在国内荷兰研究领域的优势。除此之外，这一组织还深化了同当地政府的合作，为政府提供政策建议、教育规划建议、媒体以及出版物建议并促进国际交流合作。同时，苏里南荷兰研究协会也会组织信息平台以及交流平台，用以促进荷兰语国家的荷兰研究。

除了上述各个机构为荷兰语在苏里南的推广和文化发展作出贡献之外，还有一支语言传播的重要队伍来自前往荷兰研究型大学、应用型大学和医学护理机构深造进修的“苏里南文化使者”。1975 年，苏里南摆脱荷兰殖民统治，获得独立。1976 年起，出现了大批苏里南学者前往荷兰深造进修的热潮，荷兰政府也取消了苏里南人来荷兰接受高等教育的限制，这一举措大大加强了苏里南人去荷兰学习深造的热情。学成回国后，这一批人成为荷兰语言和文化传播的使者。此外，荷兰在苏里南设立的学习基金会也为这些研究人员提供了丰厚的资金赞助。1990 年以来前往荷兰的苏里南学生一直呈增长趋势，1990 年后每年约有 40—50 名来自苏里南的学生前往荷兰学习。2003 年后赴荷兰学习的苏里南学生急剧增加，这得益于 2003 年苏里南加入荷兰语语言联盟。语言联盟规定，苏里南政府和教育部门每年为 40 名优秀学生提供全额奖学金，赴荷兰学习本科、硕士甚至博士学位的课程。

正是这些赴荷留学的苏里南学生，经过长期在荷兰的学习和生活，与荷兰科研、社会和文化长期密切接触，为苏里南荷兰文化和生活方式架起桥梁。这些学生回国之后，在苏里南从事荷兰语教学、科研工作，或者成为文学家、艺术家、哲学家、政治家、文化使者、牧师等。他们

---

① http：//archief. wereldomroep. nl/suriname/category/tags-suriname/svn.

通过各种工作活动和渠道将荷兰语以及他们在荷兰的经历和见闻传播开来。这些留学人员对苏里南社会和文化领域的影响是深远的，因为他们对于苏里南的影响是精神层面的，是根源性的。

第七节　德国面向拉美地区的语言传播①

作为一门重要的国际语言，德语不仅是德国也是奥地利、瑞士、列支敦士登、比利时、卢森堡及意大利南蒂罗尔地区的官方语言（之一）。全世界有 9000 万—1.05 亿人以德语为母语，是欧盟内部母语人数最多的语言。此外，根据德国外交部和歌德学院 2015 年的统计数据，目前约有 1540 万人正在进行不同阶段的德语学习，使得德语在美国和欧盟的外语学习人数排名中位列第三，并且成为中东欧地区重要的交流语言之一。不仅如此，德语也是世界上科技领域使用第二频繁的语言、第三大网络语言以及第五大出版语言，全世界每十本书中就有一本是用德语出版的。

作为欧洲最大经济体和出口国的德国亦是世界上最重要的文化外交力量之一，有着悠长的对外语言文化传播历史，并对世界各国产生重要影响。在不同时期，德国的对外语言文化传播战略都会受其当时政治经济条件的约束。在历经两次世界大战之后，德国制定了以欧盟为重心的长期稳定的语言文化传播战略，在不断改善其与邻国关系并且重塑欧洲领导核心的基础上，也开始向包括拉美地区在内的世界各地输出其语言文化，一方面努力改善自身国际形象，另一方面也有增强文化外交软实力为本国经济和政治需求服务的目的。以下，我们以德国面向拉美地区的语言传播战略为研究重点，研究歌德学院、德意志学术交流中心、洪堡基金会等德国语言文化传播机构在拉美地区的活动以及作为实施主体的它们是如何实现德国的语言文化传播战略并且对当地政治、经济及文化产生影响的。

一　德国对外语言传播的历史与现状

德国与欧洲其他国家在语言文化上的相互影响由来已久。在历史长

---

① 本节初稿由项目组成员周磊撰写，作为项目阶段性成果发表于周磊（2016）。

河中，由于德意志地区长期处于分裂割据的状态，尽管拥有丰富的思想文化以及大量优秀的人才，却因缺乏一个像英国、法国等欧洲列强那样的强大统一的领导核心，而一直没有诞生真正意义上的语言文化传播战略。相反，德国处于中欧的地理位置使其很容易受到来自其他欧洲文化的影响，在中世纪及之前主要是拉丁语和希腊语，而从中世纪后期开始意大利语和法语逐渐占据了上风。此外，各种斯拉夫语言和阿拉伯语也在一定程度上影响着德语。直到 1871 年普鲁士国王威廉一世在著名的“铁血宰相”俾斯麦的辅佐下统一德意志之后，德国才产生长期而又稳定的语言文化传播战略。

统一后的德国十分重视本国语言文化的对外传播，领导层深刻意识到其对本国政治经济发展具有不可低估的重要作用，尤其是在增强民众对于德意志帝国的认同感以及民族自豪感方面。德国领导层充分利用语言文化传播战略为其跻身欧洲列强的政策服务。1878 年，威廉德国成立了“帝国学校基金会”，致力于为海外的德语学校提供资金支持（陈卫强、方孝坤，2010：112）。而在俾斯麦卸任之后，伴随着国王威廉二世对外扩张掠夺殖民地的脚步，德国的语言文化也突破欧洲的界限被传播到世界各地。从十九世纪晚期开始，德语开始渗透到如今非洲的坦桑尼亚、卢旺达、布隆迪、喀麦隆、多哥、纳米比亚等地以及太平洋上的新几内亚、萨摩亚、密克罗尼西亚、帕劳、加罗林群岛和马里亚纳群岛。而在 1898 年随着中德《胶澳租界条约》的签订，德语的传播也开始进入中国境内。德意志帝国的崛起客观上推动了德语在全世界，尤其是在德属殖民地的传播（郭原奇，2012：96）。

进入希特勒统治时期，德国的语言文化传播政策沦为满足纳粹军事、政治和经济需求的手段，语言文化政策在具体实施过程中也充斥着浓郁的纳粹特色。例如，德军占领华沙之后，波兰境内的 550 所中学被强行关闭，波兰学生必须在德国学校接受德语教育。这些狭隘的民族主义语言政策虽然促进了德语及德国文化的传播，却大大损害了德国的国际形象，伤害了世界人民的感情（郭原奇，2012：96）。

随着两次世界大战的结束，海外殖民地的分崩离析，德国的世界地位也一落千丈。此外，由于受到作为国际通用语的英语的冲击，德语在全世界，尤其是中东欧传统影响区的使用率与战前不可同日而语。为了扭转这种局面，战后的联邦德国政府以务实的态度反省历史，将德语在全球的传播视为政府对外文化工作的重心和维护国家利益的重要手段，并将语言的对外传播政策上升到国家对外战略的高度。从 20 世纪 50 年代开始，联邦德国政府着手完善了由国家、文化机构和企业共同对外推进德国语言的机制，并将重点放在欧洲国家，尤其是邻国法国以及跨大西洋关系上，以求减轻因历史原因造成的国家负面形象，加强与西欧和美国的联系（王志强、王爱珊，2014：99）。其间新成立的歌德学院（Goethe Institut）和再次建立的亚历山大·冯·洪堡特基金会（Alexander von Humboldt-Stiftung）等传播德国语言文化的机构正是响应历史号召，承担了这样的使命。1969 年，勃兰特出任联邦德国新一任总理，其放弃了"哈尔斯坦主义"，转而推行"新东方政策"，改善了联邦德国与东欧国家的关系，推动了德语在这些地区的传播。而从 80 年代末期开始，随着东欧剧变、两德统一以及欧盟东扩的相继发生，德国政府进一步将德国的在外传播重点放在中东欧和独联体国家，通过开展大量的教师培训，组织文化活动等手段使德语在这里成为仅次于英语的第二外语。进入 21 世纪，德国政府颁布了《全球化时代下对外文化教育政策——赢得伙伴、传播价值、代表利益》这一对外文化政策文件。该文件继续将德语的对外传播视为德国对外文化教育政策的核心要素之一（王志强、王爱珊，2014：98—99）。同时为了适应时代的发展，德国开始愈发重视在新兴国家的语言推广工作，其中就包括拉美地区的巴西和阿根廷等国。通过这一系列政策措施的实施，德国巩固了德语作为世界重要语言之一的地位，加强了德国文化在世界各地的影响，在改善自身国际形象的同时也维护了其重要的政治和经济利益。

二　德国语言文化推广的主要机构及其在拉美的布点

正如上文中所说，德国的对外语言传播战略由政府、语言文化机构和企业共同推进。其中，语言文化机构扮演着十分重要的角色。它们在政府指定的对外文化纲领指导下运作，同时具有一定的灵活性和独立性，起到了他人无法代替的作用。这些机构中最重要的有德意志学术交流中心、歌德学院、洪堡基金会、德国海外学校中心、教育交流中心、德国对外关系学会等。

总部位于德国波恩的德意志学术交流中心（Deutscher Akademischer Austauschdienst，简称DAAD），于1925年1月1日成立于海德堡，是目前全球最大的教育交流机构之一，旨在促进大学生和科学家之间的国际交流，提高德国大学的国际化程度，对外推广德语及日耳曼语言文学，支持发展中国家建设高水平大学，并且为决策者制定文化、教育和发展政策出谋划策。至2013年，中心累计资助了190多万名各国学者。德意志学术交流中心的资金主要来自德国外交部、德国联邦教育及研究部、德国联邦经济合作与发展部、欧盟以及其他一些组织和个人。

2015年，德意志学术交流中心在全世界60个国家共有15个驻外办事处以及56个信息中心。其中最早的驻外办事处于1927年成立于英国伦敦，最新的则位于比利时首都布鲁塞尔。目前，德意志学术交流中心在拉美地区只有两个办事处，分别是1972年成立的巴西里约热内卢办事处和2001年成立的墨西哥墨西哥城办事处。表3－12为2014年德意志学术交流中心与拉美一些国家进行交流的主要数据统计。

表3－12　2014年德意志学术交流中心在拉美地区的活动情况①

国家	资助德国人前往该国	资助该国人前往德国	办事处	信息中心
阿根廷	433	599		布宜诺斯艾利斯
巴哈马	1	0		
玻利维亚	39	67		
巴巴多斯	7	0		
巴西	932	3863	里约热内卢	圣保罗
伯利兹	1	4		
智利	388	467		圣地亚哥
哥斯达黎加	115	213		圣何塞
多米尼加	0	7		
厄瓜多尔	158	199		

① 数据来源：https：//www. daad. de/laenderinformationen/amerika/de。

续表

国家	资助德国人前往该国	资助该国人前往德国	办事处	信息中心
萨尔瓦多	8	97		
格林纳达	1	2		
圭亚那	0	3		
危地马拉	12	71		
海地	5	1		
洪都拉斯	3	68		
牙买加	6	1		
古巴	100	295		
哥伦比亚	284	872		波哥大
墨西哥	577	1126	墨西哥城	
尼加拉瓜	34	64		
巴拿马	29	68		
秘鲁	211	184		利马
巴拉圭	20	32		
圣文森特和格林纳丁斯	0	1		
特立尼达和多巴哥	3	5		
乌拉圭	38	24		
委内瑞拉	11	81		

以德国著名大文豪、“狂飙突进”运动的代表人物约翰·沃尔夫冈·冯·歌德（Johann Wolfgang von Goethe）命名的歌德学院是德国在全球范围内积极从事文化活动的一个重要机构，其主要目的在于促进国外的德语语言教学，推动国际间的文化合作，在开设德语课程和组织语言等级考试的同时，还提供每年大约 1700 个奖学金名额用以培训德语教师。不仅如此，歌德学院还致力于对外宣传德国文化、社会及政治生活等方方面面的信息，帮助世界各国人民更好地认识和了解德国，改善德国的国家形象，赢得国际信任。

歌德学院成立于 1951 年，最初用于对在德国的外国德语教师进行培训，因而被视为是 1925 年在慕尼黑大学设立的德国学院（Deutsche Akademie）的延续。1952年，歌德学院在希腊首都雅典开设了其在海外的第一个办事机构。从1959年开始，联邦德国所有的在外文化机构均逐步由歌德学院接手管理。而随着60年代柏林墙的修建和古巴导弹危机的发生，歌德学院的任务也从单纯的对外德语教学扩展到进行文化宣传。在这一时期，联邦德国政府在东西方冷战的大背景下选择了站在美国和西欧这一边，歌德学院的海外分院也因此大多数选址在西方国家和有德语教学传统的南美地区。直到勃兰特总理的“新东方政策”开始推行，联邦德国和东方阵营国家的关系才逐步缓和，对外文化政策也被视为和对外政治以及对外贸易同样重要的“德国外交的第三支柱”，歌德学院也相继在南斯拉夫、罗马尼亚等国开设了分院。进入90年代，随着东欧剧变和苏联解体的发生，歌德学院在中东欧的发展进入了快速时期，然而由于之后东德重建工作花费了联邦政府大量的经费，而歌德学院的资金又主要来源于联邦预算，使得其和德国其他一些对外文化机构从政府处获得的资金有所减少，学院不得不关闭在海外的一些分院。

歌德学院的分支机构有歌德学院和歌德中心（Goethe-Zentrum）两种，其中在国外的歌德中心并不是德国的文化机构，而是作为歌德学院的合作伙伴，其属于所在国家。目前，歌德学院在德国的12座城市以及97个其他国家共设立了159家分院和联络处。此外，歌德学院还资助了全世界大约1000家从属于国外合作伙伴的语言机构，并为其中的一些提供咨询等服务。表3－13列出了歌德学院在拉美地区的布点，不难发现巴西和阿根廷是歌德学院在该地区的工作重心。

表3－13　　歌德学院在拉美地区的布点①

国家	歌德学院	歌德中心
阿根廷	布宜诺斯艾利斯、科尔多瓦	门多萨、圣胡安
玻利维亚	拉巴斯	圣克鲁斯
巴西	圣保罗、里约热内卢、萨尔瓦多、库里蒂巴、阿雷格里港	巴西利亚

① 数据来源：https：//www. goethe. de/de/wwt. html。

续表

国家	歌德学院	歌德中心
智利	圣地亚哥	康塞普西翁
哥伦比亚	波哥大	
墨西哥	墨西哥城	瓜达拉哈拉
秘鲁	利马	阿雷基帕
巴拉圭		亚松森
乌拉圭	蒙得维的亚	
委内瑞拉	加拉加斯	
哥斯达黎加		圣何塞
厄瓜多尔		基多

“洪堡基金会”（Die Alexander von Humboldt-Stiftung，简称 AvH）总部位于德国波恩，其宗旨在于促进国际间的科研合作，为国外科学家在德国的科研活动提供帮助，并对期间产生的科学和文化交流提供资助，如资助洪堡奖学金学者和他们的家属参加德语培训班学习和每年一次为期三周的以了解德国为目的的学术旅游，邀请客座学者及其家属参加波恩年会，等等。

洪堡基金会历史悠久。早在 1860 年，自然科学家亚历山大·冯·洪堡去世后不久，以其名字命名的基金会就在柏林成立了，当时只是资助德国科学家前往国外进行科学研究。然而在通货膨胀严重时期，该基金会因资金不足而不得已关闭。1925 年，在德国外交部的支持下，洪堡基金会得以重建，但是随着第三帝国的毁灭，基金会的运转再次陷入了困境。直到 1953 年 4 月 1 日，联邦德国为了促进德语和德国文化的传播，改善国际形象再次建立了洪堡基金，其资金由德国外交部提供。从那时起，洪堡基金一共资助了大约 140 个国家的 26522 位科学家，其中欧洲 13130 人，北美 5471 人，亚洲 5208 人，中南美洲 895 人，中东和北非 677 人，大洋洲 617 人，撒哈拉以南非洲 524 人，这些人中还包括 50 名诺贝尔奖获得者（截至 2013 年 10 月）[①]。此外，洪堡基金特别重视维护

① 数据来源：https：//www. humboldt-foundation. de/web/humboldt-netzwerk. html。

和奖学金获得者的联系，努力构建一张全世界科学家积极合作的网络。

2014 年，拉美地区共有 72 人获得洪堡基金，占当年全世界获奖总人数的 7.6%，其中女性获奖者 27 名，男性获奖者 45 名，女性占比为 37.5%，位居各大洲之首。表 3－14 为 1953—2014 年间拉美地区国家获得洪堡基金外国科学家研究奖学金和外国科学家科研奖金的情况。

表 3－14　　拉美国家获洪堡基金人数一览①

国家	获外国科学家科研奖金人数				获外国科学家研究奖学金人数				其他获奖学金人数（所有学科）	总计
	人文科学	自然科学	工程科学	小计	人文科学	自然科学	工程科学	小计		
阿根廷	4	8	1	13	94	273	18	385	1	399
玻利维亚					1	9	2	12	1	13
巴西	1	4	3	8	77	221	14	312	80	400
智利		3	1	4	41	146	11	198		202
哥斯达黎加					1	2		3	1	4
多米尼加							1	1	1	
厄瓜多尔					3	13	1	17	1	18
萨尔瓦多					1	1		2		2
危地马拉						6		6		6
海地					4	3	1	8		8
牙买加						2		2		2
哥伦比亚					21	28	2	51	1	52
古巴		1		1	2	33	2	37		38
墨西哥	1	5		6	25	92	8	125	1	132
尼加拉瓜						3		3		3
巴拉圭					1	2		3		3
秘鲁	1			1	24	29	0	53	2	56
特立尼达和多巴哥						2	1	3		3

① 数据来源：https：//www. humboldt-foundation. de/tables/2014/pdf/jahresbericht _ tabelle _ 29. pdf。

续表

国家	获外国科学家科研奖金人数				获外国科学家研究奖学金人数				其他获奖学金人数（所有学科）	总计
	人文科学	自然科学	工程科学	小计	人文科学	自然科学	工程科学	小计		
乌拉圭	1	1		2	8	20		28		30
委内瑞拉		2		2	11	19		30	1	33
总计	8	24	5	37	314	904	61	1279	89	1405

三　德国在拉美地区的语言传播战略

拉美地区历来是西班牙语和葡萄牙语的势力范围。西葡两国数百年的统治奠定了拉丁语系的绝对优势。然而，德语在拉美地区也并非一无是处。早在19世纪，德国人便开始移民拉美，其中百分之九十选择巴西南部、阿根廷东北部、巴拉圭、乌拉圭、智利南部、秘鲁、委内瑞拉和玻利维亚作为他们的目的地。第一次世界大战以后以及希特勒统治时期，德国国内的一部分受压迫者也选择移居这些国家，其中包括许多著名的作家、思想家和科学家，使得这些国家尤其是巴西拥有良好的德语学习传统，为今后德国的语言推广提供了群众基础。

（1）深度挖掘老移民潜力，积极利用“亲情牌”

德国在拉美地区传播语言文化的过程中十分注重利用当地德裔移民的力量，语言的推广也是先从德国移民较密集的国家，特别是德国人聚居地区开始的。以歌德学院为例，在拉美地区该学院就率先选择在玻利维亚（1954年）、巴西（1956年）、哥伦比亚（1956年）、智利（1960年）以及秘鲁（1965年）等德裔移民较多的国家开设分院（柏悦，2016：28），组织当地移民群体参加学院的文化活动，提供语言培训，并将移民的支持用于维持学院的运作。等教学事业相对成熟之后，歌德学院再将成功的经验搬到拉美其他国家和地区，由点及面地扩展其网络。

值得一提的是德语推广在巴西这个移民聚居国家所取得的成绩。据估计，巴西现在约有200万—500万德国后裔，他们主要聚居在南里奥格兰德、圣卡塔琳娜、巴拉那、圣保罗和圣埃斯皮里图这几个州，其中的一部分人口至今仍能够同时使用德语和葡萄牙语进行交流。他们被视为德语母语者，也是德国政府在拉美推广德语可以依靠的中坚力量。历史上，这里曾经一度以德语为最重要的语言，然而由于当地的语言同化和压迫政策，尤其在第二次世界大战期间达到了顶峰，德语教育和应用不断遭受来自葡语的挤压。

第二次世界大战结束后，以歌德学院为代表的德国语言文化机构将触角伸到了这里，使得德语长期以来被排挤的状况得到了很大的改变，当地的德裔巴西人也认识到了保护德语这一文化遗产和推广德语的必要性。2015 年，巴西约有 13.5 万人学习德语，比上一年增长了大约 30%。通过语言培训和文化传播，德语在巴西得到了复兴，德语报刊、德语学校也越来越多地出现，在圣埃斯皮里图、巴拉那和南里奥格兰德等州的某些地区，德语甚至成为仅次于葡萄牙语的第二官方语言。此外，新彼得罗波利斯、布鲁梅瑙等城镇还将德语课设为当地学校的必修课，德语甚至还成为这一地区吸引游客的招牌。这些里里外外的措施大幅提升了德语在巴西的地位，不仅使德裔也让其他族群的巴西人意识到学习德语的重要性并对德国文化产生了浓厚的兴趣。

（2）扩大经济影响，提升科技合作

德国在拉美传播语言文化的过程中利用的另一个因素便是其经济和科技上的优势。伴随着全球经济一体化程度的提高和科技文化交流的日益紧密，拉美人民尤其是年轻人越来越意识到掌握多门外语对于提升他们在职场上的优势的重要性。德国企业在拉美地区的强势存在，使得德语和其他语言相比愈发受到青睐。

第二次世界大战结束后德国经济崛起，与此同时拉美国家的经济也进入了快速发展时期，双方经贸关系不断扩大，德国也成为许多拉美国家在欧洲最大的贸易伙伴。2007 年，德国对拉美的出口额达到 300 亿美元，增长 6%，而进口额更是强势增长 16%，达到 320 亿美元。不仅是贸易方面，拉美丰富的自然资源和日益扩大的内需市场对德国企业也有着很大的吸引力，拉美成为其在海外的重要制造业基地。2007 年，德国在拉美 37% 的投资流入了巴西，墨西哥（28%）、阿根廷（4.3%）、特立尼达和多巴哥（3.3%）、智利（2.8%）和哥伦比亚（1.4%）紧随其后。以巴西为例，德国企业贡献了该国工业生产总值的 10%，换句话说，德企在巴西子公司生产的货物和提供的服务总价值是德国对该地区出口的四倍。再以企业为例，德国工业巨头蒂森克虏伯投资建造了价值46亿美元的钢铁制造综合体，这将拉美地区丰富的矿产资源直接转化成了经济财富。此外，德国企业在拉美投资成立的子公司为当地提供了大量的就业岗位，而当地人为了在就业上掌握主动权，优先进入德国企业工作，也萌发了学习德语的积极性。德国企业在拉美的强势存在使得该地区的人们产生了接受德语培训的刚性需求，为以歌德学院、德意志学术交流中心为代表的德国语言文化机构开展活动提供了坚实的基础。

此外，在科技方面拉美和德国的交流也日臻频繁，德国在学术领域的领先地位对拉美学者有着巨大的吸引力。正如前文所述，洪堡基金会等德国学术交流机构也愈发重视这一地区，加大了对拉美国家的资助力度。洪堡科学家科研奖金和科学家研究奖学金覆盖越来越多的拉美国家，其中仅2014年巴西就有28人获奖，在所有国家中排名第9位。

德国在拉美地区经济和科技的存在很大程度上扩大了德语在该地区的影响力，驱动了当地人学习德语和了解德国。德国语言文化交流机构也正是利用了这一客观因素，将经济和科技优势在拉美传播语言文化的过程中发挥得淋漓尽致。

（3）深入耕耘中小学校，全面发力高等院校

德国在拉美的语言传播是全方位的，覆盖中小学校、高等院校和成人培训多个领域。可以说，德国语言文化交流机构在这里深入耕耘多年取得的成绩是有目共睹的。

首先，面向中小学校，德国外交部长弗兰克－瓦尔特·施泰因迈尔（Frank-Walter Steinmeier）提出了“学校：塑造未来的伙伴”（Schulen：Partner der Zukunft，简称PASCH）这一长期性德语推广项目。该项目由德国外交部、歌德学院、德意志学术交流中心、德国驻外学校总部（ZfA）以及德国各州文教部长联席会议教育交流中心（PAD）联合推进，旨在把那些将德语放在突出位置的学校联合起来，形成一个网络。截至2015年12月，在拉美地区，巴西（51所）、阿根廷（31所）、智利（27所）、巴拉圭（19所）、秘鲁（14所）、墨西哥（12所）、哥伦比亚（10所）、玻利维亚（6所）、厄瓜多尔（5所）、哥斯达黎加（5所）、委内瑞拉（4所）、乌拉圭（3所）、危地马拉（3所）、尼加拉瓜（2所）、萨尔

瓦多（1 所）和巴拿马（1 所）等国均有学校参与这个项目①。通过参与 PASCH 项目，拉美地区的这些学校不仅引进了德语教材，还可以与德国学校结为伙伴学校，其学生也有机会参加歌德学院组织的夏令营活动，这些都促进了拉美国家中小学德语教学水平的提高。

在高校，德语学习者主要将其视为一门辅修课程，其中很大一部分人希望以此来提高自身接轨国际的能力。另一方面，德国优质的教育资源和低廉的费用也吸引着拉美年轻人。为此，拉美许多国家的政府纷纷出台了政策予以支持，以期提高本国高校的国际化程度。以巴西为例，目前在该国高校约有 10000 名大学生学习德语，巴西政府提出的“科学无国界”（Wissenschaft ohne Grenzen）奖学金项目在实施的第一阶段，即 2011—2014 年间共资助了 4000 名大学生和毕业生前往德国。这些受资助的学生必须具备一定的德语能力。与此同时，大学生也是巴西在大学外接受德语培训的最大群体。他们中一些人学习德语是出于德语对其专业学习重要性的考量，因为德国在这些专业领域，如文学、哲学、音乐等方面的研究有着传统优势。此外，还有一些学生接受德语培训是为了毕业后拥有更好的就业前景。

在成人教育领域，由于德国语言文化交流机构多年的努力，德语学习者的人数也出现了可喜的增长。还是以巴西的数据为例，2015 年，该国在成人教育阶段参加德语培训的人数比上一年增长了近一倍，这是其他许多国家所不能比拟的。通过对中小学、高等院校和成人教育等不同阶段全方位深层次的耕耘，德语在拉美地区教育领域的传播结出了硕果。

（4）推进教师培训，提高师资力量

德语师资力量的欠缺和德语教师在语言能力以及教学法方面的不足是德国在拉美地区推广语言文化过程中遇到的一大难题。对此，歌德学院、德意志学术交流中心、德国驻外学校总部等机构采取了一系列的措施以建设拉美的德语教师队伍，提高教学水准。

以歌德学院为例，多年来其一直致力于制定和完善将德语作为外语（德福，DaF）和第二语言（DaZ）进行教学的标准。此外，歌德学院还

---

① 数据来源：http：//weltkarte. pasch-net. de/2015/map/files/print/weltkarte-partnerschulen-201512. pdf。

向拉美国家的德语教师提供各种类型的培训机会，并为他们在教材选用、课程设置等方面提供专业的建议。这些培训主要可以分为国内培训、前往德国培训和远程授课这几种，并且涉及对儿童、青少年、大学生和职场人士等不同年龄和需求的德语学习者开展教学的培训主题。其中，对于前往德国参加培训的教师，歌德学院还会给予一定的差旅和生活补助。

歌德学院在拉美的教师培训工作主要由当地的分院来完成。一方面，这些分院负责选拔国内的优秀教师，向他们颁发奖学金，资助他们赴德国参加培训；另一方面，它们也会制定各自的教师培训方案，方便他们在家门口提升教学能力。以圣保罗分院为例，从 1988 年开始该院长期以来执行一项名为“南美德语教师培训课程”（Ausbildungskurse für Deutschlehrer und-lehrerinnen aus Südamerika，简称 DLA）的语言政策，为从事成人阶段德语教学的老师们准备了理论性和实践性的培训内容。在过去的 25 年里，来自阿根廷、玻利维亚、巴西、哥伦比亚、秘鲁和委内瑞拉的 180 余名德语老师获得了该课程的认定资质。在此基础上，歌德学院近年来又新开发了一项名为“学习德语教学”（Deutsch Lehren Lernen，简称 DLL）的培训项目。从 2015 年开始，巴西和拉美其他一些国家的歌德学院就已经开始向中小学和成人阶段的德语教师提供该项目的培训课程，以期使他们能够不断更新语言文化知识，胜任各自的教学要求。此外，这些分院在推进德语教师培训、传播德国语言文化的过程中也十分注重和拉美当地一些德语教师组织进行合作，以期构建更加广泛的德语传播网络，更好地提升教师素质。例如，巴西和墨西哥的歌德学院多年来分别与其国内的巴西德语教师联合会（Brasilianischer Deutschlehrerverband，简称 ABraPA）和墨西哥德语教师联合会（Mexikanischer Deutschlehrerverband，简称 ampal）保持紧密的联系，双方不断深化学术交流，并在师资培养方面取得了非常不错的效果。

最后值得一提的是，国际德语教师联合会（IDV）这一德语推广机构每四年都会邀请全世界的德语教师、研究者和大学生参加由其主办的国际德语教师大会（IDV），越来越多的来自拉美国家的教师代表参与其中。通过这一系列的教师培训项目和国际教师交流活动，拉美的德语师资力量有了很大的提高，也更好地促进了德语在该地区的传播。

（5）组织各式文化活动，加强德国拉美交流

在拉美扩大德语影响力的过程中，德国也积极发挥自身文化软实力，通过举办各类文化活动，改善德国在当地民众心目中的形象，潜移默化中提高德语的推广效果。可以说，德国在文化方面对于拉美地区的重视程度在欧洲以外国家是非常少见的。

德国政府层在文化交流方面给予了很大的支持。2013 年 5 月 13 日，巴西总统迪尔玛·罗塞夫（Dilma Rousseff）和德国总统约阿希姆·高克（Joachim Gauck）在圣保罗共同宣布由德国外交部倡议的 2013—2014 巴西德国年开幕。在这一年里，德国工业联合会（der Bundesverband der Deutschen Industrie e. V.，简称 BDI）、歌德学院、联邦教育和研究部（das Bundesministerium für Bildung und Forschung，简称 BMBF）、联邦经济合作与发展部（das Bundesministerium für wirtschaftliche Zusammenarbeit，简称 BMZ）等组织机构和政府部门共同举办了 400 多项活动，涉及社会生活的方方面面，包括吉姆·阿维格农（Jim Avignon）、卡洛斯·迪亚斯（Carlos Dias）、卡林·拜尔（Karin Beier）等德国知名艺术家为当地人民倾情献演，丰富了他们的文化生活。与此同时，诸如安联保险、巴斯夫、宝马、博世、朗盛、梅赛德斯·奔驰、西门子、大众和采埃孚等德国知名企业作为合作伙伴参与其中。而在巴西方面，这一倡议得到了巴西文化部和全国工商业联合会等部门和机构的支持。

不仅在国家层面上如此重视，德国的语言文化机构们也是通力合作、群策群力，组织了大量丰富多彩的文化活动。例如，由歌德学院和国际德语教师联合会共同倡议的国际德语奥林匹克竞赛（die Internationale Deutscholympiade，简称 IDO）是全世界最大的德语语言能力比赛，目的在于激发外国青年人对于学习德语的热情，并帮助他们打开了解德国科学、文化和经济的大门。国际德语奥林匹克竞赛每两年在德国举行，来自拉美地区的参赛选手也成为这一文化赛事的常客。2013 年，年仅 12 岁的巴西女孩玛格特（Margot）成为当年最年轻的参赛者。2016 年 7 月 17 至 30 日，将有来自 68 个国家的 136 位选手参加 A2、B1、B2 三个不同等级的比赛。这些小选手的带队老师们也可以借此机会在赛事平台上交流他们对于青少年德语教学方面的经验，并将其应用到今后的教学实践中。

值得一提的还有名为 didacta 的德国教育展览会。作为欧洲规模最大

的教育展，didacta 已经成为拉美国家获悉当下教育潮流的重要途径。每年来自拉美地区的教学工作者来到德国，他们与德国同行倾情交流，了解德语教学和德国教育的最新动态。以歌德学院为例，学院工作人员就会在 didacta 展会上向拉美同行展示如何将德语作为第二语言、外语进行教学，并就远程授课和德国的课程设置等内容提供信息。

此外，拉美地区的学生还有机会参加由歌德学院等语言文化机构组织的夏令营项目。通过举办各种类型的文化活动，德国与拉美国家间的距离得以拉近，拉美人民心目中的德国形象也因此改善，为德语在该地区的推广创造了良好的文化氛围。

第八节　日本面向拉美地区的语言传播①

随着信息时代的到来，文化与经济和政治相互交融的程度不断加深，文化的发展程度也成为衡量一个国家综合国力的重要指标。而语言作为文化最重要的载体，其影响力大小也可以反映一个国家文化“软实力”的强弱。许多国家都认识到语言推广对于提升国家国际影响力的重要作用，将其纳入国家发展战略，运用科学方法和合理策略加快语言国际推广步伐。日本作为我国一衣带水的近邻，一向非常重视本族语言在海外的传播，尽管与西方国家相比起步较晚，但发展迅速、成效显著，积累了不少成功经验，对我国汉语的国际传播有一定借鉴意义。

日语是主要为日本列岛上大和民族所使用的语言。虽然并没有精确的日语使用人口统计，不过算上日本国内的人口以及居住在日本国外的日本人和日侨，日语使用者超过 1.3 亿人②，是世界第九大被广泛使用的语言。与英语、西班牙语、法语、葡萄牙语等使用人数较多、覆盖国家范围较广的语言不同，日语的使用范围主要集中在日本国内，区域分布相对单一，语言推广政策主要面向海外，海外的日裔人口是其重要对象之一。

---

① 本节初稿由项目组助研徐怡萍、张佳凤撰写，主要内容作为项目阶段性成果发表于徐怡萍、张佳凤（2019）。

② https：//zh. wikipedia. org/wiki/%E6%97%A5%E8%AF%AD.

日本的语言推广政策重点放在三大群体：1）外国人，尤其是那些把日语作为第二语言学习的学生和学者；2）在国外居住的日本人；3）在拉丁美洲、美国的夏威夷、加利福尼亚以及加拿大的日本移民（苏金智，1993b：31）。拉丁美洲因其日裔人口数量庞大而成为日本进行语言推广的重要战略区域之一。拉美地区的日裔主要为日裔巴西人，约有 160 万人。巴西是海外日裔人口分布最多的国家，因此，日语在巴西的传播是日本面向拉美地区实施语言传播战略的重中之重。

一　日本对外语言传播的历史与现状

（1）移民历史背景下的日巴文化交流

日本和巴西自 1895 年签订《日巴修好通商航海条约》起，迄今建交已逾 120 年。19 世纪末，巴西废除奴隶制度，出现了劳动力大量的短缺，开始向全世界寻找移民。当时日本处于明治时代，由于日俄战争消耗了大量国力，失业人口剧增，日本政府为了解决国内危机便接受巴西的移民请求，1908 年派出第一批日本移民前往巴西。此外，日本一直是一个地少人多的国家，人地矛盾突出，大量农村人口没有土地或只拥有极少的土地，移民巴西获得土地，对于他们来说也是一个很好的选择。此后一直到第二次世界大战前，日本陆续向巴西移民超过 15 万人。第二次世界大战期间由于巴西的反战立场，移民一度中止，直到 1950 年开始才逐渐恢复，但规模远不如从前。1971 年 5 月，通过移民船向海外输送移民的活动正式落幕。

第二次世界大战前日裔巴西人与拉美裔的同化和融合程度较低，日语仍是日裔群体的主导性语言。从日裔群体本身来说，衣锦还乡的暂居客情结使他们不愿意主动融入当地社会。另外，日本政府组织下的群体移民方式，使他们往往聚族而居，互帮互助，形成自己的社区和社团组织，并为其内部封闭性和独立性很强的社会生活提供了物质条件，从而削弱了日裔群体融入主流社会的客观必要性。直到第二次世界大战结束后，第二代日裔吸取前期的教训，采取开放心态，开始主动融入巴西主流社会（段亚男，2005：101）。

（2）拉美地区日语教育现状

日本政府提出到 2020 年海外日语学习者人数要达到 500 万人的目标。日本国际交流基金颁布的 2012 年度海外日语教育调查报告显示，海外的日语学习者分布在全球 136 个国家和地区，截至 2012 年总数约 398 万人，比 30 年前增长了 30 多倍。日语教育机构约有 1.6 万家，教师人数超过 6 万人。从日语学习者的地区分布来看，有 54% 的海外日语学习者集中在东亚地区，东南亚地区占 28%，大洋洲、北美和西欧共占 15%，其他国家和地区仅占 3%①。

相比亚洲地区日语学习热情高涨的良好局面，拉美地区的日语推广却面临规模缩小的困境。南美日语学习者最多的巴西，2003 年的学习人数尚在全球前十位以内，十年后的 2012 年却下滑到第 15 位，总人数跌破 2 万人，机构数量减少到 325 家，教师人数减少到 1132 人。造成巴西日语教育机构数量减少的原因主要是日本人会等民间日语学校的关闭。有些规模较小的日语学校由于后继无人被迫关闭，原来的学生转入规模较大的日语学校。所幸公立日语教育机构有所增加，在一定程度上缓解了机构数量锐减的情况。然而，公立机构的日语教育和日语学校有着本质区别，公立机构主要是面向全体巴西人的外语教育，而日语学校主要是面向日裔的母语教育，因此无论是教师队伍结构、教材还是教学方法都大相径庭（见表 3－15）。

表 3－15　　　　巴西日语教育现状②

	日语学校	公立机构的日语教育
学校性质	大多为非正规学校	公立学校或私立学校
理念	母语继承教育	外语教育
教师构成	第一代、第二代日裔	第二代、第三代日裔
教师资格	无教师资格证	持有巴西教师资格证书
学生	四分之三为日裔	多数非日裔
教育等级	幼儿园至初等教育	幼儿园至中等教育
教学时间	公立教育时间以外	学校教育的一部分
教学内容	日语、日本习俗、日本精神	日语、日本文化

① https：//www.jpf.go.jp/j/project/japanese/survey/result/dl/survey_2012/2012_s_excerpt_e.pdf.

② 参见巴西日语教育的现状和课题：《帝京大学外语外国文学论文集》2007 年第 13 期，第 26 页。

另外，巴西日语学习者的学习动机也发生了巨大变化，原来以日裔学习者为主的背景下，学习动机主要为“母语继承”，而2009年度的调查表明，具有非日裔学习者特征的学习动机已取代日裔特色的动机，如对日本“动漫”“日语交流”感兴趣等动机已上升到前三位[①]。因此，尽管日裔学习者有所减少，但非日裔学习者的增量足以弥补这一空缺。总体而言，近年来南美的日语教育呈现出从日系[②]移民后裔为主的母语继承教育向海外日语教育转变的趋势。

二 日本语言文化推广的主要机构及其在拉美的布点

参与日语国际推广事业的机构众多，大多数属于综合性事务团体，在机构属性上不同于德国歌德学院、西班牙塞万提斯学院、中国孔子学院等以语言推广作为主营业务的机构。各机构分工明确、密切协作，扎实推进各项工作，为贯彻落实日语国际推广战略提供了有力保障。在这些机构中，国际交流基金作为最重要的日语国际推广机构，在扩大日语海外影响力方面发挥了关键作用。

“国际交流基金”（英文名：Japan Foundation，下文简称为“基金会”）是日语国际推广最主要的行为主体，也是日本唯一一所在全球范围内综合开展国际文化交流事业的专门机构。基金会成立于1972年10月2日，2003年10月1日其由外务省管辖的特殊行政法人身份正式变更为独立行政法人。该身份的转变有利于淡化基金会的政府背景，凸显其开展事业的公益性和自主性，更能为日语推广对象国的民众所理解和接受。《独立行政法人国际交流基金法》第三条表明，国际交流基金旨在开展国际文化交流事业，以此来加深外国对日本的理解，增进国际相互理解，为日本对外关系的维持和发展营造良好的国际环境（朱猛，2015：92）。基金会主要负责以下三个领域的工作：1）文化艺术交流；2）海外日语教育；3）日本研究与学术交流。在海外日语教育方面，基金会组织开展多种形式的活动，积极拓展工作思路，创新工作方法，不断提升日语国际化水平。通过向海外教育机构派遣日语专家、组织国内外日语教师和

---

① http：//jbpress. ismedia. jp/articles/ -/38562.

② “日系”指“有日本人血统（的人）”。

学生培训、援助海外教育计划、编写日语教材、赠送学习材料、举办日语能力考试等多种方式积极推动海外日语教育的普及、扩大和发展。

基金会总部设在东京，分部在京都，日语国际中心和关西国际中心是它的两个附属机构。基金会在全世界范围内拥有多个海外据点，截至2017年，在亚洲、欧洲、美洲、大洋洲及非洲的21个国家和地区设有22个海外办事处。其中，中南美洲的海外事务所有两个，分别设在拉美第一经济大国巴西和第二经济大国墨西哥（见表3－16）。圣保罗日本文化中心和墨西哥城日本文化中心的建立对于扩大日语在整个拉美地区的影响力具有十分重要的战略意义。

表3－16　　国际交流基金海外事务所洲际分布①

洲别	国家	事务所名称	数量
亚洲	中国	北京日本文化中心	8
	韩国	首尔日本文化中心	
	印度尼西亚	雅加达日本文化中心	
	泰国	曼谷日本文化中心	
	菲律宾	马尼拉日本文化中心	
	马来西亚	吉隆坡日本文化中心	
	印度	新德里日本文化中心	
	越南	越南日本文化中心	
欧洲	意大利	罗马日本文化会馆	7
	德国	科隆日本文化会馆	
	法国	巴黎日本文化会馆	
	英国	伦敦日本文化中心	
	西班牙	马德里日本文化中心	
	匈牙利	布达佩斯日本文化中心	
	俄罗斯	全俄罗斯国立外国文献图书馆［国际交流］文化事业部（莫斯科日本文化中心）	

① 数据来源：https：//www. jpf. go. jp/e/world/。

续表

洲别	国家	事务所名称	数量
美洲	美国	纽约日本文化中心	5
		洛杉矶日本文化中心	
	加拿大	多伦多日本文化中心	
	墨西哥	墨西哥城日本文化中心	
	巴西	圣保罗日本文化中心	
大洋洲	澳大利亚	悉尼日本文化中心	1
非洲	埃及	开罗日本文化中心	1
总计			22

此外，基金会在柬埔寨和老挝设立了两个亚洲中心，即金边联络处和万象联络处。依托这些海外事务所，国际交流基金赞助了46个国家地区的123个日语教学机构和34个国家地区的82个日本研究机构。这种方式建构了重点突出、由点带面的世界范围内日语推广网络（朱猛，2015：94）。

除基金会外，其他许多机构也都在日语国际推广事业中发挥了重要作用，独立行政法人“日本国际合作机构”（JICA）便是其中之一。日本国际合作机构于2003年10月成立，以培养人才、无偿协助发展中国家开发经济并提高社会福利为宗旨。拉丁美洲是日本实施援助和技术合作的重要地区之一，根据日本国际合作机构官网发布的信息，目前该机构在拉丁美洲及加勒比海地区的22个国家建立了23个办事处，其中巴西是唯一一个另建有分支机构的国家，总办事处设在首都巴西利亚，分部设在圣保罗。国际合作机构同样也是一所综合性事务机构，日语国际推广是其部分业务内容，主要形式为向巴西当地的日语教育机构派遣日语教师。截至2014年6月，由日本国际合作机构派遣的日语教师志愿者共28名①，分为日系社会青年志愿者、日系社会高年级志愿者、日系社会高年级短期志愿者等不同的派遣类别。接受派遣教师的单位则包括日本人会（如桑托斯日本人会）、日语教室（如帕拉伊巴日语教室）、日语学校

① http：//www. jpf. go. jp/j/project/japanese/survey/area/country/2014/brazil. html#HAKEN.

（如雅卡雷伊日语学校）、高校（如伯南布哥联邦大学）、文化协会（如佩纳波利斯日巴文化协会）、日语普及中心（如阿拉萨图巴日语普及中心）等多种不同类型的文化机构。

作为中央行政机构，“文部科学省”是日语国际推广活动的领导者，也是具体的执行者。从1990年开始，文部科学省同海外地方团体等合作，向国外的公立教育机构派遣日语教师，并承担相关费用。2006年，有35人通过这项事业被派遣到美国、加拿大、澳大利亚、新西兰、俄罗斯、英国、法国、中国、韩国和巴西（张婧霞，2008：28）。截至2014年6月，文部科学省向圣保罗日本文化中心共派遣了一名日语高级专家和一名日语专家[①]，对当地的日语教学工作进行指导，以提升日语教师的师资力量。

除上述提及的机构以外，中央行政机构外务省、总务省、独立行政法人国立国语研究所日语教育中心、日本贸易振兴会、公益法人海外日裔协会、国际日语普及协会等也都是日语国际推广中不可或缺的重要力量。日语国际推广充分调动社会各方面的积极性，在政府的引导和支持下各种不同类型的机构积极参与，加强合作，对高效开展日语国际传播工作起到了极大的促进作用。

三　日本在拉美地区的语言传播战略

（1）重视海外日裔人的“国语保持教育”，挖掘移民潜力

因为在巴西的日本移民及其后裔人数众多，所以日语在该国的推广具有非常广泛的群众基础，潜力巨大。日本政府历来非常重视海外移民及侨民的日语教育，在经济上资助日语作为母语继承语言的“国语保持教育”，并提供相应的教学资源支持，促使日裔巴西人成为日语在拉美地区复兴和发展的一支关键力量。举例来说，20世纪30年代是日本在海外进行日语教育的重要时期，那时仅在巴西就有200余所日语学校。政府给予这些学校以经济和师资等方面的补助（苏金智，1993b：30）。日本支持日裔巴西人的“国语保持教育”有两个重要的体现。

首先，注重日语在日裔学生中的普及，为其创造有利于日语学习的

① http://www.jpf.go.jp/j/project/japanese/survey/area/country/2014/brazil.html#HAKEN.

条件和机会。国际交流基金设立多个奖学金项目，资助海外日裔人赴日学习交流。以 2016 年日裔奖学金“圆梦计划”（Nikkei Scholarship “Dream Come True Project”①）为例，它主要面向中南美洲（包括巴西、阿根廷、墨西哥、玻利维亚、智利、哥伦比亚、多米尼加共和国、秘鲁、巴拉圭等国）18—35 周岁年龄段之间有志于赴日深造的日裔后代进行招募。奖学金申请人应充当起日巴文化交流的桥梁，并在学成归国之后积极推动当地日裔社区团体的发展。通过选拔的申请者可以在基金会的资助下赴日接受最长期限为五年的教育，在学习和生活中近距离感受日本风土人情，并在以日语为主要沟通语言的环境下逐步提高日语水平。此外，财团法人海外日裔协会与日本国际合作机构合作支援海外日裔及其子女的日语教育，成立“继承日本语教育中心”，开发相适应的日语教材，开设日语课程，举办讲座对海外 260 万日裔实施日语教育（李小俞，2014：85）。继承日本语教育中心通过开展“拉丁美洲日裔后代日语教室”② 等活动，向海外日裔后代传授日语知识、普及日语教育，有助于强化日裔儿童的大和民族身份认同，继承并发扬日语文化遗产。

其次，定期组织日语教师研修，加强师资力量培训，提升教育教学水平。国际交流基金巴西办事处——圣保罗日本文化中心以初等教育和中等教育阶段的日语教师为对象，每年召开 1—2 次的教学研修活动。正规学校教育体系之外的日裔日语学校也按地域定期召开教学研修会。此外，在日本国际合作机构的支援下，巴西日语中心不仅举办面向全巴西日语教师的研修会，还召开包括邻近国家都有参与的南北美日语教师共同研修会。另外，日本国际合作机构与海外日裔协会合作，选拔海外日裔学校中的优秀教师和领导者赴日研修，学习继承教育的理论和实践方法。根据教师资质、培训目标等内容的不同，“日系继承教育教师培训课程”共分为三个类别：“教师培训Ⅰ”“教师培训Ⅱ”以及“领导者培训”，每个类别分别招收六名日语教员。

---

① http：//www. jadesas. or. jp/en/kenshu/scholarship-index-en. html.

② http：//www. jadesas. or. jp/en/nihongo/index. html.

表 3－17　日裔继承教育教师培训课程一览表①

课程名	日系继承教育（教师培训Ⅰ）	日系继承教育（教师培训Ⅱ）	日系继承教育（领导者培训）
目标	为日系学校培养新的日语教师，日语作为母语继承语言的教学。	掌握有关继承教育［语言，文化，历史（包括移民）］的基本知识和教学技巧。	深化作为继承教育教师负责人应了解的继承教育知识，同时掌握教师培养的课程设计知识和方法技巧。
时间段	2017/12/14—2018/02（总共5个月，两个半月为一阶段）	2017/12/14—2018/02	2018/08/01—2018/03
课程形式	集体培训	集体培训	集体培训
募集人数	6名	6名	6名
课程内容	理论课、实践课和走访： 1. 掌握继承教育的基本知识。 2. 了解继承教育、语言（发展）的基本理论，学习实践方法。 3. 掌握语言继承教育相关的知识和技能。 4. 掌握继承教育文化活动的基本教学技能。	理论课、实践课和走访： 1. 了解继承教育应用和语言（发展）教育的理论，掌握实践技巧。 2. 获取继承教育中语言的相关知识及教学方法。 3. 学习基础课程设计方法。 4. 掌握教学技巧和文化活动中教学规划的方法。	理论课、实践课和走访： 1. 掌握继承教育的知识和高度专业化的教学技能。 2. 熟练掌握教学技巧。 3. 学会制定以培养继承教育教师为目标的培训课程。

① 数据来源：http：//www. jadesas. or. jp/es/kenshu/23C－3－7. html。

续表

课程名	日系继承教育（教师培训Ⅰ）	日系继承教育（教师培训Ⅱ）	日系继承教育（领导者培训）
职业/需求/技能	在日系教育机构中任职的教学人员。 日语水平：初级 年龄/教学经验：21—50周岁/ 1—3 年（累计未满300教时数） 注：因均采用日语授课形式，教师日语水平需达到日语能力考试 N4（原日语能力考试3级）水平。	在日系教育机构中任职的教学人员。 日语水平：中级 年龄/教学经验：21—50 周岁/ 大于 5 年（累计超过 500 教时数）	负责当地教师培训的教务人员或其候选人，在学成回国后分享培训经验和成果。 日语水平：高级 年龄/教学经验：21—59 周岁/ 大于 7 年（累计超过 700 教时数）

课程详细情况如表3－17所示，教师通过参加上述课程的培训，可以提升日裔继承教育方面的学识和专业素养，在实践中更好开展日语作为母语继承语言的教育教学活动。

（2）积极输出动漫文化，创造日语推广新的宣传点

丰富多彩的文化艺术形式可以充当有效的语言传播媒介。日本的俳句、歌舞伎、狂言等传统文化艺术形式，都是日语国际推广的重要载体。除了传统文化外，日本流行歌曲、电影、漫画等流行文化也增加了日语的文化魅力，吸引大批年轻的日语学习者（张婧霞，2008：17）。近年来，在巴西越来越多的学习者是因为喜爱日本“动漫”或对“日语交流”感兴趣等而选择学习日语。事实上，日本的动漫产业已发展成日本的第三大支柱产业，在国际上也有很大的影响力。据统计，全球播放的动画节目中约有60%都是由日本制作的，产业链发展已经相当完善。日本的动漫作品因题材丰富、创意新颖而深受海内外年轻人的喜爱，而考虑到青年学生正是外语学习的主要群体，动漫也自然与日语推广工作结合起来，成为其新的宣传媒介。

2016年的夏季奥运会在巴西里约热内卢正式落下帷幕。按照惯例，

下一届奥运会主办城市东京在闭幕式上做了主题展示。在“东京8分钟”的表演时间里，不仅时任日本首相安倍晋三化身为超级马里奥登场，现场还出现了多个经典日本动漫形象。整场表演聚焦日本当代的文化科技成就，生动立体地打造了一个高科技强国形象，表现出日本立足现在、展望未来的高度文化自信。对此，东京奥委会表示：“这场表演的主要目的就是要把日本与东京展现出去，而动画、漫画、游戏就是日本极具优势的领域，这也是全球的共识。”① 日本重视动漫文化的输出，不光是看中它能带来的经济效益，另外，也是想以此提高日语的国际声誉，将日语与高科技紧密结合起来，提升巴西民众对日本语言文化的认可度，调动他们学习日语的积极性。

与此同时，国际交流基金下设的圣保罗日本文化中心积极组织开展日巴文化交流活动，通过播放日本的电视节目、电影、纪录片等方式向巴西民众传递日本的文化艺术魅力。圣保罗日本文化中心于2017年首次与圣保罗州文化秘书处机构“玫瑰之家”（Casa das las Rosas②）合作，在玫瑰之家向公众免费播映日本新锐导演新海诚的动画作品，进一步扩大海外受众，激发日语学习热情。基金会在日语教材的开发和编撰中也有意识地增加动漫元素，教材图文并茂，内容生动，给日语学习增添了不少趣味性。

（3）促进教育机构间合作，构建国际化日语推广网络

目前，海外日语教育机构数量庞大，并呈现出机构总数逐年递增的趋势。基金会2012年的调查结果显示，世界上共有16046个海外日语教育机构，与2009年相比机构数增长了9.1%，与1979年比则是翻了14倍（见图3－3）。

在日语教育机构数量日益增多的背景下，加强不同地域教育机构之间的合作显得愈发重要。世界各地的教育机构可以分享经验、群策群力，形成规模效应并不断提高日语教学质量。自2008年起，基金会就一直致力于搭建国际化的网络平台，即“樱花网络”（Sakura Network③），意指

① http：//mt. sohu. com/20160825/n465870817. shtml.

② http：//fjsp. org. br/agenda/especial_makoto_shinkai/.

③ https：//www. jpf. go. jp/e/project/japanese/education/network/.

日语教学在世界每一个角落的发展都能如樱花盛开一般绚烂美好。该网络旨在加强世界范围内日语教育机构间的交流合作，在更高层次更广范围内普及日语教学、加快日语国际化进程。到 2016 年 9 月为止，世界上总计 89 个国家的 287 个日语教育机构都被纳入该网络之中，其中中南美洲共有 28 个教育机构名列其中。巴西的日语教育机构数在中南美洲各国中排名第一，共有 8 所，分别是亚马逊联邦大学、圣保罗大学、保利斯塔州立大学阿西斯校区、巴拉那联邦大学、巴西日本中心、南里奥格兰德州联邦大学、里约热内卢联邦大学以及圣保罗日本文化中心。其余的中南美洲国家日语教育机构数除阿根廷、墨西哥均为 3 所，秘鲁为 2 所外，乌拉圭、萨尔瓦多、古巴、危地马拉、哥斯达黎加、哥伦比亚、智利、多米尼加共和国、特立尼达和多巴哥、尼加拉瓜、巴拉圭以及洪都拉斯均为 1 个。比较“樱花网络”中拉美各国日语教育机构的数目，不难发现日本对于巴西这个语言推广阵地的重视程度。日本将巴西视为拉丁美洲日语推广的大本营，希望能由此将日语的影响力不断辐射并渗透到周边国家和地区。

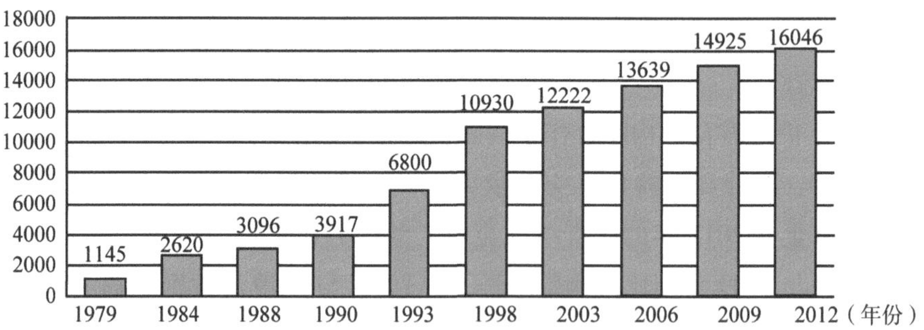

图 3－3　日语教育机构数统计表①

日语在巴西推广有其移民背景优势，然而在新时期也面临着新的挑战和机遇。面对巴西日语教育逐渐从母语继承教育向海外日语教育过渡的这一变化趋势，日本适时调整语言传播战略，拓展以动漫文化输出为

① 参见 https：//www. jpf. go. jp/j/project/japanese/survey/result/dl/survey_2012/2012_s_excerpt_e. pdf。

代表的语言推广途径，有助于增加日语吸引力，带动日语在这一地区的传播和发展。

第九节　意大利面向拉美地区的语言传播①

意大利语属于印欧语系罗曼语族下的西罗曼语支，是意大利共和国、梵蒂冈、圣马力诺、瑞士等国家的官方语言，约有7000万人口以意大利语作为母语。除此之外，意大利语在欧洲其他地区、北美、拉美、澳大利亚等地也被广泛使用。尽管与几大通用语种相比，全球以意大利语为母语和日常交际语的人数少很多，但是意大利拥有丰厚的历史文化遗产、发达的轻工业和时尚业，还有令人眼花缭乱的美酒佳肴，这些都使世界各地的人们对学习意大利语十分热衷（见图3－4）。

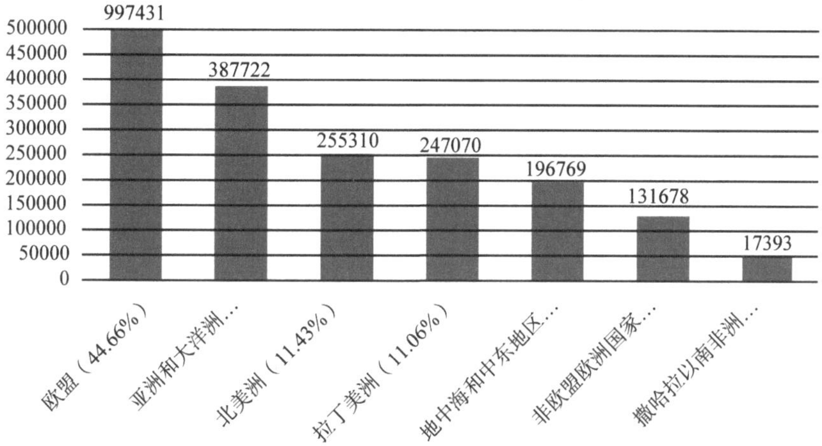

图3－4　2014—2015学年全球各地区意大利语学习者人数和百分比

2016年10月17—18日，第二届“全球意大利语概况”（Stati Generali della lingua italiana nel mondo）大会在佛罗伦萨召开。会后发布的《全球意大利语概况白皮书2016》中的统计数据显示，2014—2015学年，全

① 本节初稿由项目组成员张琳和项目助研张礼骏撰写。

球学习意大利语的人数为2233373人[①]。意大利语已经超过法语和德语，是继英语、西班牙语和汉语之后，全球学习人数第四多的语言，学习者分布于世界各地，以发达国家和发展中国家较为密集。

意大利语在拉美地区的传播历史悠久，拥有深厚而广泛的群众基础。事实上，这片被意大利人视作“应许之地”的大陆从19世纪70年代到20世纪中叶接纳了数以千万计的意大利移民，尤其是巴西和阿根廷。截至2010年，这两个国家的意大利裔人口达到2720万人和1970万人，分别占两国人口总数的13%和47%。意大利文化处曾在2010年进行过一项名为“全球意大利人”的调查，调查结果显示，“家庭及个人原因”以37%领跑拉美地区意大利语学习者的学习动机。庞大的移民团体使意大利语在拉美地区的传播和推广具有天然优势，然而从图3－4的数据来看，根据第二届“全球意大利语概况”大会的统计，拉美地区学习意大利语的人数并未进入前三甲[②]。此外，阿根廷的意大利语学习人数甚至逐年减少。在世界经济、政治格局大变动的今天，如何让移民后代对祖辈、父辈的母语持续产生兴趣，如何吸引更多非意裔民众学习意大利语，是意大利政府和各语言文化推广机构在制定政策与开展活动时的关键考量点。在了解意大利面向拉美地区的语言传播战略之前，先让我们回顾一下意大利语传播的历史和现状。

一　意大利对外语言传播的历史与现状

直到1861年，意大利才完成统一大业，在此之前亚平宁半岛上各地的人们使用着不同的方言，尽管都属于新拉丁语的范畴，但在词法、句法和语音上差别不小。早在几世纪前，学术界就提出统一半岛语言的诉求。14世纪，但丁、彼得拉克和薄伽丘的文学作品拉开了欧洲人文主义的序幕，他们在作品中使用的托斯卡纳方言也随之传播到欧洲各地。著名的语言问题理论家彼埃德罗·本博在其1525年出版的《俗语散文》中强调了在意大利半岛上建立统一文学语言的重要性，并极力主张以但丁、

① 数据来源：《全球意大利语概况白皮书2016》。

② 2014年第一届“全球意大利语概况”大会统计数据显示拉美地区意大利语学习者占总数的18.7%，位居全球第二。

彼得拉克和薄伽丘式文学语言为典范的托斯卡纳方言成为标准语言。1583 年，以展示与维护佛罗伦萨俗语之美为己任的秕糠学会（Accademia della Crusca）在佛罗伦萨成立，进一步巩固了佛罗伦萨方言的地位。在此后的四百多年中，该学会不仅编撰了历史上第一部意大利语词典，更致力于规范与保护意大利语，与其他机构共同协助意外交部制定并调整对外语言政策，积极推动意大利语的发展和传播。因此，可以说从 16 世纪起，托斯卡纳方言便几乎与意大利语画上了等号。

历史上可考的最早由官方组建的对外意大利语培训机构是托斯卡纳大公费迪南多一世于 1589 年在锡耶纳设立“托斯卡纳语”讲台，专门为前来本地大学学习的德国学生进行语言培训。但是，在 19 世纪前，系统成规模的意大利语言文化推广机构尚未建立，意大利语主要通过艺术、宗教和旅行等媒介传播。

意大利统一后，亟需解决的首要任务之一便是在国内普及统一的语言。与此同时，一些对外传播意大利语的机构和学校也陆续诞生。1889 年，意大利著名诗人乔苏埃·卡尔杜齐联合众多知识分子在罗马创建了但丁协会，其目标便是“在世界范围内保护和传播意大利语言和文化，系紧海外侨胞与祖国的精神纽带，培养外国人对意大利文化的热爱和崇尚”。随后，1917 年和 1921 年分别在锡耶纳和佩鲁贾成立了专门为外国人开设语言、文化等课程的外国人大学，即锡耶纳外国人大学和佩鲁贾外国人大学，这两所大学在对外意大利语教学方面成绩斐然，培养出一批又一批来自世界各地精通意大利语言文化的人才和学者，他们中的很多人继而在各自国家成为意大利语言文化的传播者。由此，托斯卡纳大区、罗马和佩鲁贾成为 20 世纪初推广意大利语的重镇，这个传统一直延续至今。

直到 20 世纪 20 年代，一场有计划、有规模的对外语言推广运动才在意大利拉开序幕。执政的法西斯党先后通过意大利大学校际学会、对外文化关系国家协会、但丁协会在意大利移民较集中的国家、巴尔干地区和北非等地区强势推行意大利语，并对各协会的教学活动进行集中化、严苛细致的管理，其真正目的是实现帝国主义殖民扩张。1943 年 9 月，随着墨索里尼政权的倒台，意大利失去了所有海外殖民地。短暂的殖民统治并未扩大意大利语的版图，不过在曾经的意属殖民地，如阿尔巴尼亚、厄立特里亚、索马里、利比亚等地，意大利语至今仍是行政、商务语言和学校的必修科目。

第二次世界大战之后，意大利调整了对外语言政策，将语言推广与文化输出紧密结合，制定了一系列与意大利深厚悠久的历史文化相匹配的对外语言推广政策。与此同时，逐步加大意大利语的对外传播范围和力度，语言文化推广机构以意大利外交部在世界各地建立的使领馆为依托，短时间内便成功在全球建立起一张系统化的意大利语言文化传播网络。20 世纪 70 年代初举办了意大利语言学协会的第四次大会，大会公布的统计数据表明，在很多国家，意大利语学习者人数正以超过预期的速度递增。

进入 21 世纪后，尽管意大利身陷债务危机，经济一直处于疲软甚至倒退的状况，但意大利语在全球范围内反倒出现了井喷式的发展，尤其近十年，学习人数几近翻倍，这要归功于意大利外交政策对语言推广的倚重。首先，根据全球不同区域和国家的实际情况与发展的轻重缓急，意大利外交部按区域部署并实施有针对性的语言政策，如与中国政府合作十年有余的“马可波罗”和“图兰朵”留学项目、与俄罗斯联邦政府签署的语言推广互惠协议、与美国各州政府签署学者培养计划并推广远程意大利语教学应用的使用等。拉美地区一直是意大利进行语言推广的重点区域，相关政策将在后文中详细叙述。其次，在秕糠学会和意大利文化处处长们的提议下，在意大利外交部、教育部和文化部的通力合作下，自 2001 年起，于每年 10 月的第三周举办“世界意大利语周”活动。该活动因题材丰富、受众面广泛，成功地在全球普通民众中普及了意大利语言文化。此外，2014 年起每两年召开一次“全球意大利语概况”大会，对于派往海外的专职意大利语外教意大利外交部严格选拔并系统培训，大力推动在线意大利语言文化课程的建设，创立 CLIQ（高水平意大利语言证明）联合会，这些举措都大大促进了意大利语在全球范围内的传播。

二　意大利语言文化推广的主要机构及其在拉美的布点

意大利的对外语言政策是由意大利外交部制定的，而政策的具体实施者包括意大利文化处、但丁协会、意大利大学联合会、意大利语广播电视联合会、海外意大利语学校等。表 3 - 18 显示了 2014—2015 学年拉美各国意大利语学习者在不同机构的注册数。

表 3 - 18　2014—2015 学年拉美各国意大利语学习者在各机构注册数

国家	大学就读学生（有外交部专职外教授课）	海外意大利私立学校学生	DGIT① 管理机构课程注册学生	意大利文化处课程注册学生	但丁协会课程注册学生	其他机构注册学生
阿根廷	412	4805	56371	1708	37846	4624
巴西	643	1308	19410	3130	5959	7817
智利	225	1856	2293	462	430	20
哥伦比亚	—	1898	—	753	1492	—
哥斯达黎加	130	—	844	—	3924	—
古巴	72	—	—	—	1239	535
厄瓜多尔	744	—	—	—	571	—
萨尔瓦多	—	—	—	—	197	214
危地马拉	—	—	—	1025	213	—
墨西哥	682	—	219	1378	2224	2120
巴拉圭	121	—	—	—	1251	401
秘鲁	1128	837	—	6901	85	1397
乌拉圭	180	642	3995	377	179	1942
委内瑞拉	190	174	4338	3141	172	757

在上述各类机构中，分支遍布全球的意大利文化处和但丁协会无疑是推广意大利语的主力军。以下，我们将对这两个最重要的意大利语推广机构及其在拉美的分布进行介绍。“意大利文化处”（IIC）隶属于意大利外交部，由意大利外交部下属国家系统推广总局（DGSP）对其工作进行指导和协调，是意大利外交部为对外推广意大利形象、意大利古典和当代文化所建立的海外机构，同时也为学者、艺术家和海外意大利人提供了对话与交流的平台。目前在全球共有 83 所意大利文化处，虽创建年

① 海外意大利人和移民政策总局。

份不等，但所有文化处均以 1990 年 12 月 22 日签署的 401/90 法案为章程，在各自的所在国担负以下职责：

（1）建立与所在国的文化、科学机构、组织和个人的联系，增进所在国对意大利文化的了解，推动两国文化和科学领域的合作；

（2）提供与意大利文化和文化机构相关的文献资料及信息，建立意大利语书籍图书馆，对其进行高效、网络化的管理；

（3）向所在国民众推荐意大利现当代艺术家、作家、音乐家及其作品，举办艺术、音乐、电影、文学、戏剧、舞蹈、时尚、设计、摄影和建筑等行业的活动及展览；

（4）支持海外意大利人团体的文化活动，帮助他们尽早完成文化融入；

（5）为意大利学者和学生在海外开展研究和学习提供保障；

（6）加强意大利语在海外的传播，为当地大学选派符合资质的意大利语外教，为意大利大学和当地大学在文化、科学等方面的合作提供平台和便利；

（7）依照《欧洲语言共同参考框架》，开设意大利语言文化课程。

值得一提的是，除政府拨款外，意大利文化处开设语言文化课程所获收益是该机构最主要的资金来源，这项收入不仅使文化处有能力更好地策划文化活动，更能为授课教师提供进修机会，使该机构的课程更具竞争力和吸引力。

在意大利文化处开展的诸多活动中，最具原创性，甚至获得意大利共和国总统高度支持的便是上文提到的“世界意大利语周”，现已成为文化处每年最重大的语言文化活动。该活动旨在全方位推广意大利语学习，其理念是学习意大利语，不仅仅意味着学习一种沟通工具，更是理解意大利文化、意大利生活方式的最好途径。每一届世界意大利语周都有一个主题，还会围绕该主题开展一系列活动。2016 年，意大利语周的主题是“意大利语与创意：品牌与服装，时尚与设计”，围绕该主题在美洲举办了 435 场活动、欧盟 408 场、亚太 163 场、非欧盟欧洲国家 171 场、地中海和中东地区 113 场、撒哈拉以南非洲 75 场，其影响力可见一斑。截至 2017 年，在拉美地区共有 11 所意大利文化处，其中巴西和阿根廷各拥有 2 所，见分布图 3 –5。

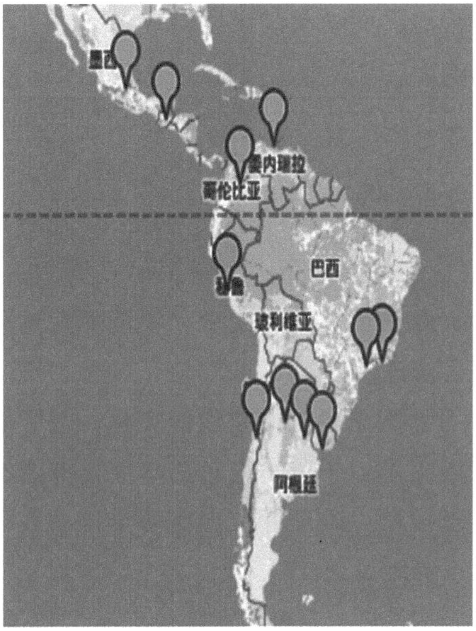

图3－5　意大利文化处在拉美地区的分布

“但丁协会”是意大利非营利社会服务组织（ONLUS）成员，专为居住于意大利的外国人举办不同类型的活动，同时通过其海外分支机构为国外对意大利语言文化感兴趣的人士提供服务。协会总部设在罗马的佛罗伦萨大楼，协会主席由意大利国际合作部部长担任。协会成立于1889年，创始人为当时的意大利文坛领袖乔苏埃·卡尔杜齐，协会创办伊始便以“在世界范围内保护并传播意大利语言和文化，系紧海外侨胞与祖国的精神纽带，培养外国人对意大利文化的热爱和崇尚”为首要目标。协会在最初创立时具有浓重的民族主义情结和政治色彩，第一次世界大战结束后则转而以文化服务机构的角色开始在全世界范围内推广意大利语言文化。

但丁协会通过世界各地的分支委员会组织各种语言文化课程，从艺术绘画到音乐、从体育到电影、从戏剧到时尚，当然也包括历史和文学。此外，通过海外的分支委员会，但丁协会还在世界各地建立了各种学校和图书馆，为意大利语学习者提供便利。协会还宣传意大利文化，推动意大利语书籍出版发行，组织各类专题研讨会、文化讲座、艺术巡演，为不同的群体提供奖学金。2009 年起，但丁协会正式成为意大利最权威的文学奖项——斯特雷嘉文学奖的评委会成员，进一步提高了其在文化领域的话语权和影响力。

在语言推广方面，但丁协会与外交部和罗马大学合作，以《欧洲语言共同参考框架》为标准开展意大利语言水平测试，为考试通过者颁发 PLIDA（但丁意大利语计划）语言证书。2012 年开始，但丁协会加入了 CLIQ 联合会，该联合会将主办意大利语言等级测试的机构（但丁协会、锡耶纳外国人大学、佩鲁贾外国人大学和罗马三大）联合在一起，旨在推出一个统一的语言认证体系。

2005 年 6 月 1 日，因出色的文化组织工作，但丁协会被授予代表西班牙最高荣誉的艾斯图里王子奖，表彰其向世界传播本国语言和欧洲文化遗产所作出的突出贡献。2007 年，但丁协会再次获得意大利文化部授予的黄金勋章和第一等级认证。

经过一个多世纪的发展，目前但丁协会在意大利国内建立了 80 余家分支委员会，在海外则建立了 400 多家，所有分支委员会在 2014 年共开设 9945 门意大利语课程。2015 年，协会的全球注册学生达到 199105 人次。但丁协会早在 19 世纪末就已经在拉美地区成立了分支委员会，并为保持和加强意大利移民的祖国文化认同作出了诸多贡献。如今，但丁协会分支委员会在拉美地区的分布最为密集，超过海外总数的三分之一，其中在阿根廷境内有 106 家协会分支委员会，其数量无疑为全球第一。在其他拉美国家的分布情况如下：墨西哥 11 家，巴西 10 家，智利、哥伦比亚、厄瓜多尔各 3 家，哥斯达黎加和萨尔瓦多各 2 家，玻利维亚、古巴、危地马拉、巴拉圭、乌拉圭和委内瑞拉各 1 家。

三 意大利在拉美地区的语言传播战略

在上文提到的第二届“全球意大利语概况”大会的开幕式上，出席的嘉宾有时任意大利总理马泰奥・伦齐、时任外交部部长保罗・真蒂洛尼、教育部部长斯特法尼娅・贾尼尼、佛罗伦萨市长达里奥・纳尔德拉等政要，意大利共和国总统塞尔焦・马塔雷拉则在闭幕式上发表了讲话。从如此高规格的与会人员名单不难窥见意大利政府对本国语言和文化在全球推广和普及的高度重视及雄心壮志。而在全球所有区域中，意大利政府尤其重视美国、中国、地中海和拉美地区，在第一届“全球意大利语概况”大会上便专门成立专家组，为以上地区推广意大利语出谋划策。

专家组为意大利语在拉美的传播制定了以下方案：1）从文化到语言：一种基于学习者诉求的教学模式。意大利和拉美地区有着与众不同且密不可分的文化纽带，在其中起到决定性作用的无疑是数量众多的意大利移民，因此首先要满足他们的特别诉求。他们中的许多人都提出可以建立一种从文化过渡到语言的学习模式，同时意大利文化对非意大利后裔的拉美人民同样也充满吸引力，在对文化有了基本了解后，学习者会有提高语言竞争力的渴望。2）建立与西班牙和葡萄牙的特殊关系：三种语言的门户网站。关于在拉美推广本国语言这项事业上，意大利应与西班牙和葡萄牙建立一种特别的合作关系。最直观的方法是创建一个可以在三国语言间相互切换的文化门户网站，通过适合的解调器，可以互相搜索相关电子资源，并附有远程教育和自学教程的网络链接。3）利用语言相似性教授意大利语。为了加快欧盟一体化进程，欧盟一直在尝试让更多人利用语言相似性掌握同属罗曼语族的各种语言，这一方法同样可以应用于面向拉美地区的意大利语教学。4）培养作为传播资源的文化中间人。在各类跨文化交际中都需要强调文化中间人（比如译员）的重要性。不论在意大利还是拉美地区，都必须重视对于文化中间人的培训，并将他们置于意拉交往的重要位置上。5）其他措施。增加意大利文化处和意大利学校的数量，加大意大利在拉美地区文化活动中的影响力（如国家图书展或大型民俗活动等）；选拔母语为意大利语，同时具有教学经验的优秀青年人才（语言、文学和文化方面），包括双语人才赴拉美地区教授语言；增加给拉美地区学生的奖学金和实习机会（如需要，可为其办理快速、简化的签证手续）；加强意拉各类机构间的合作，尤其是大学间的合作，如学生和学者间的互换、联合培养和双学位等项目。

意大利语在拉丁美洲地区的传播具有悠久的历史和广泛的群众基础。尽管未能成为拉丁美洲国家的官方语言，但庞大的移民团体使得意大利语在拉美地区的传播和推广具有天然优势。然而，在当今世界政治、经济快速变动的国际大背景中，这一优势并没有给拉美地区带来更多的意大利语学习者。鉴于这一情况，意大利前外长保罗·真蒂洛尼在“全球意大利语概况”大会发言中明确指出：“在海外推广意大利语是提升意大利国家形象的重要手段之一，在意大利外交政策中具有优先权，拉美地区是意大利政府着力推广意大利语言文化的重要区域之一。”① 根据第一届“全球意大利语概况”大会上成立的专家组意见，如今意大利面向拉美地区实施的语言传播战略主要包括：1）利用移民优势；2）利用语族间语言的高度相似性；3）建立多语门户网站；4）培养文化中间人；5）加强文化教育机构的建设与合作。上述战略能够激发拉美当地民众学习意大利语的热情，同时树立起意大利在拉美地区的良好形象。

① 引自《全球意大利语概况白皮书 2016》（*Libro bianco degli Stati Generali della lingua italiana nel mondo 2016*）。

第四章

国际比较视野下面向拉美地区的语言传播

在第三章中，我们以国别的形式，研究了西班牙、葡萄牙、英国、美国、法国、荷兰、德国、日本和意大利这几个国家面向拉美地区传播语言的情况，包括上述国家的语言推广机构在拉美的布点，以及这些国家在拉美传播各自语言的历史及现状。本章中，我们将在语言规划的四个维度上开展国际比较，找出共同点，在此基础上总结在拉美地区开展语言传播工作的特点与经验。

第一节　面向拉美地区的语言本体规划比较

根据著名社会语言学家 Kachru（1983）的语言圈理论，大部分语言在拉美地区的传播主要集中在外圈或扩展圈，即语言作为二语或者外语。与之不同的是，西班牙语和葡萄牙语在拉美地区的传播已进入核心内圈，即语言作为母语。当语言传播进入内圈时，必然就会涉及本体规划的问题，尤其是传播国面向传播对象国进行的语言本体规划问题。具体到我们的研究对象，就是西班牙和葡萄牙这两个国家，如何对拉美的西班牙语和葡萄牙语进行语言本体规划？开展本体规划的目标是什么？效果如何？这两个国家面向拉美地区开展的本体规划又有什么相同之处？以下，我们将围绕上述几个问题开展研究与论述。

一　本体规划理论简介

本体规划，就是对语言本身进行规划，主要是指语言规划时对语言文字本身所进行的规范化、标准化工作，内容包括正字法的规定、词典和语法书的编撰等，目的在于改善和增强语言文字的社会功能，方便人们使用。例如，早在国王阿方索十世时期，西班牙就开始对语言进行本体规划了。当时的卡斯蒂利亚语正处于快速演变期，很多文字、标点的用法或者书写方式并不统一。我们以用古卡斯蒂利亚语写就的《熙德之歌》为例，在这首长诗中，有些地方问号和感叹号只用句末的一个，而有些地方则使用前后两个。从一些被誉为语言活化石，即来源于古卡斯蒂利亚语的犹太西班牙语文献中，我们也发现，问号和感叹号的用法与如今的西班牙语不同。由此可见，当时这两个标点符号的使用并没有明确的规则。尽管只是两个小小标点的使用，阿方索十世却对此十分重视，因为标点符号也是语言使用的重要组成部分，而且在很多诗歌中能够使用这两个标点符号来表达强烈的情感。在他的主持下，当时制定了规则，句首要使用倒问号和倒感叹号，而句末则使用正问号和正感叹号，以方便人们的阅读、理解和使用。这条规范化准则一直沿用至今，极具特色，很多情况下，我们看到倒置的问号和感叹号就能基本判断出这是西班牙语。阿方索十世制定了一系列语言使用和标点符号的规则，有效推动了古卡斯蒂利亚语的规范化。

尽管语言本体规划的历史悠久，但直到20世纪60年代，语言本体规划才被作为专门的学术研究对象确立下来。语言本体规划的大规模实践则源于第二次世界大战后民族独立运动，当时很多新独立的国家面临一系列语言问题，包括本土语言的文字创建、语法规范化、语言标准化、语言现代化等。为了解决这些问题，一些语言学家被委派到世界各地对语言进行本体规划，以帮助解决上述问题（王辉，2009）。就语言规划学科研究而言，相关学者一开始就把语言规划进行了“本体”和“地位”的区分，前者是对语言文字本身的规划，而后者是语言本体之外人们对于语言使用的选择和政策。这种基于“语言内外”的划分为语言规划研究日后更为系统地发展奠定了基础。1983年，豪根（Haugen）提出了有名的语言规划框架，确立了语言本体规划的形式和功能，如表4-1所示。

表 4－1　　语言本体规划框架 Haugen（1983）

	形式	功能
语言本体规划	符号化（标准化过程） a. 文字系统 b. 语法系统 c. 词汇系统	精细化（功能发展） a. 术语的现代化 b. 文体的发展

Kaplan & Baldauf（2003）又对豪根的本体规划理论框架进行了发展与补充，提出如下语言本体规划框架。

表 4－2　　语言本体规划框架 Kaplan & Baldauf（2003）

	政策规划 （形式上）	培育规划 （功能上）
本体规划 （关于语言）	语言文字规范化 文字 语法 词汇 副语言规范化 文字 语法 词汇	词汇现代化 语体现代化 革新 净化 改革 语体简化 术语统一 国际化

从表 4－2 中我们可以看到，语言本体规划是一个规范化的过程，主要包括文字系统、语法系统和词汇系统三个部分。在各国语言传入拉美地区之后，不可避免地会与当地其他各种语言进行碰撞，产生拉美变体。此时，实施语言传播的国家就有必要对传播到拉美的本国语言进行本体规划，以规范当地语言的使用，也为各国语言在拉美地区的进一步传播奠定良好的根基。

二　西班牙和葡萄牙面向拉美的语言本体规划

与其他语言稍有不同，通过殖民进程进入拉美地区的西班牙语和葡萄牙语已经是拉美当地使用范围最广的两门语言。从某种程度上讲，这两门语言在拉美地区的传播是最为成功的。然而，在拉美地区较为广泛的应用也构成这两门语言在拉美地区地位巩固和进一步传播的最大挑战。正如本书第二章所开展的分析，这两门语言在拉美当地进行传播的过程中，不可避免地会与当地土著语、被动移民语言、主动移民语言等产生接触、碰撞，在语音、词汇、语法等方面发生变化，产生各种各样的变体，从而与宗主国最早传播带入的西班牙语和葡萄牙语产生差异。

另外，经历了血与火的激烈斗争，拉美地区的西语和葡语国家已经摆脱了殖民统治，成为独立的民族国家。民族国家的新身份也给这些国家的人民带来了自我构建、自我认同的新的民族身份，而作为身份构建和认同的语言也必定有新的内涵。我们可以举个简单的例子来加以说明，墨西哥的西班牙语在语音语调、词汇和语法方面就与西班牙的西班牙语有所差异。墨西哥的国家名称按照西班牙的拼写规则写为“Méjico”，而这个名称在墨西哥则写为“México”。后者拼写时使用字母“x”来代表［h］的发音，这源于墨西哥的土著语传统，因此被墨西哥人民视为民族的象征，而且涉及国家的名称，墨西哥人坚持使用自己的拼写方法，这也是他们对于自己墨西哥民族的一种认同与表达。在西班牙塞维利亚举办的世博会上，墨西哥馆前放的标志性雕塑就是字母 X，由此可见，墨西哥人民对于自己语言变体的坚持。

基于全球语言竞争的大背景和拉美人民对于自身民族身份的认同，本体规划层面，西班牙和葡萄牙两国都采取了包容的态度。在正字法方面，西班牙于 2009 年出版了《新编西班牙语语法》，其中纳入了墨西哥国名 x 的书写及其他拉美变体的书写方法。葡萄牙则在 1990 年版的《葡萄牙语正字协议》中就纳入了巴西葡萄牙语的拼写形式、重音和标点符号等方面的使用与规范。语音和语法方面的操作也非常类似，在开展本体规划的时候，西班牙和葡萄牙两国也将拉美西语和巴西葡语的语音和语法规则统筹纳入。词汇方面，两国出版的词典也注意吸收拉美地区特有的词汇，并且加以标注，告诉读者这些单词是在拉美地区使用的。

西班牙和葡萄牙两国对拉美地区开展的种种语言本体规划手段非常的一致，主动吸收拉美西班牙语和葡萄牙语的变体，与其本国的宏观语言传播战略有效对接，对拓展西班牙语和葡萄牙语的包容性起到了积极的作用，也为最终争取拉美广阔地域，在拉美地区巩固这两门语言的优势地位做好语言本体的铺垫。从规划效果来看，西班牙语和葡萄牙语面向拉美地区的语言本体规划是比较成功的，相对这两门语言在拉美地区较为广泛的使用面积和较多的使用人口而言，拉美西语和巴西葡语与欧洲的西班牙语和葡萄牙语的差异是比较小的。通俗说来，西班牙人或者葡萄牙人与拉美当地使用西班牙语或者葡萄牙语的人士交流并不会产生太大的障碍。这一点非常重要，尽管有所差异，但总体上是保持一致的，也就是说，这两门语言的核心词汇与句法得以传承与保留。这种多样中的统一性好似一根无形的纽带，将遥远的拉美地区与身处欧洲大陆的西班牙和葡萄牙紧密相连，在维护语言基本统一的同时，也让人们的交际与沟通始终顺畅而高效。

三　面向拉美地区本体规划的特点

首先，就整体战略而言，面向广阔的拉美地区，西班牙和葡萄牙都采取了包容联合的态度。不管是西班牙政府倡导的“泛西班牙语”语言战略，还是葡萄牙政府面向拉美地区“求同存异”的做法，从本质上讲，都体现了西班牙和葡萄牙希望联合拉美地区的西语和葡语国家的愿望。在这个“联合包容”战略的大框架之下，西班牙和葡萄牙面向拉美地区的本体规划要充分体现开放性和包容性。西班牙和葡萄牙面向拉美地区的语言传播战略是宏观层面的，而战略的实施体现在本体规划、地位规划、声誉规划和教育规划等各个微观层面。微观层面的本体规划必定与宏观层面的传播战略积极对接，而宏观层面的总体战略也给微观层面的执行与操作指明了方向。

其次，就本体规划机构而言，西班牙和葡萄牙都在本国设立语言传播机构的基础上，谋求与拉美地区相关机构的联盟。1713 年，西班牙设立专门机构，即西班牙皇家学院（Real Academia Española），负责规范语言的使用，统一并且维护西班牙语的纯正与优雅。1871 年起，拉丁美洲各国纷纷成立西班牙语学院，致力于西班牙语普及使用的规范化。为了谋求统一，西班牙皇家学院与拉美的西班牙语学院一起构成“西班牙语学院联合会”（Asociación de las Academias de la Lengua Española），致力于词典编纂、语法和正字法的修订，寻求西班牙语多样中的统一。

与西班牙的情况非常类似，葡萄牙卡蒙斯—合作与语言学院的历史可以追溯到二十世纪初，其前身是成立于1929年的国家教育委员会（Junta de Educação Nacional，简称JEN），旨在促进本国科学文化发展，加强对外交流，推动国际范围内的葡萄牙语语言文化教学。在80多年的发展历程中，伴随国家的改革，该机构几度更名，1992年正式以葡萄牙著名诗人、葡语文学的杰出代表人物——路易斯·德·卡蒙斯（Luís de Camões）命名，简称为葡萄牙卡蒙斯学院。2005年，巴西政府建立马查多·德·阿西斯学院，致力于对外传播葡萄牙语及巴西文化。与卡蒙斯学院类似，巴西所建立的这个语言文化机构，名称来源于巴西的著名作家。葡萄牙政府对该机构的成立表示充分肯定，在此基础上，还与巴西签署了联合声明，希望两国的语言文化推广机构能够携手努力，寻求全球范围内葡萄牙语多样中的统一。

最后，就具体的语言本体规划内容而言，两国都经历了“从紧至松”的转变，而这一转变的实质就是要充分实施面向拉美的联合战略，以期用联合包容的姿态稳固西班牙语和葡萄牙语作为国际通用语言的地位，为这两门语言参与全球竞争奠定坚实基础。西班牙皇家学院创建之初的箴言是“纯洁、凝固、铸就辉煌”。然而，近年来，伴随着全球化背景下各国语言竞争的日益激烈，该学院已经越来越少提及“纯洁”了。因为西班牙政府已经意识到，语言传播越广，语言的变体也就自然越多，要想在全球范围内取得语言传播的相对优势，必须对这些变体采取海纳百川的态度，因为只有开放包容的语言才具有强大的生命力和活力。为此，2009年西班牙皇家学院出版的《新编西班牙语语法》纳入了拉美地区西班牙语的语音变体和语法规则，这也是首次以权威“语法书”的形式承认拉美地区的变体用法。2014年，该语言规划机构又推出包含了拉美西班牙语用法的第23版《西班牙皇家学院西班牙语词典》。与西班牙做法非常相似，葡萄牙于1990年推出的《葡萄牙语正字协议》也包括了巴西葡萄牙语的内容。这些语言本体规划措施都切合“与拉美建立联盟”的整体战略，有利于西班牙语和葡萄牙语在拉美地区的地位巩固与进一步的深度传播。

第二节　面向拉美地区的语言地位规划比较

各国语言传入拉美地区之后，除了语言本身会发生变化之外，当地各种语言的地位也伴随着各种语言的传入发生变化。通常说来，当外来的语言刚刚传入拉美地区的时候，这门语言的地位不会很高，使用人数也不会很多。但是，经过一段时期的传播，有些语言，特别是那些由军事等强大动因传播至拉美的语言的地位会迅速上升，甚至成为当地的官方语言。本节中，我们将在地位规划层面比较各国面向拉美地区的语言传播。

一　语言地位规划理论简介

语言地位规划，是指语言规划时对语言文字确定应有的、合适的地位，即它们在社会中的地位，并协调各种语言关系，这种规划通常借助政治、立法、行政力量来进行。例如，1978 年颁布的《西班牙宪法》第三条就把卡斯蒂利亚语定为国家官方语言。与语言本体规划一样，尽管“地位规划”的术语直到人们在第二次世界大战之后系统研究语言规划时才被提出来，但语言地位规划的历史非常悠久。早在公元前218 年，罗马帝国在征服伊比利亚半岛推进罗马化进程的过程中，就开始进行语言地位规划，把拉丁语规定为当时半岛的官方语言。到罗马帝国统治中后期，除了西班牙北部巴斯克语区，半岛各地基本使用这门语言，这也为当地各族人民之间的相互沟通提供了便利。

上节中，我们提到，语言规划研究学者在相关领域研究之初就已经把语言规划分为“本体规划”和“地位规划”，可见地位规划的重要性。根据 Hagugen（1983）提出的语言地位规划框架，语言地位规划是一个决策过程，就是选定哪种或者哪几种语言作为官方语言。在 Hagugen（1983）有关地位规划理论概念构建的基础上，Kaplan & Baldauf（2003）又进行了补充和发展，提出如下语言地位规划框架。

表4－3　　语言地位规划框架 Kaplan & Baldauf（2003）

	政策规划（形式上）	培育规划（功能上）
地位规划（关于社会）	地位标准化 官方化 国家化 非法化（语言的剥夺）	拯救 再生 拯救 恢复 多语社区 语言维护 国际语 地区语 传播

值得注意的是，Kaplan & Baldauf（2003）提出的语言地位框架中提到了语言的“传播”，因为随着语言规划研究的深入，相关学者发现语言的地位规划与语言传播密不可分。上文中伊比利亚半岛罗马化的例子也表明，语言地位规划总是伴随着语言传播进程的深入而展开。各种语言传播到拉美地区之后，不免会形成相互竞争的局面，此时，语言地位规划的作用便会凸显。可以说，在某种程度上，此时强有力的语言地位规划能在很大程度上决定语言在该地区的竞争中是否能够脱颖而出。

二　面向拉美地区的语言地位规划

第二章的分析表明，地位规划是确保殖民语言传入拉美地区后成为官方语言的强大保障，强有力的地位规划在很大程度上促进了殖民语言在当地的传播，也是各种传播至拉美的语言在当地竞争的重要手段。以下，我们以各种传播语言之间竞争激烈的波多黎各和苏里南为例，分析语言地位规划对于语言在拉美地区传播的影响。[①]

波多黎各当前的官方语言是英语和西班牙语。波多黎各原来是西班牙的殖民地，美西战争失败之后，波多黎各成为美国的殖民地。作为新

① 以下内容由本项目阶段性成果王奕瑶（2016）和阮孝煜（2016）中相关内容整理而成。

的宗主国，美国无视一些官员的建议，打算不仅在政治和军事上控制波多黎各，还要竭尽全力用美国的习俗来替代波多黎各的西班牙语文化传统（Argüelles，1989：458）。1902 年，殖民当局颁布法律，宣布英语和西班牙语同为波多黎各的官方语言，规定："在岛上所有的联邦政府部门、法院和公共办公室，英语和西班牙语都应当无差别使用。而且，当有需要时，应当将一种语言笔译或口译成另一种语言，使有关当事人可以理解现场的流程或交流。"1990 年，支持波多黎各维持当前自治邦地位的人民民主党（Partido Popular Democrático）上台执政。为了给支持波多黎各成为美国一个州的新进步党（Partido Nuevo Progresista）施压，以及阻碍其相关运动的进行，人民民主党于 1991 年通过法律废除 1902 年的法令，规定西班牙语为波多黎各的唯一官方语言。但是，1993 年新进步党上台之后，废除了 1991 年的法律，再度规定英语和西班牙语同为官方语言。2015 年，波多黎各参议院通过了"西班牙语为第一官方语言"的草案，这又引起了大范围的争论。由此可见，西班牙语和英语在当地的竞争非常激烈，而地位规划则是这两门语言在当地竞争和进一步传播的主要手段。

苏里南原为印第安苏里南族人的聚居地。1498 年，哥伦布第三次远航美洲发现圭亚那海岸。1499 年，随从意大利航海家亚美利哥·韦斯普奇远航美洲的西班牙人阿隆索·德奥赫达和胡安·德拉科萨等首先踏上苏里南大地。之后，荷兰、英国、法国等为寻找传说中的"黄金国"都到过此地。1593 年，西班牙探险家正式宣布苏里南沿海地区为其属地，但无实际定居行动。1602 年，荷兰人开始在苏里南定居，他们把荷兰语带到了拉丁美洲。1630 年，英国殖民者从奥亚波克河地区来到苏里南河畔，建立起一块殖民地，但在 15 年后被印第安人摧毁。1651 年，巴巴多斯总督弗朗西斯·威洛比勋爵派遣安东尼奥·罗斯率领一批有经验的种植园主，带着奴隶从西印度群岛来到苏里南建立殖民区，并将苏里南宣布为英国殖民地。1665 年，荷兰与英国之间爆发战争。1667 年 7 月，双方签订《布雷达条约》，英国同意将苏里南转让给荷兰，换取荷兰的新阿姆斯特丹。之后，由于欧洲列强之间不断进行战争和多次签订条约，苏里南遂在英、法、荷等之间几经易手。1815 年，根据《维也纳条约》，苏里南最终沦为荷兰殖民地。

整个18—19世纪期间，苏里南是一个典型的种植园殖民地，经济发展主要依赖蔗糖生产和黑人奴隶。黑奴不堪殖民者的压迫，多次进行起义和暴动。1863年，荷兰政府颁布“解放法令”，废除在殖民地实行的奴隶制。黑奴自由后纷纷离开种植园，涌入城镇从事自己喜欢的工作，这就使得种植园出现劳动力全面短缺的状况。为缓解劳动力的不足，荷兰殖民当局从印度和印度尼西亚等地引进契约劳工。契约劳工的到来使得苏里南出现人口增长的高潮，也使得使用印地语和爪哇语的人口大量增长，在一定程度上威胁到荷兰语在当地的地位。苏里南独立后，受到经济贸易动因的影响，英语在苏里南的地位也与日俱增。直到1975年，荷兰语被规定为苏里南的官方语言之后，荷兰语在当地的地位才得以巩固。如今，苏里南有60%的人口以荷兰语作为母语，是世界上第三大荷兰语为官方语言的国家。

波多黎各和苏里南的个案分析表明，当几种语言在拉美地区发生传播竞争时，语言的地位规划往往能够成为决定竞争胜负的主导因素。这种“自上而下”的规划能够确保所规划的语言在当地享有较高的地位，同时，进一步通过与教育规划之间的良性互动促进所规划语言在当地的广泛传播。此外，由于地位规划往往需要借助强大政治力量进行①，只有强势的殖民当局才能够在拉美地区实现地位规划，这也从一个侧面阐释了语言传播过程中军事动因最为强大的缘由，也解释了为什么只有伴随军事动因传播到拉美的语言才能成为当地的官方语言。

三 地位规划与教育规划之间的互动

赵蓉晖（2014：5）指出，语言教育规划是通过教育手段使被教育者获得特定语言能力的行为。受到军事动因传播到拉美地区的语言，在地位规划层面被确定为官方语言后，需要教育规划及时跟进，有效互动，才能保证地位规划所确认的官方语言在拉美当地被接受和广泛传播。

在上文提到的波多黎各案例中，在美国殖民期间，大力发展英语教育成为美国在波多黎各推行“美国化”的主要工具。早在1898年《巴黎和约》签订之后，美国军方政府就规定波多黎各所有公立学校都要使用

① 即语言学家诺依斯图蒲里的“政治法”。

英语作为教学媒介语。1898—1949 年，由美国任命的几任波多黎各教育部官员陆续对教育政策进行修订，其中不少都兼顾了西班牙语和英语。但这些修订实质变动不大，仍旧将英语作为主要的教学媒介语，使其在教育中占有绝对优势地位。美国政府试图通过一代人的努力，让波多黎各人民成为双语民族。可是这种强制推行英语的行为却使波多黎各人民把教室视为和英语抗争的战场，尤其是与“美国化”政策抗争的战场（Nickels，2005：229）。1913 年，由于家长、社区以及一些教育学者和政治领导的反对，众议院通过了一条法案，允许使用西班牙语作为教学媒介语。但是，这条法案最终被执行委员会拒绝，没有生效（Nickels，2005：230；Argüelles，1989：461）。1933 年矛盾冲突达到顶点，众多波多黎各教师因为严格的英语水平考核制度导致工作受到威胁，波多黎各教师协会以公投的方式表明自己长久以来的立场——支持以西班牙语作为教学媒介语。作为回应，美国方面则继续推进将英语作为首要教学媒介语的政策。

1946 年，波多黎各众议院和参议院通过法案，规定西班牙语作为教学媒介语。但是，该法案最终被美国总统杜鲁门否决。美国方面的施压愈发激起波多黎各人民的民族主义情绪，也使得拒绝英语作为教学媒介语的运动逐渐演变成波多黎各人民争取政治自治运动中的一项内容。1949 年，波多黎各第一任民选总督路易斯·穆尼奥斯·马林（Luis Muñoz Marín）任命马里亚诺·比利亚隆加（Mariano Villaronga）为公共教育部部长。比利亚隆加上任后立即规定西班牙语为所有年级的教学媒介语，而英语则作为第二语言进行教授。教育规划层面的积极互动确保了西班牙语在当地地位的巩固，也促进了西班牙语在波多黎各的进一步传播。

苏里南的个案分析也表明，地位规划只有与教育规划良性互动，才能保证所规划的语言在当地取得广泛传播的效果。1975 年，苏里南从荷兰殖民地中独立出来后，荷兰语的主导地位开始动摇。荷兰政府和教育部意识到这个问题后，同苏里南教育部商议，签订协议，苏里南正式加入荷兰语联盟。《荷兰语联盟条约》特别强调在教育领域荷兰语的使用，包括从学前教育到大学教育及成人教育中都要使用荷兰语来授课，以此推动荷兰语在苏里南的广泛习得和传播。此外，荷兰语联盟还要求苏里南各地政府为当地外来移民提供免费或者价格便宜的荷兰语课程，以此保证荷兰语在苏里南外来移民群体中的传播。

由此可见，在各种语言面向拉美地区开展传播的过程中，地位规划和教育规划往往密切相关。地位规划规定了语言传播的总目标，而教育规划则是总目标的具体落实和实施，也是语言传播总目标得以实现的基本保障。受军事动因推动传播到拉美地区的语言，在教育领域进一步落实地位规划规定的总目标，能够确保该语言在拉美当地的强势地位，从而保证这种语言在当地的“成功传播”。此外，教学媒介语往往是语言传播过程中教育规划所关注的重点，教育媒介语之争与各语言传播竞争紧密相关，教学媒介语政策的合理制定和实施能够有效确保教育规划的效果，从而进一步促进语言在当地的习得和传播。

第三节　面向拉美地区的语言教育规划比较

历史上，伴随着军事征服和移民大潮，很多殖民者或者移民者的语言传播至拉美。如今，伴随着全球一体化的进程，语言教育成为推动各种语言传播到拉美地区的主要手段。本书研究的九个国家都设立了专门的语言文化推广机构，并且在拉美地区密集布点，实施语言教育，争取这片广阔的土地。本节中，我们将重点比较各国语言文化推广机构在拉美地区的布点策略和教育规划实施现状，并在此基础上总结规律，探寻面向拉美地区实施语言教育规划的有效方案。

一　语言教育规划理论简介

语言教育规划，又称语言习得规划，是通过教育手段使被教育者获得特定语言能力的行为。在语言规划理论研究之初，语言教育规划是归在“本体规划”之中的。因为，当时对于语言规划的分类基于“语言内”和“语言外”的二分法。语言教育涉及语言本体的内容，因此被归为“语言本体规划”。随着语言规划研究的深入，很多学者认为，语言教育规划有必要独立出来，因为尽管涉及语言本体的内容，但是，教育规划研究的对象与本体规划还是有差异的。Kaplan 和 Baldauf（2003）在对亚太国家语言习得规划的历史发展进行深入考察的基础上，全面吸收了各家理论，提出了目前广泛应用的语言教育框架，如表 4 -4 所示。在本书的研究中，涉及语言教育的内容，就采用这个目前来说综合性最强的框架。

表4-4　　语言教育规划框架 Kaplan & Baldauf（2003）

	政策规划 （形式上）	培育规划 （功能上）
教育规划 （关于学习）	语言确定 教学人员 课程建设 教材教法 资金来源 社区关系 测试评估	语言再习得 语言维护 外语/二语 语言变迁

从表4-4中我们可以看到，与语言本体规划对象局限在语言本身不同，教育规划涉及的面更广，包括语言确定、教学人员、课程建设、教材教法、资金来源、社区关系、测试评估等语言教育实施过程中的方方面面。此外，具体到各国实施语言教育的语言文化推广机构，还涉及一个机构布点的问题。以下，我们围绕上述提出的有关教育规划的几个问题开展国际比较，总结各国面向拉美地区开展教育规划的有益做法和经验。

二　各国语言文化推广机构在拉美的布点

教育规划布点在很大程度上体现了一个国家对外语言传播过程中所实施的重点发展战略。各国语言文化推广机构在地域广袤的拉美地区布点时，不是仅仅关注数量的增长，而是“有的放矢”，在全面考察语言在拉美地区传播过程中所呈现的多维价值之后，理性地进行分析比较，最后确定战略重点。以下，我们选取代表性语言文化推广机构[①]作为研究对象，分析各国在拉美地区的教育规划布点。根据第三章和附录一中各国

① 代表性语言文化推广机构包括西班牙塞万提斯学院、葡萄牙卡蒙斯学院、英国文化委员会、美国海外中心、法国法语联盟、荷兰语语言联盟、德国歌德学院和歌德中心、日本国际交流基金和意大利但丁协会。

语言文化推广机构在拉美地区的布点信息，制作表4－5。

表4－5　　　　各国语言文化推广机构在拉美的布点

教育规划布点	西	葡	英	美	法	荷	德	日	意
墨西哥		√	√	√	√		√	√	√
萨尔瓦多				√	√				√
哥斯达黎加				√	√		√		√
委内瑞拉		√	√	√	√		√		√
巴西	√	√	√	√	√		√	√	√
玻利维亚				√	√		√		√
乌拉圭		√	√	√	√		√		√
海地				√	√				
特立尼达和多巴哥			√		√				
荷属安的列斯									
危地马拉				√	√				√
洪都拉斯				√	√				
厄瓜多尔				√	√		√		√
智利		√	√	√	√		√		√
巴拉圭				√	√		√		√
古巴		√	√		√				√
多米尼加				√	√				
尼加拉瓜				√	√				
哥伦比亚		√	√	√	√		√		√
秘鲁		√	√	√	√		√		
阿根廷		√	√	√	√		√		√
牙买加			√		√				
阿鲁巴									
苏里南					√	√			
百慕大					√				
多米尼克					√				
格林纳达					√				
巴拿马		√			√				
波多黎各					√				

续表

教育规划布点	西	葡	英	美	法	荷	德	日	意
圣基茨和尼维斯					√				
圣卢西亚					√				
圣文森特和格林纳丁斯					√				

从表4－5中可以看出，各国语言文化推广机构在进行教育布点时主要有三大特点：第一，充分利用“亲情牌”，把本国移民较多的国家作为语言文化推广的重点；第二，在综合实力强大的国家组建战略高地；第三，发挥地理方位优势，构建语言文化传播圈。

历史上，德语、日语、意大利语在拉美的传播主要依靠移民动因，因此德国、日本、意大利在当地传播语言文化时注重依靠移民的力量，把本国移民较为密集的拉美国家作为语言文化推广的重点，充分利用当地的良好基础开展语言传播，并将语言传播的良好经验由点及面地拓展开来。德国歌德学院第一批在拉美地区的布点就选择了德裔移民较为集中的玻利维亚、巴西、哥伦比亚、智利以及秘鲁，当地良好的群众基础非常有利于德语语言文化的传播。历史上，有大量日本人移居巴西，日本在推广本国语言和文化时首选巴西作为其拉美布局重点，充分挖掘移民潜力，把巴西打造为日语在拉美地区推广的重要大本营。意大利但丁协会分支委员会在拉美地区的分布超过海外总数的三分之一，其中在阿根廷境内就有125家协会分支委员会，位列全球第一，是意大利在拉美传播语言文化最大的基地。意大利把阿根廷作为语言教育布点高地也正是基于意大利在该国有大量移民，当地人民对于意大利语言文化的认同度比较高。

战略布点的第二条经验就是在综合实力强大的国家组建战略高地。从表4－5中我们可以看到，在我们研究的九个国家中，超过五个国家在当地有语言文化推广机构布点的为：巴西（8个国家）、墨西哥（7个国家）、阿根廷（6个国家）、哥伦比亚（6个国家）、委内瑞拉（6个国家）、智利（6个国家）、乌拉圭（6个国家）、秘鲁（5个国家）。根据

2022 年的统计①，拉美地区 GDP 总值名列前茅的国家基本跟上述罗列重合，如表 4－6 所示。

表 4－6　　2022 年拉美地区 GDP 排名

排名	国家	GDP（单位：十亿美元）
1	巴西	1924. 13
2	墨西哥	1414. 1
3	阿根廷	632. 24
4	哥伦比亚	343. 94
5	智利	300. 73
6	秘鲁	242. 4

由此可见，各国在拉美实施教育规划布点时充分考量了语言在当地传播的经济价值，在这些综合国力相对强大的国家传播语言文化有助于促进与这些国家的经贸往来和交流，彰显语言传播的经济价值。

除了“亲情牌”和“国力牌”之外，在拉美地区传播最为广泛的西班牙语和葡萄牙语在当地进一步传播时注重利用地理位置的优势，构建语言文化传播圈。西班牙在巴西建立战略高地，而葡萄牙则在巴西周围环绕式布点，连成一片，增强语言传播的集聚和规模效应，请参见图 4－1 和图 4－2。

从图中可以看到，巴西的邻国是众多西班牙语国家，巴西本身有着与地区文化大环境融合的意愿，这个意愿与塞万提斯学院的活动目标高度契合，双方充分合作，西班牙把巴西语言纳入语言战略同盟，文化传播圈顺势成型。葡萄牙的做法也颇为类似，该国语言文化推广机构在布点时首选巴西周边国家，如委内瑞拉、乌拉圭、哥伦比亚、阿根廷、智利等，这些国家位于葡语国家巴西四周，与巴西交往密切，本身亦有学习葡语消除沟通障碍的愿望，因此，葡萄牙在这些国家传播语言文化时接受度较高，同时能够在地域方位上连成一片，形成语言文化传播共同

① http：//es. statista. com/estadisticas/1065726/pib-por-paises-america-latina-y-caribe/，参考日期：2023 年 8 月。

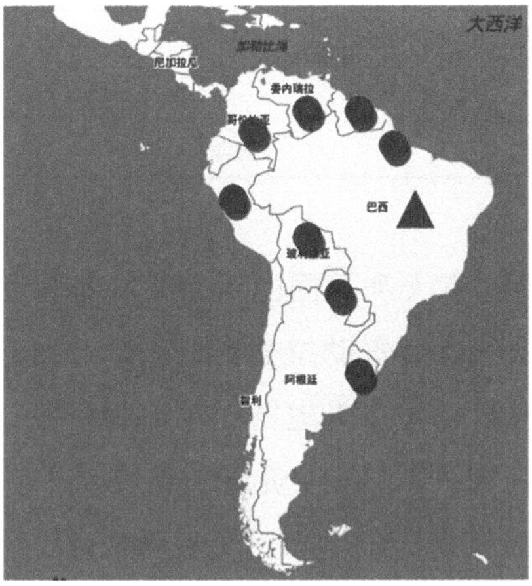

图4－1　西班牙在拉美的战略布点
红色圆点：西班牙语母语国家
红色三角形：塞万提斯学院布点国家

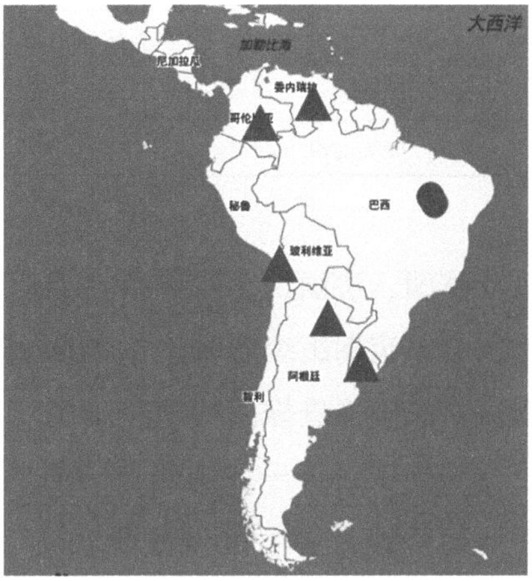

图4－2　葡萄牙在拉美的战略布点
绿色圆点：葡萄牙语母语国家
绿色三角形：卡蒙斯学院布点国家

体，增强语言文化传播的片区影响力。

三　各国面向拉美地区的语言教育规划

我们按照 Kaplan 和 Baldauf（2003）提出的语言教育框架，梳理各国面向拉美地区开展的语言教育规划，包括教学人员、课程建设、教材建设和测试评估几个方面，总结各国面向拉美传播语言文化的特点和经验，从而凸显语言传播的拉美独特性。

从教学人员来看，拉美地区外语师资在语言能力以及教学法方面的不足，构成各国在当地推广语言文化的一大难题。为解决这一难题，各国语言文化推广机构往往通过师资培训和给予教材、教法、经验等方面的支持来提高拉美当地外语教师的语言和教学水平。

表 4－7　　　　拉美地区语言教育规划中的师资建设

拉美地区语言教育规划—师资建设		
师资培训	后台支持	
拉美专项	教学资料支持	教学经验共享

英国、法国、德国、荷兰、西班牙、意大利等国的语言文化推广机构都会不定期组织各种类型的师资培训，也会资助拉美当地教师赴所教语言对象国去进修。德国在师资培训方面还为拉美地区的德语师资设计了专门的项目——“南美德语教师培训课程”，该师资培训项目从 1988 年开始持续至今，近 30 年来，通过该培训课程的学习，来自阿根廷、玻利维亚、巴西、哥伦比亚、秘鲁和委内瑞拉的 180 余名德语教师获得了该项目的认定资质，成为拉美地区德语传播的骨干力量。此外，德国还注重与拉美当地教师组织进行合作，共同促进拉美地区德语师资水平的提高。例如，巴西和墨西哥的歌德学院多年来分别与其国内的巴西德语教师联合会和墨西哥德语教师联合会密切合作，联合培养德语师资，提高德语语言文化传播者本身的素质，为德语语言文化在巴西和墨西哥的传播奠定师资基础。

当然，师资培训是一个长期而系统的工程，短期内为提高拉美地区外语教师授课质量，为他们提供各种资料和经验方面的支持，也能在一定程度上提高当地师资语言文化传播能力和传播水平。例如，法国通过“数字化专业法语教育”平台以数据库的形式免费向拉美地区的法语教师提供专门用途法语相关教学素材。此外，还通过建立“法国文化中心法语教师”平台使得拉美地区的法语教师能够和世界各地的法语教师互相交流教学经验，提高师资水平。英国文化委员会则通过官网为拉美地区英语教师提供丰富的免费在线资源，内容涵盖教学大纲、授课资料、职业发展信息、学术会议信息、资质认证、教学法文献等各个方面。另外，该语言文化传播机构特别关注“拉美地区未来英语传播者”的需求，专门给他们提供相关师资培训的信息，帮助他们成为合格的英语教师。荷兰语语言联盟则通过社交媒体的建设，使得拉美地区的荷兰语教师可以和其他地区的教师开展远程经验交流和教学法探讨。

从课程建设来看，考虑到拉美地区的治安现状和通信技术的迅猛发展，很多国家在面向拉美地区推广语言文化时都非常注重利用网络资源和信息化手段来搭建平台，进行课程建设。葡萄牙、英国、法国、日本和意大利更是为拉美学习者“量身定制”语言课程，打造具有拉美特色的信息化语言学习平台或者项目，相关内容请参见表4－8。

表4－8　　拉美地区语言教育规划中的课程信息化建设

国家	数字化课程、平台或项目	拉美特色或亮点
葡萄牙	卡蒙斯虚拟中心开设各类远程葡语课程	开设“西语群体学葡语”课程
英国	英国文化委员会在线免费英语学习资源巴西项目	在巴西与当地文化相结合，开发足球英语学习课程
法国	“墨西哥法语联盟网络平台”项目、“阿根廷法语自主学习：设备、建议和教育信息化和教育传播技术”项目、巴西圣保罗法语联盟“服务于语言听说能力教学开发的可触摸移动设备使用”项目、“古巴法语多媒体资源库建设”项目	里约热内卢法语联盟率先开设远程法语学习课程
日本	“樱花网络”日语学习平台	巴西有八个教育机构被纳入“樱花网络”，名列拉美国家之首
意大利	意葡西三语切换课程自学网站	利用语言相似性传播意大利语

在搭建语言教育课程平台的过程中，英国和法国均以“项目”为导向，面向拉美不同国家和地区设计并实施不同的课程信息化建设项目。区分国别的不同项目可以充分关注到拉美各国之间的差异和特点，有助于搭建更为个性化的教育信息平台。此外，项目导向也有助于课程信息平台建设的整体推进和后期的总结评估，为今后课程信息化建设的可持续化发展奠定良好基础。英国在课程设置的过程中还特别关注与拉美文化的有效互动，考虑到巴西人民对于足球的热爱，开设足球英语远程学习课程，强化课程的拉美特色，提高课程的受欢迎程度。葡萄牙和意大利则充分利用语言之间的相似性开展课程建设，为拉美地区广大以西班

牙语或葡萄牙语为母语的学习者打造高效的远程教学课程。当然，也有学者指出，尽管利用语言间的相似性开展语言教学能在一定程度上提高教学效率，但也容易形成最终习得不充分的情况，即我们平时所说的“入门容易，学好难”。这是因为当语言学习者看到与自己母语相似的目的语，会自认为已经理解或者习得，但其实并未完全掌握。日本则将“巴西战略”充分融入课程网站平台建设中，利用日语在巴西的良好群众基础进一步在其“拉美大本营”密集设点，搭建“樱花网络”日语学习平台的高地。

从教材建设来看，各国面向拉美地区的外语教材主要有两大特点，第一个特点是与声誉规划层面的战略高度对接。例如，日本在拉美地区语言文化推广过程中，在声誉规划层面将日语打造为“可爱动漫形象的语言”。与之对应，在当地日语教材编制的过程中有意识地融入各种动漫形象，图文并茂、生动有趣。第二个特点是注重拉美特色的外语教材建设。我们以西班牙为例，该国语言文化推广机构在教学大纲编制时就注意吸收拉美各国的不同变体，大纲指导下的拉美版西语教材编制也同样在语言本体、文化版块和场景设计等各个方面充分体现拉美特点。塞万提斯学院以广泛使用的教材“Aula”为母本，将拉美特色融入其中，编制出拉美版“Aula”教程。图 4 - 3 中的两张截图分别是“Aula” A2 原版和“Aula” A2 拉美版教材第一课最后一页文化版块的内容。

通过比较，我们可以发现，拉美版教材和原版在框架设计和练习设计方面是高度一致的，但是在教材编制团队、文化场景设置和语言本体方面，拉美版的教材就别具拉美风情了。首先，在教材前言中提到，拉美版教材编制过程中增加了大量拉美的西语教师和教材教法科研人员。其次，从图 4 - 3 中不难发现，同一框架内容的教学，原版中使用的场景和图片都颇具西班牙特色，如西班牙著名建筑师高迪的建筑作品、西班牙海鲜饭、西班牙影星、西班牙发行量最大的报纸等。而拉美版中所有的图片和场景都切换到了墨西哥，如印第安人手工艺品和传统服饰、Mariachi 乐队、墨西哥宽沿大草帽等。另外，短短的文字内容也体现出拉美西语的本体特色。例如，原版教材提问时使用“你们知道……吗?”(Sabéis que…?）这样的提问方式，而拉美版中同样的问题则使用“诸位知道……吗?”(Saben que…?）的提问方式，因为在拉美西语中通常不使

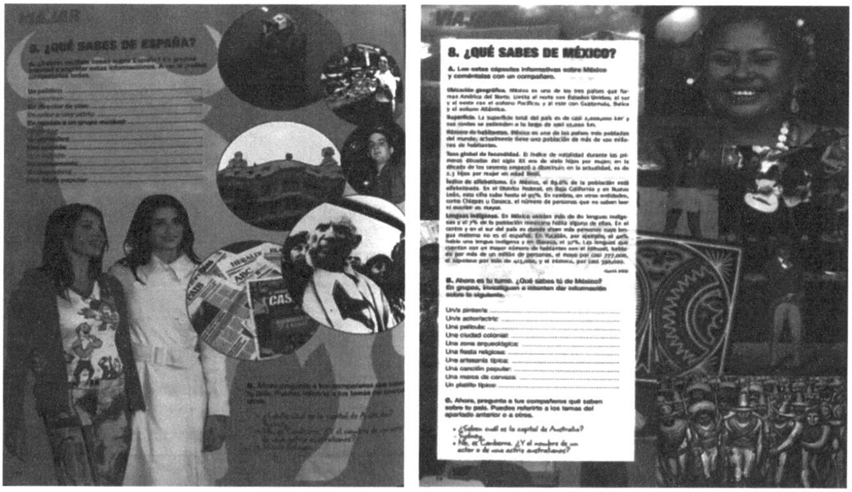

图 4－3 西班牙原版西语教材和拉美版西语教材比较

用第二人称复数变位“你们”，在这些情况下使用第三人称复数变位形式“诸位”。两种教材比较图表见表 4－9。

表 4－9 西班牙原版西语教材和拉美版西语教材比较

		原版西班牙语教材	拉美版西班牙语教材
同	内容框架	语法点、阅读篇章、练习、文化拓展等	语法点、阅读篇章、练习、文化拓展等
异	编制团队	西班牙教师和科研人员	西班牙和拉美教师和科研人员
	场景和文化	西班牙特色	拉美特色
	语言本体	西班牙的西班牙语	拉美的西班牙语

从上面比较图表中我们可以看到，拉美版的西班牙语教材在内容框架上还是和原版保持一致的，这就确保了西班牙在教材编制时的主导作用。而教材的编制团队，教材中场景、文化、语言等方面的差异则凸显拉美特色，有助于提高该教材在拉美当地的接受度，进而促进西班牙语在拉美地区的进一步传播。

从测试评估来看，西班牙在拉美本土化方面也领先一步，在原来西班牙语国际水平认证考试 DELE 的基础上研发了更具拉美特色的西班牙语国际评估测试 SIELE，巴西作为西班牙语言文化推广的重镇，被列为 SIELE 最先推广的地区之一。基于塞万提斯学院官网信息[1]，我们通过两个考试的比较来总结新的西班牙语国际评估测试的拉美特色。

表 4－10　　DELE 考试和 SIELE 考试比较

	DELE	SIELE
考试组织方	西班牙教育文体部和塞万提斯学院	西班牙塞万提斯学院、墨西哥国立自治大学、西班牙萨拉曼卡大学和阿根廷布宜诺斯艾利斯大学
起源	西班牙	西班牙和墨西哥
关注西班牙语变体	是的，特别是 B1 级别之后	是的，所有级别测试

从表 4－10 中我们可以看到，DELE 的考试组织方全部是西班牙的机构，而 SIELE 的组织方除了西班牙语言文化推广机构和大学之外，还有墨西哥和阿根廷的知名高校。DELE 考试起源于西班牙，而 SIELE 则起源于西班牙和墨西哥。此外，与 DELE 考试相比，SIELE 更多关注西班牙语的变体，尤其是拉美西班牙语的变体。可以期待的是，彰显拉美特色的 SIELE 考试将更加受到拉美地区西班牙语学习者的欢迎和认可。

综上所述，在教育规划层面，各国面向拉美地区的主要策略是信息化建设和拉美本土化建设。信息化建设有助于弱化拉美地区治安不稳的劣势，作为实体语言学校的有效辅助，促进语言文化的传播。拉美本体化建设涵盖教学人员、课程建设、教材建设、测试评估等教育规划的各个方面，旨在为拉美地区“量体裁衣”，优化传播方案，因地制宜，以适合拉美地区的方式来传播语言文化，达到润物无声的效果。

① http：//pekin. cervantes. es/imagenes/File/dele2016/diferencias_dele_siele. pdf，参考日期：2017 年 6 月 30 日。

第四节　面向拉美地区的语言声誉规划比较

一　语言声誉规划理论简介①

语言规划作为社会语言学或应用语言学的一个分支，其理论研究始于20世纪60年代末70年代初。国际上的语言规划研究传统上一直以Haugen（1966，1983，转引自赵守辉，2008）和Cooper（1989，转引自赵守辉，2008）提出的理论框架为基础。Haugen对Heinz Kloss提出的语言本体规划（language corpus planning）和语言地位规划（language status planning）加以发展，提出了著名的语言规划2＊2矩阵框架，而Cooper则提出了语言规划“八问方案”。两者主要关心的是语言规划中自上而下的政府行为，而随着语言规划研究的不断推进和深入，语言规划的研究者们也开始意识到语言政策和语言规划中的双向性问题，即既考虑到语言政策的制定者和语言规划的实施方，又关心被规划语言的接受度，即语言声誉、语言形象等问题。关于语言声誉规划理论的发展，赵守辉教授（2008）作过全面的论述，以下进行概括。

语言规划者们逐步意识到，要使语言规划取得较为满意的效果，必须在声誉层面将所规划的语言打造为“值得羡慕和推崇，并堪为典范的”（Fishman，1983，转引自赵守辉2008）。Cooper（1989，转引自赵守辉，2008）则将语言产品与商业运作相类比，他认为，规划语言的过程与市场调查开发、设计广告宣传和后期服务有很多相似性，正确的时间、地点和对象是语言规划成败的关键所在。到了1990年，德国学者Haarmann正式提出了声誉规划（prestige planning）。与以往语言政策只重视自上而下的单向性行为不同，Haarmann强调了语言政策实施的双向性。他认为，语言规划不仅要考虑到政策的制定者，还要重视政策的接收方。他指出（Haarmann，1990，转引自赵守辉2008），“在语言规划过程中，个人的控制能力，显然是接受或排斥规划措施的最基本力量”。Haarmann同时还强调了语言规划产品实施者的多样性和推广者或部门以及推广过程的声誉。他提出，规划者主要有四个层次：官方的（政府行为），机构的（授

① 本小节声誉规划理论简介基于赵守辉（2008），由项目组成员马小彦撰写。

权组织，即国家语言规划部门行为），团体的（群体行为）和个人的（个体行为）。上述四个层次的规划作用效果是递减的，但是，这四个层次的规划者对于规划的不同目标和不同对象而言施加的影响却各有所长。例如，前两个层次对地位规划和教育规划施加的影响最大，但对本体规划和声誉规划则是后两个层次更容易发挥实效。Haarmann 主张，声誉规划是独立于地位规划和本体规划之外的另一个规划类别，而地位规划和本体规划的失败，常常是由于对声誉规划的忽视。为了提高语言规划产品的声誉，他主张使语言规划产品能在诸如政府机构、专业部门等高声誉领域运用，使其“雅化”，使潜在的个体使用者对所规划的语言结构和功能有正面积极的评价。

此后，Kaplan 和 Baldauf 将 Haarmann 主张的声誉规划纳入他们的综合性语言规划框架中，但声誉规划反响不大。直至 21 世纪英国社会语言学家 Ager 对语言声誉规划的大力倡导，才使得国际语言规划学者开始对声誉规划研究起了关注。Ager 在语言声誉规划的理论基础上引入了形象规划的概念，将语言规划中的软因素提到了前所未有的高度。Ager 在其两篇专门论述声誉与形象规划的论文中以法国、加拿大等国的具体实践为例，区分了地位、声誉、形象和认同这四种规划。地位和认同是语言规划具体真实的方面，而声誉和形象是“非真实的社会心理学方面”。声誉和形象的规划更为艰苦复杂，形象和声誉以地位和认同为基础，但认同和地位的改变，不一定带来形象和声誉的变化。

赵守辉（2008）等学者在上述声誉和形象规划理论的基础上，进一步分析了声誉和形象的异同，但 Baldauf 等学者将这两者视为同一样东西。Baldauf 利用声誉与形象规划理论总结了澳大利亚 25 年多语言规划的经验，指出声誉和形象规划是语言教学成败的关键。Hult（2005，转引自赵守辉 2008）则对瑞典语言规划的最新举措进行了考察，介绍了声誉和形象规划在对待英语与瑞典语关系中的作用。学术期刊方面，国际专业语言规划期刊《当前的语言规划问题》（*Current Issues in Language Planning*）于 2005 年开辟以“声誉与形象规划”为主题的专刊。在我们的研究中，我们对声誉和形象不加以区分，主要考察各国在拉美地区传播各自语言时对其进行的“品牌包装”，以提高语言的声誉，从而进一步推动语言的传播。

二　各国面向拉美地区的语言声誉规划

在拉美地区传播最为广泛的是西班牙语和葡萄牙语。上文分析表明，推动这两门语言在拉美传播的主要是军事动因。尽管军事动因强大，受其推动的语言往往能成为当地的母语，但受军事推动的语言往往形象并不正面，因此有必要在声誉层面合理规划，以便这些语言在拉美当地的进一步传播。在声誉规划层面，西班牙和葡萄牙主打“联合牌”，刻意弱化殖民历史，将西班牙语和葡萄牙语包装为“我们西语人或葡语人共有的语言”，以提升西班牙语和葡萄牙语在拉美的认同和形象，从而提高这两门语言在当地的声誉。美国在拉美推广语言时，在声誉层面也对接“门罗主义”，主张美洲是美洲人的美洲，美洲人的语言是我们共有的语言，以此提升英语的形象和声誉，与欧洲语言势力抗衡。荷兰则把苏里南纳入荷兰语语言联盟，推广荷兰语语言联盟共有的语言，提高荷兰语在拉美当地的身份认同。意大利语在拉美传播的过程中也主张联合战略，利用同源语种间的相似性，建立起与西班牙语和葡萄牙语的特殊关系，从而联合西葡两国，有效推动意大利语在当地的传播。

从外语学习角度来看，在20世纪的拉丁美洲，最受当地人欢迎的主要有法语、英语、德语和日语等。随着全球化进程的推进，英语逐渐在外语教学中展现出强势地位。近年来，随着中拉政治互信增强、经贸往来增多，中国在拉丁美洲影响力增强，汉语的吸引力也日渐增长。上述几门语言在拉美地区的传播过程中均注重突出各自优势，在声誉规划层面发挥与拉美的相对优势。在拉美，法语享有较好的声誉，被视为优雅、高贵的语言，这与法国在语言推广和传播的过程中注重其语言文化层面的声誉规划密切相关。德语在拉美则被打造为“高科技的语言”，充分将本国优势与拉美地区的丰富资源结合互动，提升德语形象，为其成功传播奠定基础。日语在很多拉美人心中是可爱动漫形象的语言，该地区不少日语学习者的学习动机是对日本动漫的喜爱。事实上，日本的动漫产业已发展成日本的第三大支柱产业，在拉美地区也有很大的影响力。2016年，夏季奥运会在巴西里约热内卢正式落下帷幕。按照惯例，下一届奥运会主办城市东京在闭幕式上做了主题展示。在“东京8分钟”的表演时间里，不仅时任日本首相的安倍晋三化身为超级马里奥登场，现场还出现了多个经典日本动漫形象。这场表演进一步推动了日本动漫文化在拉美的推广，同时也在当地给日语做了积极的语言声誉规划，有效吸引拉美民众，尤其是吸引拉美青年学习日语和日本文化。英语和汉语在传播过程中主要体现其“经济声誉”，拉美当地人普遍认为，掌握英语和汉语能够获得更多的商贸和就业的机会，从而提高经济收入和社会地位。综上，我们把上述各种语言在拉美地区的声誉形象归纳见表4-11。

表4-11　　拉美地区语言声誉规划比较

	拉美地区语言声誉规划	
语言	联合战略	比较优势战略
西班牙语	西语世界共有的语言	
葡萄牙语	葡语世界共有的语言	
荷兰语	荷兰语联盟共有的语言	
意大利语	与西语和葡语相似的语言	
英语	美洲人共有的语言	具有经济和就业优势的语言
法语		优雅、高贵文化的语言
德语		具有高科技含量的语言
日语		可爱动漫形象的语言

从表4-11中我们可以看到，各种语言面向拉美地区的声誉规划主要有两点特点。第一，应用联合战略，对接泛语言政策和门罗主义，以合作共赢的姿态推广西班牙语、葡萄牙语和英语，提高这些语言在拉美民众中的接受程度，优化声誉和形象。荷兰把苏里南纳入荷兰语语言联盟，强化荷兰语在拉美地区的身份认同。意大利语则试图通过与在拉美地区广泛传播的西班牙语和葡萄牙语联盟来优化其声誉规划，利用语言间的相似性来提高传播效率。第二，突出与拉美地区的比较优势。法国、德国、日本在拉美地区传播语言时，立足各自国家与拉美的比较优势，将法语、德语和英语分别打造成具有高雅文化气质、高科技含量、巨大经济实力和可爱动漫形象的语言，在语言文化推广活动中也着力突出文化、科技和经济方面的优势与动漫特色，无形中赋予这些语言较高的附加值，提升这些语言的形象和声誉。此外，因为是基于和拉美的比较优势，这

些声誉层面的语言附加值是拉美当地所缺乏的，因此对拉美民众更具吸引力，能够让他们主动习得这些语言，正如 Haarmann（1990）所述，声誉规划能使潜在的个体使用者对所规划的语言有正面积极的评价，从而推动这些语言在拉美地区的习得和传播。

三 声誉规划与各维度规划之间的互动

Haarmann（1990）提出，语言地位规划和本体规划的失败，常常是由于对声誉规划的忽视。而 Baldauf（2004）则指出，声誉和形象规划是语言教学成败的关键。由此可见，声誉规划不是独立存在的，它与地位规划、本体规划和教育规划休戚相关，相互促进。我们以西班牙语为例，在声誉规划层面它被打造为“我们西语人共有的语言”，因此在本体规划层面，西班牙皇家学院对拉美变体的包容度也日趋增加。西班牙语的教育规划也与声誉规划充分对接，有效互动，不但专门设计了符合拉美人学习习惯的西班牙语教材，还在巴西率先推出了拉美版西班牙语水平测试。本体规划和教育规划的积极互动会进一步促进西班牙语的声誉规划，让“我们共同拥有的”这种声誉进一步扎根在拉美大地，也使得拉美民众产生积极习得西班牙语的意愿，推动这门语言在拉美地区的进一步传播。葡萄牙的情况也非常类似，在向拉美传播葡萄牙语时，同样采用联合巴西的协同战略，在声誉层面将葡萄牙语视作所有使用者的共同财富，以合作包容的姿态开展葡萄牙语语言文化的传播。与此同时，本体规划与声誉规划互动对应，在传播过程中弱化葡萄牙的葡萄牙语和巴西葡萄牙语之间的差异。1990 年出版的《葡萄牙语正字协议》进一步对各种葡语变体的拼写、重音和标点使用作了规定，目的是缩小各种变体之间的差异，推动葡萄牙语的统一化发展。在教育规划层面，葡萄牙也与巴西积极合作，签署联合声明，在全球范围内共同推广葡萄牙语。

德语在拉美的声誉规划主要突出其科学技术的优势。德国在拉美建有大量高科技企业，为拉美地区提供了很多的就业岗位，很多拉美人觉得掌握德语就能有机会去拉美的德国企业工作。在教育规划层面，德国语言文化推广机构除了进行德语培训之外，非常注重对于科学研究的支持。比如，洪堡基金会积极为拉美科学家在德国的科研活动提供资助，拉美国家学者近年来获得洪堡基金的人数名列前茅。我们以洪堡科学家科研奖金和科学家研究奖学金为例，仅2014年巴西就有28人获奖，在所有国家中排名第9位。这些资助不但有效推动了拉美学者和德国学者之间的交流，也促进了德语和德国文化的传播。这些拉美学者回国以后将进一步在科学领域宣传推广德语和德国文化，从而进一步提升德语的科技声誉。而德语在科技方面的良好声誉又会吸引更多拉美人学习德语，从而形成良性循环。意大利在声誉规划层面积极联合西班牙和葡萄牙，突出意大利语和西葡语间的相似性。该国在当地的教育规划也与其声誉规划充分呼应，创建了一个可以在西、葡、意三种语言间相互切换的文化门户网站，通过该网站可以互相搜索电子资源，并附有远程教育和自学教程的网络链接。

法语在拉美地区也享有良好的声誉，拉美人将其视为优雅文化的代表。法国在教育规划层面也与声誉规划互动，大打文化牌，通过组织一系列法国文化活动来吸引拉美的学习者，包括文化讲座、音乐会、展览、电影活动、文学交流等。这些活动让拉美法语学习者近距离感受到优雅的法国文化，也激发了他们语言学习的兴趣，因为他们觉得掌握法语能够让他们获得更多接触优雅文化的机会。法语教育规划和声誉规划在文化层面良性互动，一方面提升了法语在拉美当地的声誉，另一方面也丰富了法语传播的内涵，优化了法语传播的模式和效果。

美国在面向拉美的声誉规划层面对接罗门主义，采用联合战略，削弱欧洲语言在拉美地区的影响力，在地位规划层面也有效对接此战略，相互促进，有效联动。例如，美西战争之后，美国在波多黎各颁布法律，宣布英语和西班牙语同为波多黎各的官方语言，规定“在岛上所有的联邦政府部门、法院和公共办公室，英语和西班牙语都应当无差别使用”，大力推进英语在拉美当地的传播。由此可见，美国在地位规划层面也是竭力“去西班牙语化”，与声誉规划联动，立法将“美洲人自己的语言”定为官方语言，从而提高语言的声誉。

综上所述，语言声誉规划的目标是要让这门语言在传播所在地为人们所羡慕和推崇，因此，有必要强化语言在身份认同、科技、文化、经济等方面的附加内涵。各国面向拉美地区采取不同的声誉规划，通过比较，我们发现，西班牙、葡萄牙和美国等有殖民历史的国家往往采取联合战略，在声誉规划层面充分利用身份认同的附加值，以“我们共同的语言”来对传播语言进行声誉规划，同时弱化殖民历史，从而提高语言在拉美当地进一步传播的认同度和接受度。另外，很多国家通过与拉美地区的相对优势比较，采用“比较优势战略”，以拉美民众相对缺乏或相对弱势的语言附加值来吸引语言学习者，让他们产生掌握语言就能进一步接触语言附加值的想法，从而有效推动拉美的教育规划和语言在拉美的广泛传播。此外，各种语言在拉美的声誉规划并非独立存在，而是与拉美地区各语言的地位规划、本体规划、教育规划相互联动，互相促进。各个国家在拉美地区传播各自语言时，往往基于一个大的战略框架，在此框架中进行各个层面的语言规划。各个层面的语言规划目标统一、积极互动，这有利于促进各种语言在拉美地区的有效推广、良性竞争和广泛传播。

第五章

面向拉美地区的汉语传播

在本章中，我们首先从语言规划角度分析汉语在拉美地区的传播现状。之后，将以秘鲁天主教大学孔子学院为例，从语言本体角度切入，开展语言差异对于汉语在拉美地区传播影响的调研，进而总结拉美地区学生汉语学习的主要难点与问题。在厘清传播现状的基础上，我们在第三节中借鉴各国面向拉美地区开展语言传播的经验，探讨面向拉美地区的汉语传播战略。

第一节　语言规划视角下汉语在拉美地区的传播现状①

当前，中国面向拉美地区传播汉语主要依托孔子学院。孔子学院是中外合作建立的非营利性教育机构，致力于传播汉语和中国文化，以满足世界各国、各地区人民对汉语学习的需求，增进世界各国人民对于中国语言文化的了解，加强中国与世界各国教育文化交流合作，发展中国与外国的友好关系，促进世界多元文化发展，构建和谐世界。截至 2018 年底，在拉美地区已开设 39 家孔子学院和 19 个孔子课堂。这些拉美地区的孔子学院传播汉语的现状如何？汉语在拉美地区进行传播又遇到哪些问题？本节中，我们将应用语言教育框架，在对拉美 15 家孔子学院进行调研的基础上，从教学人员、课程建设、教材教法、资金来源、社区关系、测试评估等方面对当前汉语在拉美地区的传播现状进行梳理。

---

① 本节初稿由项目组助研张婧亭撰写。

一 语言规划与孔子学院发展规划

语言规划相关活动历史悠久，然而，作为一门学科，从20世纪60年代起才开始逐步发展，并与社会学、政治学等学科交叉互动。第二次世界大战后，很多新兴国家独立，为解决本国的语言问题，语言规划被提上重要议事日程，相关研究也开始备受关注。西方学者的研究主要侧重语言规划和语言政策的理论方面，如Kloss（1969）把语言规划分为两种类型，选择语言的形式是“本体规划”，选择语言的功能是“地位规划”。Weinstein（1990）在《语言政治和政策发展》一书中分析了意识形态和信仰问题对于语言规划的影响，并提及语言规划中的交际问题及政府角色。Fishman（1974）则在《语言规划进程》中指出，语言规划研究需要更多不同语言的实际案例作为支撑，并且，需要关注社会各个领域的规划活动。

中国学者的研究主要侧重实践，在发展西方研究理论的基础上，结合中国国情和政策开展研究。一方面，关注国内的语言规划政策，如郭熙（2013）在《语言规划的动因与相关——基于近百年中国语言规划实践的认识》中，从中国历史上的语言变革谈到现今的语言政策，并列举了很多语言规划实践过程中成功和不成功的案例。例如，普通话推广是成功的，“老国音”[①] 是失败的。另一方面，也放眼世界，关注各国各地的语言政策与语言规划，为国内语言政策的制定以及汉语“走出去”提供借鉴依据和经验参考。例如，周庆生主编了《国外语言政策与语言规划进程》（2001）和《国家、民族与语言——语言政策国别研究》（2003）。前一本书为论文和译文合集，囊括了大洋洲、欧、美、亚、非几大洲一些主要国家的语言政策和语言规划的论文，还有一些重要文献的译文。后一本书侧重研究国家利益与国语及官方语言问题、国家主体与民族语言的规划与传播、国家双语政策、国家多语政策和国家“统一多样”的语言政策。

---

① “老国音”由1913年中华民国政府创建，以北京音系为基础，增加微母、疑母洪音和细音，区分尖团音，保留入声，后被“新国音”取代，即今天以北京音系为基础的普通话语音系统。

我们的研究对象是面向拉美地区的汉语传播问题，语言规划相关研究中，与汉语传播关系最为密切的就是语言教育规划。以下，我们将应用 Kaplan 和 Baldauf（2003）提出的语言教育规划框架①，对中国面向拉美地区的汉语教育现状进行梳理，主要内容包括教学人员、课程建设、教材教法、资金来源、社区关系和测试评估。

就语言传播问题而言，与教育规划积极互动的是语言传播机构本身的发展规划。因此，在研究拉美孔子学院对外汉语教育规划时，我们也要充分结合孔子学院发展规划开展分析。2013 年 2 月 28 日，《光明日报》全文刊发了《孔子学院发展规划（2012—2020 年）》。规划主要包括五个部分：一是规划背景；二是总体要求；三是主要任务；四是重点项目；五是保障措施。在“规划背景”中，主要强调了随着我国经济社会发展和国际地位的提高，汉语在国际关系中的作用日益重要。孔子学院主动适应社会形势的需求，扩大办学规模，提高办学质量，促进中外文化交流，增进我国与世界各国人民的友谊。中国与拉美发展中国家的关系起步相对较晚。除古巴获得独立后建立了社会主义国家，并于 1960 年与中国建立了外交关系外，其他国家大多于 1972 年尼克松访华，中美关系缓和后，逐渐与中国建立外交关系，如智利（1971），秘鲁、墨西哥、阿根廷（1972 年）；圭亚那、牙买加（1973 年），特立尼达和多巴哥、委内瑞拉、巴西（1975 年），苏里南、巴巴多斯（1977）等国家先后与中国建立外交关系。至改革开放前，在 34 个拉丁美洲国家中，与中国建交的国家达到 12 个。在中拉关系的发展过程中，孔子学院作为语言文化传播的重要机构，起到了积极的促进作用。

“总体要求”分为指导思想、基本原则和发展目标。指导思想强调以汉语教学为主体，以提高质量为核心，力求开办一所就办好一所，充分发挥孔子学院综合文化交流平台作用，为推动中国语言文化走向世界，促进中外友好关系发展做出应有贡献。基本原则是“四个坚持”：坚持科学定位、突出特色；坚持政府支持、民间运作；坚持中外合作、内生发展；坚持服务当地、互利共赢。发展目标是到 2020 年，基本完成孔子学院全球布局，做到统一质量标准、统一考试认证、统一选派和培训教师。

① 语言教育规划框架可参见表 4 – 4。

基本建成一支质量合格、适应需要的中外专兼职教师队伍。基本实现国际汉语教材多语种、广覆盖。基本建成功能较全、覆盖广泛的中国语言文化全球传播体系。国内国际、政府民间共同推动的体制机制进一步完善，汉语成为外国人广泛学习和使用的语言之一。

“主要任务”是突出发展重点，提高办学质量和水平；建立健全教学和管理人力资源体系；建立健全国际汉语教材和教学资源体系；建立健全汉语考试服务体系；积极开展中外文化交流活动。此外，在孔子学院发展规划中还提到一些“重点项目”的建设，如建设教师培养培训基地、建立志愿者人才库、实施国际汉语教材工程、加强网络孔子学院建设、开展“孔子新汉学计划”、建设示范孔子学院、实施孔子学院品牌工程，并为此出台了一系列的“保障措施”，例如，加大经费保障力度、加强统筹协作、充分发挥各方作用。

二　拉美地区孔子学院语言教育规划现状

（1）教学人员

总体上看，拉美地区汉语教学基础薄弱，汉语教师相对缺乏。时任孔子学院拉丁美洲中心副主任孙新堂在第十届孔子学院大会中谈道：“根据调研，目前在拉丁美洲地区孔子学院的汉语教学师资，主体是国家汉办派遣的教师和志愿者，本土教师为辅。所以，迫切需要总部派出的这些优秀教师在各孔子学院之间进行交流，使得孔子学院之间能够共享师资资源，相互平衡发展。优秀的师资又涉及语言问题，很多派遣师资不懂西班牙语和葡萄牙语。”[①]

以下我们具体分析墨西哥、哥伦比亚、智利、阿根廷四个拉美国家的孔子学院师资状况。根据 2010 年的统计，墨西哥已有 50 所院校和单位开设了汉语课程，5000 多名学子在学习汉语[②]，是拉美地区拥有最多孔子学院的国家。2010 年 4 月 17 日，在墨西哥成立了“墨西哥汉语教师协会”，自此，墨西哥汉语教师有了统一的组织，交流频繁，促进了墨西哥

---

① http://conference.hanban.org/?q=node/651.

② 东北新闻网：《“汉语热”席卷全球 学汉语渐成潮流》，http://edu.nen.com.cn/jiaoyu/367/3579367_10.shtml，2010-08-25。

汉语教学水平的提高（张晓涛，2008）。

哥伦比亚还没有开设中文专业的大学，但已拥有孔子学院和孔子课堂。2002 年，中国向哥伦比亚派遣了首位汉语教师，截至 2008 年初，国家汉办向哥伦比亚派遣汉语教师、志愿者十余名。上海外国语大学硕士学位论文《波哥大地区中小学汉语教学现状调查研究》（金灵，2015）中提到："2011 年，在哥伦比亚从事汉语教学的中国汉语教师和志愿者有 50 多人，其中有国家汉办派遣的专业汉语教师、志愿者，也有国家留学基金委派到哥伦比亚的交流生，而且不乏一些优秀的当地本土教师。汉语教学规模得到了很大的扩展，在波哥大、卡利、麦德林、卡塔赫纳等很多城市都有学校或者培训机构开设汉语课程，汉语学习者众多。"

截至 2018 年，智利全国已有 20 多所大学开设了汉语课程，教授汉语的市政中学也有 20 余所。另外，智利教育部于 2009 年 5 月将汉语列为国家中等教育外语选修课程，智利也成为拉美地区第一个将汉语引入国家教育体系的国家。在智利，汉语教师数量相对不足，部分志愿者不会西班牙语，但是，智利的孔子学院致力于推行"本土化"道路，培养本地教师，这在一定程度上弥补了汉语师资的短板。

根据 2005 年的统计，阿根廷共有十多所大学或机构开展中文教学，学习汉语的在校学生约 2000 人。目前，阿根廷的汉语教学主要依靠两种方式开展，一为孔子学院，二为汉语教学机构。阿根廷的汉语师资较为缺乏，时任拉普拉塔大学孔子学院中方院长的龙敏利在接受我们项目组的采访时表示："拉普拉塔大学孔院目前有本土教师一名，本土课堂助教两名，中方教师一名，志愿者四名，中方院长一名。可以看出，教师的数量还远远不足。因此，孔院的首要任务除了组织汉语课程之外，还有培养师资。"时任国家汉办主任、孔子学院总部总干事许琳女士也曾提出应该加强拉美地区汉语师资的想法，她在考察布宜诺斯艾利斯大学孔子学院并出席拉普拉塔大学孔院授牌仪式时表示除"孔子学院除了对本校的学生开课以外，可能还应该面向社区开放，为成人（教育），特别是为中小学汉语教学培养师资力量。"

（2）课程建设、教材教法及测试评估

拉丁美洲孔子学院的学员定位是多样化的，不分年龄，因此，面对不同人群的语言文化课程也是多样化的。例如，根据年龄设置分为儿童班和成年班，根据时长分为标准课程和集训课程，根据种类分为标准汉语课、汉语写作课、汉语商务谈判、汉语会话等。就使用的教材而言，拉美各个国家或地区的孔子学院略有不同，总体上看，使用的教材有《新实用汉语课本》（El Nuevo Libro de Chino Práctico）和《当代中文》(Chino Contemporáneo)。文化类书籍有《中国历史常识》（La Historia China)、《中国文化常识》（La Cultura China)、《中国地理常识》（La Geografía China)。参考类书籍有《汉语 800 字》（Diccionario Esencial de Chino)、《国际汉语教学通用课程大纲》（Programa General de Enseñanza del Idioma Chino para Extranjeros）等。除此以外，孔子学院还举办了丰富多彩的文化活动和竞赛。例如，在布宜诺斯艾利斯大学孔子学院，除了语言课程还开设气功教学、武术、国画、书法等文化课。秘鲁天主教大学孔子学院每年都会举办"孔子学院日"系列学术活动。墨西哥国立自治大学孔子学院举办中医系列讲座以及"汉语桥"等跨国籍、世界性的汉语比赛。

一系列文化课程和竞赛有利于提高汉语学习者的积极性，也有助于不懂汉语的人更有兴趣了解中国文化，了解这门语言。此外，孔子学院的功能不仅仅是语言培训机构，还是一个国家、一个民族的品牌，它在拉美和世界各国都履行着传播中国文化的重任。中国政府和孔子学院还设立一些奖学金资助竞赛的获奖者赴中国游学，或者参加各种文化活动。通过这些活动，这些前往中国游学的拉美学子会深度接触中国文化，近距离感知中国文化的魅力，回国后会向周围人讲述，并积极推动中国和拉美地区的人文交流。

提到测试评估，我们对 HSK（汉语水平考试）都不会陌生，它是一项国际汉语能力标准化考试，重点考查汉语非母语的考生在日常生活、学习和工作中运用汉语进行交际的能力。包括 HSK 一级、HSK 二级、HSK 三级、HSK 四级、HSK 五级和 HSK 六级，词汇量从 150 到 5000 +，考试形式分为纸笔考试和网络考试。除此以外，我们还想介绍其他四种考试：HSKK、YCT、BCT 和 HSKE。HSKK（汉语水平口语考试）主要考查考生的汉语口语表达能力，包括 HSKK（初级）、HSKK（中级）和 HSKK（高级），考试采用录音形式。YCT 是一项国际汉语能力标准化考试，考查汉语非母语的中小学生在日常生活和学习中运用汉语的能力。YCT

分笔试和口试两部分，笔试和口试是相互独立的。笔试包括 YCT 一级、YCT 二级、YCT 三级和 YCT 四级；口试包括初级口试和中级口试，口试采用录音形式。商务汉语考试（BCT）作为一个考试系列，由 BCT（A）、BCT（B）和 BCT（口语）三个独立的考试组成。BCT（A）面向商务汉语初学者，考查考生运用汉语完成日常交际和基本商务交际任务的能力。BCT（B）面向商务汉语中高水平学习者，考查考生运用汉语完成较为复杂的商务交际任务的能力。BCT（口语）面向全体商务汉语学习者，通过网考形式，采用个性化、针对性的试题考查考生运用汉语口语完成各类交际任务的能力。孔子学院课堂测试（HSKE）由孔子学院总部/国家汉办向各孔院和课堂提供，用于各孔院和课堂学员入学分班、评估课堂教学和结业测试，在线测试网址为 www. chinesetest. net。①

以下，我们以智利圣托马斯大学孔子学院为例，具体了解拉美地区孔子学院的课程设置和教材使用情况。圣托马斯大学孔子学院于 2008 年 4 月 28 日正式揭牌运营，由中国安徽大学与智利圣托马斯大学合作建设。根据 2013 年的统计数据，该孔院汉语教学已拓展至智利的 8 个城市，共有 12 个教学点，全年开设汉语课程共 76 个班次，共 901 人次参加汉语课程学习，比上一年增加 40%。全年共开设文化课程 24 个班次，共有 441 人次参加文化课学习，比上一年增加 34%。语言和文化课程学员的总人数为 1342 人次，比上一年增加 38%。汉语课程包括汉语学分班、少儿汉语（Ⅰ、Ⅱ、Ⅲ)、汉语初级班（Ⅰ、Ⅱ、Ⅲ)、中级班（Ⅰ、Ⅱ、Ⅲ)、高级班（Ⅰ、Ⅱ、Ⅲ)、汉语口语班（初级、中级、高级）、入门班、寒暑假班等。使用教材《体验汉语》（西语版）、《今日汉语》（西语版）、《当代中文》（西语版）以及该院自编教材《汉语入门》（西语版）等②。

综上，我们可以看到，拉美地区的汉语教学，无论是课程设置、教材教法还是测试评估，都遵循了因材施教的原则，充分考虑到学员的年龄、兴趣以及学习汉语的不同需求。汉语教材普遍使用汉西双语，用西语对汉语作一定的解释。文化类书籍，如《中国历史常识》《中国文化常

---

① 信息来源于汉语考试网站。更多信息详见 http：//www. hanban. edu. cn/tests/node_7475. htm。

② 资料来源：http：//icust. chl. chinesecio. com/zh-hans/node/48。

识》《中国地理常识》则全部用西班牙语撰写。考试设置也比较多元，有综合类考试、口语考试，还有商务汉语考试。

（3）资金来源

要想了解孔子学院的资金来源，有必要了解其办学模式。《孔子学院章程》明确规定，孔子学院作为非营利性教育机构，其宗旨是增进世界人民对中国语言和文化的了解，发展中国与外国的友好关系，促进世界多元文化发展，为构建和谐世界贡献力量。孔子学院坚持中外合作办学的原则。孔子学院的申办、审批严格遵守《孔子学院章程》规定。具体程序是：首先，外方自愿提出申请，中外双方在充分协商的基础上签署合作协议。也就是说，中国的孔子学院并非独立法人，无独立办学资质，只能靠与当地学校合作，共同支付启动基金，而日常教学、教师人工等费用全由中方支付。此外，还设立了孔子学院总部，具体职能包括：制订孔子学院建设规划和设置、评估标准；审批设置孔子学院；审批各地孔子学院的年度项目计划和预决算；指导、评估孔子学院办学活动，对孔子学院运行进行质量管理；为各地孔子学院提供教学资源支持与服务；选派中方院长和教学人员，培训孔子学院管理人员和教师；组织召开孔子学院大会。①

世界上不少语言文化推广机构，例如，德国的歌德中心、法国的法语联盟等，都不是由政府出资和管理的。而孔子学院则有所不同，主导孔子学院的国家汉办，资金来源全部靠国家财政拨款。新建一所孔子学院需要 50 万美元，一个孔子课堂则需要 6 万美元。近年来，孔子学院也在强调资金的多样化。在孔子学院发展规划（2012—2020 年）中就提到相关资金的保障措施："（一）加大经费保障力度。建立健全多渠道筹集资金的孔子学院经费投入机制。积极拓宽资金渠道，鼓励和吸引海内外企业、个人和其他社会力量对孔子学院给予资金支持。完善孔子学院资金管理制度，加强对孔子学院项目中方资金的检查、审计与绩效评估。"

就资金来源而言，孔子学院的情况与另一个老牌语言推广机构，西班牙塞万提斯学院有点类似。《塞万提斯学院建立章程》第一章第二条明确规定该学院是非营利机构，绝大部分资金来源由国家财政预算拨款。

① 信息来源：汉办官网 http：//www. hanban. edu. cn/confuciousinstitutes/node_7535. htm。

作为一个公共机构，尽管塞万提斯学院奉行的是非营利形式，但事实上，该机构对于其他形式的“利润需求”是明显的。例如，在西班牙，语言是与旅游业占有相同份额的财富。语言产业在西班牙创造了一个复杂的文化符号，它通过“西班牙语”这个品牌保护伞，借助各种服务和产品，渗透进许多不同的市场，创造出很多利润。而这些利润往往又会被用于资助塞万提斯学院的各类活动，形成良性循环。同样，孔子学院也可以借鉴这种利润模式，通过汉语产业全方位打开拉美市场，同时，进一步利用产业利润资助孔子学院的各类活动，实现良性循环。

（4）本土文化与社区关系

社区是指居住在某一地域里的人群所组成的社会区域共同体，社区里的人们从事多种社会活动，并建立起各种社会关系。社区有大有小，可以是一个村庄、一个区域、一个国家。很多国家也可以根据政治和经济划分为不同的社区（如欧盟和南方共同市场）。此外，我们还可以从生物属性、社会属性、高科技属性等方面定义社区。①

Rama（1982：12）在《拉丁美洲跨文化记述》（*Transculturación Narrativa en América Latina*）中写道：“（拉丁美洲文化）生于殖民的暴力和动荡，殖民时期忽略个性和人权的声音；生于富饶、多样、文明、活力、智慧的印第安文明；生于西班牙和葡萄牙灿烂的语言和辉煌的文学。拉丁美洲的文字从来没有屈从印第安的起源，亦没有完全效仿伊比利亚半岛的过往，而是进行了语言文化的重塑……”从中我们可以看到，拉丁美洲的民族和国家具有双重性，一方面有殖民的血泪史，另一方面则继承了西班牙和葡萄牙辉煌的文明、开朗的性格和相似的社会关系。他们继承了那种浪漫、悠闲的拉丁文化，而不是盎格鲁－撒克逊的实用主义。所以，北美可以迅速崛起，而拉美各国多多少少都面临着各种社会问题。

历史政治原因形成的社区文化和民族性格，深深影响其社会生活，也反映在我们汉语教学的课堂上。于淼（2008）在“墨西哥汉语教学概览”中描述了汉语教学的不利条件，其中强调了文化因素和学生性格及学习习惯问题。“对于教学，墨西哥人不像儒家文化圈国家的师生那样认为课堂是神圣之地，上课也并不是一件非常重要的事情。普通朋友的聚

① 部分概念参考网址：http：//definicion. de/comunidad/。

会、自己的旅游计划都是堂而皇之不上课的正当理由。墨西哥大学对此规定了每个学生每学期都有10—15次的旷课资格，我至今都不理解这是纵容还是严格管理。学生比较轻浮急躁，好比秋雨一场，而我们讲求春雨‘润物细无声’的学习方式和教学根本行不通，很多教师不得不向学生妥协，降低要求。”于森（2008）还提到自己和学生相处的一次不愉快经历，“墨西哥学生认为教师严格是最可怕的教学方式，他们对自己的错误是视而不见的。第一个学期我当众对一个女生进行了批评，因为她上课打手机，经常上课中途进入课堂。我的批评却换来了她的投诉信，理由是我对她不友好，有偏见，担心自己会在期末得不到好成绩”。

这些经历真实地反映出拉美当地汉语教师的切身感受。上海外国语大学的部分学生曾在阿根廷布宜诺斯艾利斯大学交流学习，和阿根廷同学们同堂上课，对此非常有同感。首先是中国人和拉美人不同的时间观念，在阿根廷、哥伦比亚、巴西等国家，迟到20分钟到半个小时很正常，甚至课已经上了一半，还有同学陆陆续续进来，老师也习以为常。另外，阿根廷还有传马黛茶的习惯，老师一边讲课，下面的同学一个杯子来回加水，传来传去，有时传到老师手里，他们也会喝上几口。对他们来说，这就是文化，甚至是阿根廷的国粹，学习理应在轻松的氛围中进行。

因此，为了更好地在拉美地区开展汉语教学，我们有必要深入认识并认真研究当地的课堂文化。很多时候，拉美地区汉语教师的困惑正是来源于我们经常提及的“文化冲突”，因为我们对于学习、生活、技能和语言的看法在很多情况下与拉美学生是不一致的。汉语教学者应当主动接触并深入了解拉美地区的文化内涵和民族精神，并在此基础上，因地制宜，建立和谐的社区关系，形成良好的教学氛围，这是我们需要不断研究和努力的方向。

三　拉美地区孔子学院语言教育规划问题

上文我们分析了目前中国面向拉美地区进行汉语传播的现状，主要是从教学人员、课程建设、教材教法及测试评估、资金来源、本土文化与社区关系这几个方面进行了分析。以下，我们基于同样的研究框架，进一步探讨拉美地区孔子学院语言教育规划面临的主要问题与挑战。

首先，是孔子学院面临的教学人员问题。随着孔子学院的大规模发展，派出的汉语教师和志愿者学生的增幅却并不大，导致拉美地区汉语教师数量不足，远远无法满足孔子学院增长的需求。此外，汉语教师和志愿者的任期常常为一年或两年，流动性比较大。拉美地区的孔子学院往往缺乏长期固定且专业性强的师资。这样的师资配备，若仅仅是语言课程，也许尚可应对。但是，若想把汉语作为一门专业课程，配合文化、历史、政治、经济等通识知识开展系统教学，这样的师资配备远远不够。孔子学院以及一些学者和研究员也意识到了类似的问题。目前，普遍采取的解决方式是加强本土汉语教师的师范教育。例如，2013 年起，孔子学院陆续在八个国家开设汉语师范专业，重视本土汉语教师的师范教育，这是宏观上需要采取的措施（陈艺、余子侠，2016）。另外，微观上，也就是说汉语教师培训时，应充分学习教材、教法等基础知识，对所在国的文化习俗进行深入了解，并且以包容的心态看待文化差异。另外，拉丁美洲地区的国家以西班牙语和葡萄牙语为主，教师除了英语教学之外，应该加强西语或葡语语言能力，尤其是汉语入门阶段，若辅以西语或葡语教学，结合所在国文化，将有利于提高学生的学习兴趣和汉语水平。

通过对课程建设、教材教法以及测试评估的分析，我们可以发现，总体上看，拉美地区的汉语课程、教材教法和测试评估都遵循了多样性和因材施教的基本原则。当然，与英语相比，西语编写的汉语教程数量仍旧非常有限，有很大的发展空间，可以出版更多西语版汉语教程，尤其是切合拉美各国语言特色的教材。时任拉普拉塔大学孔子学院中方院长龙敏利在接受我们项目组采访的时候就提到①，尽管当地孔子学院使用西语版的汉语教材，但部分词汇的翻译不是阿根廷的西班牙语，这给教学带来一定的干扰，希望有更多的本土教材面世，适应拉美地区不同的国家。此外，拉美地区的汉语教师应当掌握基本的西班牙语或者葡萄牙语，语言水平足以给学生进行入门课程的教授。在初级汉语的教授过程中，可以考虑邀请本土师资共同参与。这些师资汉语水平不需要很高，但母语为西班牙语或者葡萄牙语，可以和中国派去的汉语教师联合授课，便于学生理解。

① 采访问卷见附录。

另外，在测试评估方面，我们认为应该加大在线测试的投入。在我们上文介绍的五种汉语正规考试中，只有孔子学院课堂测试（HSKE）完全在线上平台进行。在线测试可以节省人力成本，一切数据化，也便于进行考试数据分析。再加上不受时间、地点、时差等影响，便于推广。由西班牙塞万提斯学院、西班牙萨拉曼卡大学以及墨西哥国立自治大学联合推出的西班牙语国际评估测试（SIELE）也主要实行机考。国际上重要的考试，如雅思、托福、GRE、GMAT 等目前也已全面实行机考。汉语考试也可以借鉴经验，向机考方向转型。另外，很多汉语学生觉得汉字书写非常困难，使用机考的形式，可以通过拼音输入，建立语音和书写之间的关系，在很大程度上降低汉字书写困难，消除不少拉美学生因汉字书写引起的畏难情绪。

针对主要依靠国家财政拨款的单一经济来源，我们认为有必要拓展相关渠道，吸引各方面的资金支持。具体可分为以下几个方面：一是加大力度开设不同水平的语言班，其培训费用可作为孔院财政收入的重要补充。另外，也可以发展在线课堂，分为免费和收费两个部分。对于一些专业性较强、水平较高并且可以和教师互动的课堂，可采取收费策略。二是加强与高校的合作。可以去高校举办相关讲座和有偿的文化活动，或者承担高校的汉语专业课程。孔子学院一直以来就秉承依托高校而立的原则，如果高校设立汉语学科，孔院完全可以作为师资主力给予大力支持。三是寻求与企业的合作。可以给企业打广告或者宣传其文化形象获得有偿支持。甚至可以为其输送优秀汉语学员实习、工作。这些都是可以双赢互利的。四是文化书籍和音像出版。孔院应该加大教材、书籍、影视教学资料等的出版，并且在出版市场上进行积极的宣传，这些都是可以获得贸易顺差的途径。

最后，在本土文化和社区关系上，中国人的传统文化观和社区观念与拉美人差距较大，想要真正打开拉美市场，融入他们，就需要因地制宜。可以把我们认为好的、优秀的文化，如孔子的儒学教授给他们，告诉他们在中国人的传统观念里需要“尊师孝悌”，需要“守时守礼”。但是要循循善诱，要以他们可以接受的方式，慢慢改变。假如有人从心里接受我们的这一套观念并愿意践行，相信他们可以改变自由散漫的习惯。从另一个角度来看，他们天性使然，追求自由，学习等同爱好，也未尝不是好事。作为汉语教学者，我们只是传播语言和文化，没有必要把意识形态强加于人，我们本着包容的心态，适应本土文化和社区，便尽到了自己的职责。

第二节　语言本体视角下汉语在拉美地区的传播挑战[①]

上节中我们从语言教育规划视角分析了中国面向拉美地区传播汉语的现状，本节中，我们将从语言本体的角度切入，通过实地调研，探讨汉语在拉美地区传播过程中所面临的挑战。本节研究主要应用文献调研法、个案研究法、问卷调研法和采访法，对拉美地区汉语学习者在学习过程中遇到的主要问题进行较为系统的描述，同时调查汉语教师的应对方法，并对语言差异是否对汉语在当地的传播造成影响进行评估。我们调研的文献主要围绕拉美地区对外汉语教学这一主题。个案研究则选取秘鲁天主教大学孔子学院作为研究对象。问卷调研和采访由我们项目组一名助研在秘鲁天主教大学孔子学院担任汉语教师期间完成[②]。

我们的采访对象是秘鲁天主教大学孔子学院的中方院长和汉语教师，问卷调研的对象则是该孔院的学生。该孔院采用的汉语教材为《新实用汉语课本》（2010 年版）的第一到第四册。该教材第一册重点讲解语音和汉字，同时简单介绍汉语语法结构。第二册开始引入汉语逻辑关系、动作的态、各类补语、介词等。第三册不断丰富关于各个副词和介词的知识，同时强调疑问代词的用法，形容词和动词等的重叠以及结构助词的用法。第四册内容以词语辨析和汉语逻辑结构为主。

该所孔院的学生按照汉语水平测试考试成绩分班，我们选择的研究对象是基础 3 班、中级 2 班、高级 1 班、2 班和 3 班。根据教学计划，前四个班的学生分别已经学完《新实用汉语课本》（2010 年版）的第一册（基础 3 班）、第二册（中级 2 班）和第三册（高级 1 班、2 班），而高级 3 班已经掌握教材所有四册中所涉及的语言点。问卷根据课本所涉语言点

---

① 本节初稿由项目组助研方卉撰写。

② 项目组助研方卉于 2016 年 9 月至 2017 年 8 月在秘鲁天主教大学孔子学院担任汉语教师，在此期间完成项目调研。

设计，共四份不同的问卷，每份问卷涉及的语言点逐渐增加。此外，更高一级的问卷中包含前面较低等级问卷中易出错的语言点。调研对象的数量随汉语水平等级的提高而呈现阶梯状减少，基础 3 班共 25 人（问卷Ⅰ），中级 2 班共 26 人（问卷Ⅱ），高级 1 班 4 人（问卷Ⅲ），2 班 7 人（问卷Ⅲ），3 班 5 人（问卷Ⅳ），共计 67 人，分别回收问卷 20 份（问卷Ⅰ）、20 份（问卷Ⅱ）、3 份（问卷Ⅲ）、7 份（问卷Ⅲ）和 4 份（问卷Ⅳ），共 54 份有效问卷。四份问卷和初步统计结果详见本书附件三。以下，我们将基于文献调研、问卷调查以及孔院院长及汉语教师的采访资料，从汉语的语音、语法以及汉字书写三个方面研究拉美地区学生汉语学习的主要问题。

一　拉美学生汉语习得主要问题

（1）汉语语音问题

汉语的语音知识由发音和书写（即拼音）两方面构成。发音方面，黄玲（2012）在她的研究中采集了 30 位秘鲁汉语学生的发音资料，详细对他们的发音问题进行辨别，运用迁移理论、偏误分析理论和对比理论，在与西班牙语语音系统进行对比后得出元音方面 e、ü、ua、üe、an、üan、ün 是秘鲁学生元音学习的难点，c、z、q、zh、ch 是辅音难点。她认为由于在西班牙语中没有这些发音，或者有些音位发音位置接近，学生很难准确辨别，所以他们会在这些音位上产生偏误。肖莉（2005）也指出辅音 j、q、x、zh、ch、sh、r、z、c、s、g，送气音，元音 ü、u、e、o、uo 以及前后鼻音是墨西哥汉语学生的语音学习难点。她也认为学生的西班牙语母语习惯对汉语语音的学习造成了影响。此外，她指出，发音情况个体差异可能是因为习得速度不同。

根据对秘鲁天主教大学孔子学院汉语老师的采访，我们发现该学院面向零基础学生的汉语普通单元音教学比较简单，学生普遍掌握较快，唯一稍感困难的是语音 ü。复合元音的辨别和掌握则比较困难，此外，前后鼻音分辨不清。辅音方面，学生在发 zh、j、q、x 等辅音时常常找不准发音位置，导致与其他辅音混淆；送气音和不送气音 d/t、g/k、b/p 分辨不清。上述几项研究总结的问题类似，由此可见，复合元音的发音、部分辅音的发音、前后鼻音与送气/不送气音的辨别是拉美地区学生汉语语音习得普遍遇到的问题。

在秘鲁天主教大学孔子学院面向零基础学生的汉语教学班上，老师们通常会利用教具或者手势作为汉语发音的辅助教学手段。例如，汉语教师会使用吹纸片法来让学生感受送气音与不送气音的差别，用舌位手势法来展示 zh、ch、sh 的发音位置。根据该院高年级教师的教学情况反馈，个别音位的发音问题会一直持续到高年级，因此，在日常教学中，高年级教师也根据情况适当纠音。

超音段音位层面，汉语的声调是汉语辨义的重要成分，也是汉语语音学习的重点。黄玲（2012）根据收集的语音资料判定秘鲁学生常见的声调问题有两种：调类偏误和调值偏误。肖莉（2005）则指出墨西哥学生在学习初期不能准确发出阳平调。此外，单独训练声调时，学生练习情况较好，但一旦连读（双音节或语流中）便会出现声调混乱的问题。西班牙语和葡萄牙语本身是没有声调概念的，因此，对于大部分拉美地区的汉语学习者而言，声调是一种陌生的发声习惯。不仅如此，汉语中还存在变调、轻声和儿化等现象，这些变化进一步加大了学习声调的难度。

在我们开展的调研中，回收的问卷 I 共 20 份，该问卷第一部分为语音，其中有 4 题分别考察了“不”的变调、“一”的变调、儿化音和轻声，调研结果如下所示。

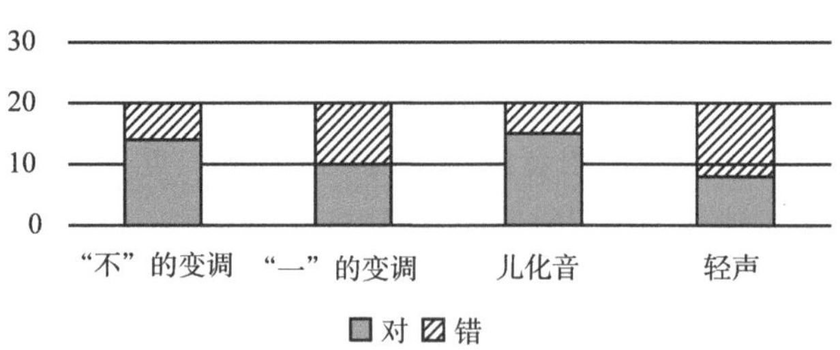

图 5－1　拉美学生汉语声调习得调研

观察图 5－1，我们可以看到，变调、儿化音和轻声这三项都有较多学生犯错，尤其是变调和轻声的平均错误率分别高达 40% 和 60%①。相对而言，儿化音的判断错误率较低，为 25%。我们认为，汉语变调比较复杂，在不熟悉汉语声调的情况下，学习者很容易造成混乱。而轻声产生较多偏误的原因可能是声调的过度泛化，也就是说，拉美的汉语学习者对于汉语声调问题“矫枉过正”，在任何情况下都认为有四声。儿化音的错误率相对较低，这可能与其有标记有关，看到标记时学习者容易察觉并按规则作出发音或判断。

汉语拼音方面，该注音方案的推行为汉字标音提供了一个简洁明了、相对国际的方法，也极大地方便了拉美地区汉语学习者对汉字读音的掌握，因为汉语拼音比较类似他们母语的拼音文字。因此，汉语拼音在拉美地区是一种辅助汉语语音教学的重要手段，在汉语学习初期，普遍要求学生会写拼音，拼音的认读和书写也是汉语语音测试的重要组成部分。拼音由字母构成，与拉美学生母语书写方法类似，因此拼音的习得比较容易，在我们的汉语拼音书写规则调研中（问卷Ⅰ和问卷Ⅱ），测试总人数为 40 人，该项目的正确率高达 87.5%，由此可见，汉语拼音对于拉美学生而言比较容易掌握。但是，个别学生仍会在细节问题上出现问题，例如，ü 在什么位置要脱帽以及三重元音什么情况要略写等书写规范问题较多。

秘鲁天主教大学孔子学院 2016 年 9 月开始的学期中共有 6 个零基础班，其中 5 个班分别由 4 名本土教师授课，仅 1 个班由中国教师上课。这 4 名本土教师中，2 名为华裔，带有广东口音，另 2 名为秘鲁当地教师。为了解学生对汉语语音学习所持的主观态度，我们也征集了他们对汉语语音的评价和对自身学习状况的评价。

图 5－2 显示的是总共 54 名被测者对“汉语发音难吗？”进行的反馈。整体而言，拉美学生普遍认为汉语发音难度一般或比较难、非常难，认为汉语发音简单的很少，这说明学生在学习过程中能够较明显地感受到汉语语音学习的困难。我们认为，这些困难的产生主要有三个方面的原因。第一，学生母语中没有相同的发音，导致学生没有发音经验。第

① “一”的变调错误率 50%，“不”的变调错误率 30%，变调平均错误率 40%；轻声错误率 60%。

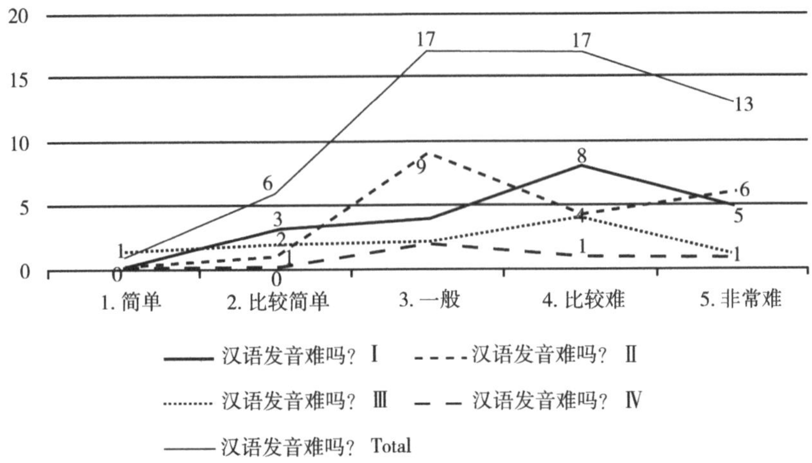

图5-2 拉美学生对于汉语发音难度的评价

二，个别几个音位发音位置过于接近，学生难以辨别。第三，某些学生初级班教师为发音不标准的本土教师，导致学生无法接触到正确的发音。

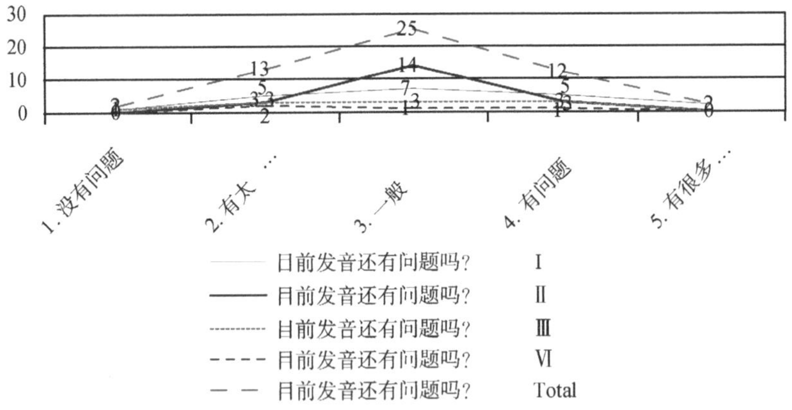

图5-3 拉美学生对于汉语发音问题的自我评估

图5-3中，不管是整体还是不同级别的学生对于发音习得状况的自评呈现较为对称的正态分布结构（倒“U”形），大多数学生认为自己的汉语发音一般，没有很多问题。事实上，据各个级别的中国教师反馈，

学生大部分音可以发，但是发不准，尤其在语流中，发音容易走调。我们推断，学生可能缺乏听力训练，或听力训练中，语调夸张、不自然，导致学生不能感知到自己的发音问题。因此我们认为，对于语音的训练，纯正自然的听力辅助是必不可少的，正确的听力输入有助于学生正确地发音输出。此外，老师在纠音方面要更加严格，并且要长期进行这项工作。

（2）汉语语法问题

相对于音位数有限的语音，汉语语法问题更加复杂。西班牙语或葡萄牙语的语法规整、严谨，而汉语语法表面上看似比较随意、灵活，深层却又有严格的使用规则。这种表层的随意性和深层的严格性让拉美学习者感到非常困难，无法快速习得，也无法准确运用。此外，与西班牙语和葡萄牙语不同，汉语缺乏形态变化，这也让习惯了动词变位的拉美学生手足无措。我们在语法部分开展的调研主要从两方面展开：第一，学生遇到的语法问题；第二，学生对汉语语法的主观看法。

我们根据学生的水平分别采用不同的问卷，对每个等级的问卷所涉及的语法范围作了规定：问卷Ⅰ语法题均在《新实用汉语课本》（第一册）的教学范围内，问卷Ⅱ在同系列教材（第二册）教学范围内，同时包括了部分第一册的语法内容，问卷Ⅲ在第三册范围内，问卷Ⅳ包含第四册47课前的语法项目（被测对象还没有完成第四册的学习）。由于篇幅的限制，我们没有对所有语法项目进行逐个考察，而是进行了筛选，筛选原则是选择与汉语差异大的且根据前人研究成果或教师教学经验学生易犯的错误。

语序问题是汉语教学中的一个难点，汉语的基本语序是：（逻辑标记语）+（时间状语）+主语+（时间状语）+（地点状语）+动词+（了1）+（间接宾语）+（直接宾语）+（了2），例如，“所以昨天他在学校教了我们游泳。”除了各个句子成分有其特定的位置外，某些句型也要求按照一定的顺序排列。例如，连动句表示目的时，动作1要放在动作2的前面（*“我买东西去商场。”），再如，“被”字句的施事宾语要放在主语后面，而不是句子末尾（*“花瓶打碎了被我。”）。与汉语不同，西班牙语和葡萄牙语的语序相对而言比较灵活，在很多类型的句子中，由于有前置词等小品词的参与和动词的形态变化，即使句子各成分的顺序不是按照习惯排列，依然能够很明确地知道句子意思。而汉语则对语序有着非常严格的要求。对于语序问题，我们对54名学生均进行了考查（问卷Ⅰ语法第三题，Ⅰ语法第一题，Ⅲ第七题，Ⅳ第七题），数据统计结果如下。

表5－1　　　　拉美学生汉语语序问题统计

汉语语序问题					
问卷级别	Ⅰ	Ⅱ	Ⅲ	Ⅳ	总计
正确	8	8	0	2	18
错误	12	12	10	2	36
正确率	40%	40%	0%	50%	36%

从表5－1中我们可以看到，从初级班到高级班语序问题一直都很严重，即使是高级班的学生①也很容易犯错。我们认为，存在语序问题的最大原因就是拉美学生的母语在语序方面普遍灵活多变，他们在学习汉语语序时，仍旧使用母语的思维模式，语序混乱。

除了语序之外，汉语中的情态也构成拉美学生的学习难点。相比拉美学生的母语，汉语中的情态动词更加丰富，而且用法多样，区别起来比较困难。此外，提问时，答句中使用的情态动词也与问句不完全对应，语用情况比较复杂。我们对情态动词“能、可以、会、应该”的使用问题进行了调研。数据统计显示，这些情态动词的正确率仅为13.6%②。调研显示，学生并不能很好地判断在什么情况下该用哪一个情态动词。事实上，西班牙语和葡萄牙语中也存在与中文对应的情态动词，但为什么正确率如此之低？根据教师访谈的反馈，我们认为原因可能是，当学生在使用母语中的情态动词时是无意识的自然表达，但当他们学习汉语的情态动词时，课本对此进行了详细的用法划分。然而，对这些情态动词的过度强调反而让学生在使用时产生疑惑，不知道在具体语境中作何选择。

① 四名学生学习汉语均超过两年。

② 参与情态动词考查的有初级班20人，中级班20人和高级3班4人。

“把”字句是汉语特有的句式之一，常用于表示某个物体发生了位移。我们将“把”字句和无主句结合起来，对中级班（问卷Ⅱ）进行了考察（20人），正确率仅为5%，而高级1、2班也进行了类似的考察，正确率为50%。我们看到，正确率随着水平的提高有所上升，但由于测试人数较少，我们不能肯定学生随着经验的积累，会自行对“把”字句进行消化。不过，可以肯定的是，在初学这一句型时，学生是很难掌握的，“把”字句不是单一的公式，还涉及各类补语的使用问题，是一个复合的语法点。我们认为，由于拉美学生母语中没有这类句子，学生不能理解“把”字句使用的场合，尤其在初学阶段，由于还要结合其他语法点，这就更加加大了“把”字句的使用难度。

“被”字句是汉语中有标记的被动句，很多语言中也存在这种现象，西班牙语和葡萄牙语同样不例外。但是，汉语的“被”字句有两个显著的不同点：第一，语序方面，与拉美学生的母语不同，汉语的“被“字句施事宾语要放在动词前，位置固定。第二，补语方面，“被”字句中动词通常要带补语，表示动作的结果或趋向。对“被”字句的调查我们仅选取了中级班，错误率也比较高，达到60%。

量词是汉语另一个特有的语法点，中国人用“数词+量词+名词”结构来描述数量，而西语或者葡语则是“数词+名词”。汉语中量词的数量庞大，某些名词有其专用的量词，而某些数词则可以不用加量词（“俩”和“仨”）。我们对量词进行了考察（高级班3个班，共14人），整体正确率仅为21.4%。量词最早是出现在《新实用汉语课本》（第一册），以课文语法点的形式出现，然而高级班的学生依然有不使用量词和不知道选用哪个量词的问题。量词的学习需要学生长期的积累，另外，教师在教学中的反复强调也是必不可少的。

助词“了”在汉语中常用来表示动作的结束，直接放在动词后面（$了_1$），它也可以放在句子的末尾，用于肯定事态发生了变化或即将出现的变化（$了_2$）。两种“了”均有较为复杂的规则，可以单独使用，也可以连用。我们在对“了”进行考查时，先考查了初级班第一种“$了_1$”的使用情况，正确率为70%，再考察中级班两个“了”连用的情况，正确率为20%。从上述两个正确率的比较来看，很明显，学生在学习“$了_1$”

时比较容易，但连用就难了。“了$_1$”具有明显的时态标记作用，而“了$_2$”除语法作用外还有语用内涵，更为复杂，西语中不存在“了”这种助词，因此，有强烈标记意义的“了$_1$”会比“了$_2$”更容易习得。

除了上述语法点以外，我们还对兼语句的回指、结构助词“的、地、得”、形容词重叠、概数、语气词“吗”、疑问代词的虚指和任指、语气助词、比较句、各类补语、汉语谓语句、汉语逻辑标记语使用等语法点进行了调查，被测者普遍正确率低于50%，这说明大部分学习者在这些语法点上遇到障碍。就语法问题的教学对策，教师多采用反复操练和及时纠正等常规教学方法。

调研时，在学生语法点测试完毕之后，我们也对汉语语法和汉西语法差异的评价进行了调查，调研结果如图5－4、图5－5。

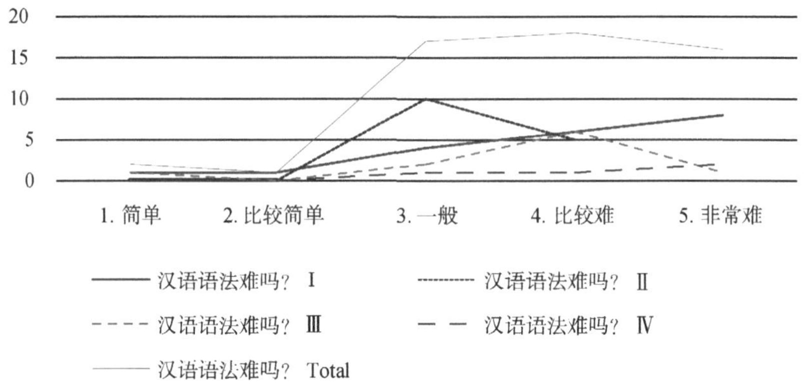

图5－4　拉美学生对汉语语法难度的评价

从两张图中我们可以看到，绝大多数学生都认为汉语语法不简单，甚至比较难或者非常难。此外，多数拉美学生认为，汉语语法与西班牙语差别比较大或者完全不同。那么，拉美学生认为，汉语语法难与汉西语法差异较大是否有关呢？为此，我们利用SPSS对这个问题进行了皮尔逊相关系数分析，分析结果如表5－2所示[①]。

① 分析结果由IBMSPSS 22得出。

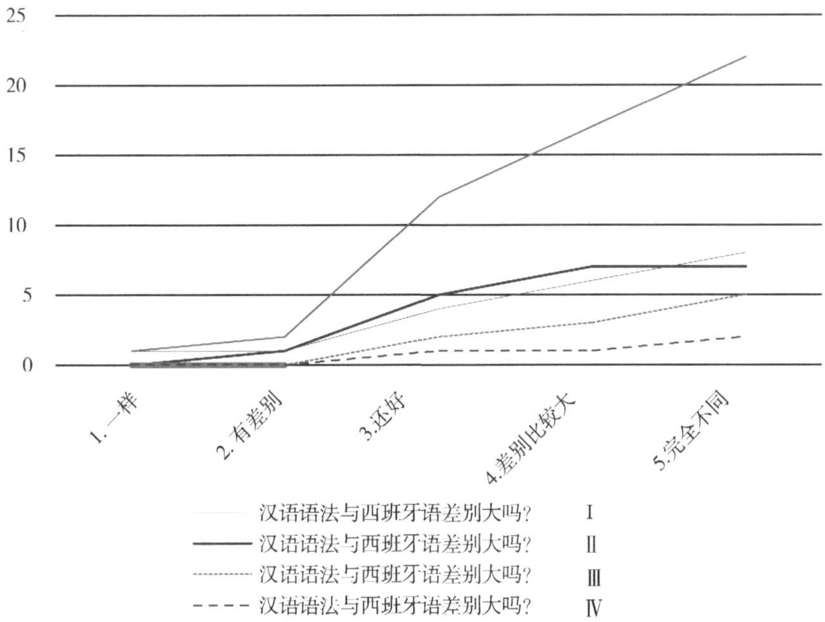

图5－5　拉美学生对汉西语法差异的评价

表5－2　　　　汉语语法难度与汉西语法差异相关性分析

相关性			
		汉语语法难	汉西语法差异大
汉语语法难	皮尔逊（Pearson）相关性	1	0.381 **
	显著性（双侧）		0.005
	N	54	54
汉西语法差异大	皮尔逊（Pearson）相关性	0.381 **	1
	显著性（双尾）	0.005	
	N	54	54

注：**. 在 0.01 水平（双侧）上显著相关。

皮尔逊相关系数又称简单相关关系，它反映了两个变量间联系的紧密程度，一般用 r 表示。r 描述的是两个变量间线性相关强弱的程度，取值在 －1 与 ＋1 之间。如果 $r>0$，表明两个变量是正相关，即一个变量的

值越大，另一个变量的值也会越大；如果 $r<0$，表明两个变量是负相关，即一个变量的值越大另一个变量的值反而会越小；如果 $r=0$，表明两个变量间不是线性相关。r 的绝对值（$|r|$）表明相关性的强弱，该值越接近 1，两变量间线性关系越密切；越接近于 0，两变量的线性相关越弱。相关性强弱一般可按三级划分：$|r|<0.4$ 为低度相关；$0.4\leqslant|r|<0.7$ 为显著相关；$0.7\leqslant|r|<1$ 为高度相关。我们的相关性分析表明，汉西语法差异和汉语难度之间的相关系数为 0.381，接近 0.4，也就是说，两者正相关，相关程度接近显著。也就是说，对于拉美学生而言，汉语语法难的一个重要原因在于汉语与西班牙语有着明显的差异。相关性分析结合问卷其他语法问题的考查结果，我们认为，拉美学生在学习汉语语法时，容易受到母语的影响，加上汉语语法的本身难度以及汉西差异，习得难度较大。

（3）汉字书写问题

汉字可以说是拉美学生能直观感受到与其母语差别最为明显的地方。在汉语教学中，汉字与语音、语法一样，是非常关键的部分。我们在调查中也设计了汉字部分，分为三个方面：第一，对汉字的基本认识；第二，汉字的书写情况；第三，学生对于汉字学习的评价。

第一方面的调研对象为刚开始接触汉字的初级班学生和已有相当学习经验的中级班学生，共回收 40 份有效问卷，主要考查学生对汉字笔画和结构的认识情况，调研情况如图 5－6、图 5－7 所示。

从两张图中我们可以看到，大部分学生对汉字的基本笔画没有清晰的了解，对于汉字的结构概念则稍强。基本笔画认知情况调研之后，我们又对所有研究对象开展了有关笔画的具体考查，让他们写出“弯”这个汉字的笔画数，统计数据见表 5－3。

表 5－3　拉美学生汉语笔画问题统计

汉字“弯”的笔画数					
问卷级别	Ⅰ	Ⅱ	Ⅲ	Ⅳ	总计
正确	9	9	4	3	25
错误	11	11	6	1	29

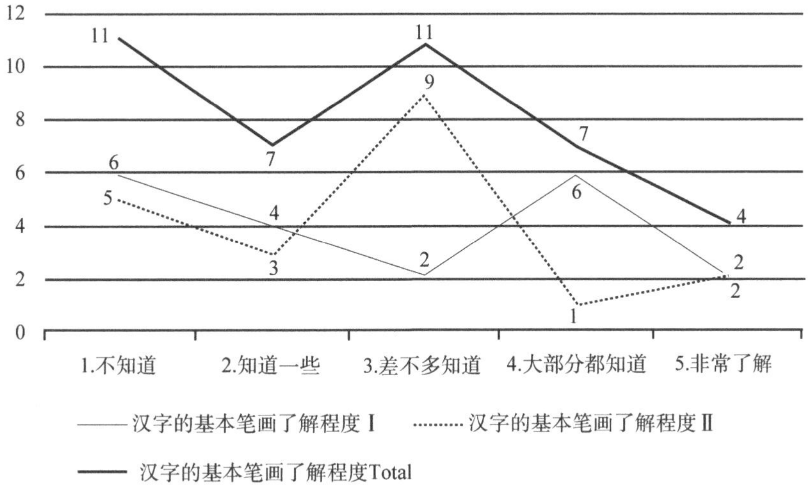

图5-6　拉美学生对汉字基本笔画的了解情况

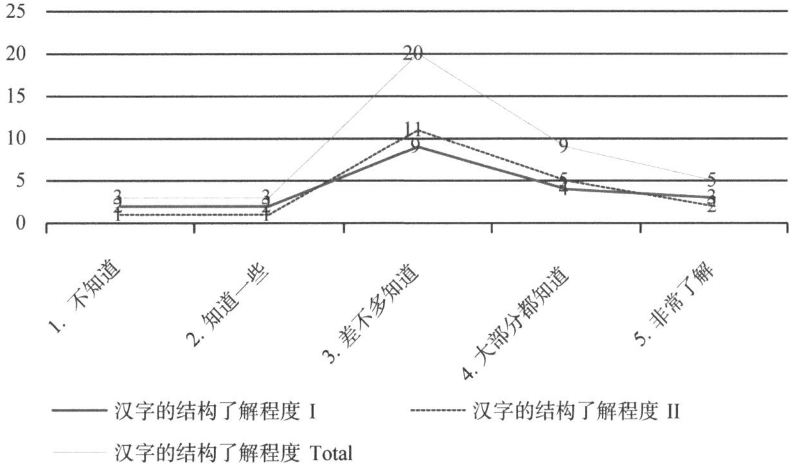

图5-7　拉美学生对汉字结构的了解情况

正确率	45%	45%	40%	75%	46.3%

从表5-3中我们可以看到，答对汉字“弯”的笔画数的学生仅占

46.3%，一半都不到，而且正确率也并没有随着汉语班级别的提高而显著升高。我们认为，这与学生在汉语学习初期没有养成良好的书写习惯有关。此外，这个问题在各个级别中都有所呈现，不仅与语言差异有关，还与教师是否进行了相关知识点的有效教授有关。

之后，我们又对54名学生进行了单个汉字“餐”的书写测试。“餐”为上下结构，是零基础班的教学内容，可考察学生的书写顺序和笔画认识，调查结果如表5-4所示。

表5-4 拉美学生汉字书写问题统计

汉字“餐”的书写情况（笔顺+笔画）					
问卷级别	Ⅰ	Ⅱ	Ⅲ	Ⅳ	总计
正确	4	12	3	2	21
错误	16	8	7	2	33
正确率	20%	60%	30%	50%	38.9%

从表中我们可以看到，汉字书写，包括笔顺和笔画，完全正确的有22人，正确率仅为38.9%，主要错误表现为：笔顺错误；笔画错误；汉字不完整。从测试结果看，汉字习得是比较严重的问题和障碍，多数学生写不好也写不对汉字。由于拉美学生的母语是字母文字，学生经过努力尽管可以辨识汉字，但在书写时却往往无法按照汉字的书写规范和笔顺要求进行，加上对汉字笔画的认识度低，写出来的汉字正确率较低。

上面两个测试显示，拉美学生在汉字习得方面遇到较大困难。为了更准确地判断他们在汉字学习方面的问题，我们对学生进行了汉字识记和书写的调研，调研结果如图5-8和图5-9所示。

图5-8反映出大部分学生认为汉字比较难记，而图5-9则呈现偏振结构，近一半的学生认为汉字书写难度一般，仅15人（27.8%）的学生认为汉字比较难写或非常难写。综合来看，学生认为汉字的记忆和书写都比较困难，尤其是前者。在对孔院汉语教师进行相关问题的采访过程中，大部分教师表示，由于课时的限制，他们很少在课堂上讲授汉字，仅零基础班的教师会利用课堂时间教授最基础的汉字笔画，汉字书写训练基本留给学生自己操练。个别教师会利用在线汉字笔画生成网页等生

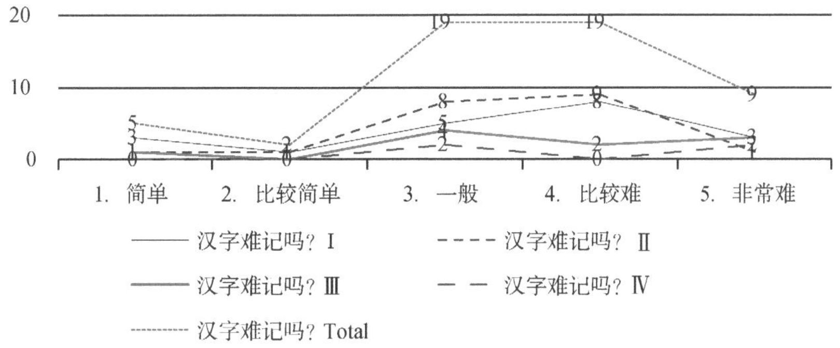

图5－8　拉美学生汉字记忆难度调研

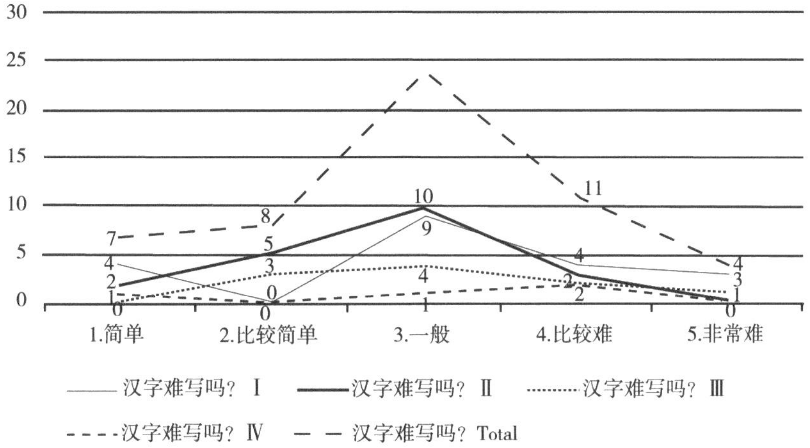

图5－9　拉美学生汉字书写难度调研

成的汉字字帖，让学生在课下自行练习，但学生在脱离字帖后，汉字书写依然存在很大问题。我们认为，汉字的教学应以反复练习为主，熟能生巧。此外，有必要讲解基本笔画和笔顺规则，因为汉字的基本构件，尤其是偏旁部首和笔顺信息有助于学生对于汉字的记忆与掌握（曹羽菲2010）。

二 语言差异与汉语传播

通过开展拉美学生汉语习得问题调查，我们发现汉语和拉美学生母语之间的差异在一定程度上给当地学生的汉语学习带来不小的困难。那么，这种语言之间的差异除了对学生汉语习得带来一定挑战，是否也会对汉语在拉美地区的传播造成影响呢？就这个问题，我们结合秘鲁天主教大学孔子学院的班级开设情况对时任中方院长朱玉山进行了采访。该孔院的开班情况如表5－5所示。

表5－5 秘鲁天主教大学孔子学院2016年第四学期开班情况

级别	班级数量
零基础	6
初级1	2
初级2	2
初级3	2
初级4	2
初级5	2
中级1	1
中级2	2
中级3	1
高级1	1
高级2	1
高级3	1

采访过程中，中方院长首先提出低水平班级报名人数多，而高水平班级人数少的现象是符合规律的，他认为汉语有其独特的魅力，而低水平班级从拼音学起，比较贴近学生的母语，容易学，但随着水平的提高，对汉字和语法的要求也更多，学习困难增加，导致很多学生无法继续学习。同时他认为，根据课程设置，学生在学到初级5班时已经具备一定的汉语交际能力，而大多数学生为成人在职人员，在满足日常工作所需后，就不再继续深入学习。此外，还有一部分学生通过奖学金等方式来

到中国继续学习，也造成了高级别班级学生流失的情况。

对于语言差异是否对汉语传播造成影响的问题，院长指出，在初级汉语推广过程中，语言差异对汉语教学和传播的影响不大，但对中、高级班影响较大。由于语言学习难度增大，一部分学生最终放弃学习汉语，对于汉语的深度传播造成影响。院长认为汉语的传播要从文化角度做起，先利用文化为载体，拉近拉美人民与中国人民的距离，再推广汉语，这是一个从表层到深层的延续性工作。

此外，从学生的角度出发，我们也采访了秘鲁孔子学院一位秘鲁籍的汉语学生，让他谈谈对于汉语学习的看法。这位学生也认为，汉语和他的母语西班牙语之间语言差异很大，但是这些差异并没有对他的汉语学习造成太大的麻烦。首先，差异巨大也意味着不会受到相似性的干扰。与英语学习不同，因为有些英语语法和词汇与西班牙语有点类似，会给西语母语者的英语学习带来一定干扰。汉语就不同了，因为差异很大，对他们来说，汉语学习更像是在一块白布上从头开始画画，基本不受母语的干扰。

本书第二章有关拉美地区语言传播动因的分析也表明，语言本体差异对于语言传播的影响并不是很大。推动语言传播的主要还是语言本体之外的附加值，如语言承载的政治、经济、军事、文化、科技等各个方面的价值。由此，“汉语难学”是一个伪命题，只要汉语承载的综合价值不断提升，汉语和拉美学生母语之间的语言差异就不会对这门语言在该地区的传播带来阻力。相反，语言的差异可能会形成独特的魅力，吸引越来越多的拉美学生来了解和学习。

上文中提到，汉语与拉美地区目前使用的主要语言，例如西班牙语和葡萄牙语之间语言差异比较大，也就是语际距离比较大。那么面对这种情况，我们该如何开展汉语教学与传播工作呢？“语际距离”，又称“语言距离”，是指多种语言或语言变体之间存在的异同程度。这个概念最早的提出可追溯到早期语言对比和外语习得研究中有关迁移理论的探讨，如 Weinreich（1953）、Corder（1980）、Trudgill（1983）、Odlin（1989）等都指出语言上的相似性有助于正迁移，即距离近的语言更容易学习。Corder（1980）在论证观点时引用了英国外事服务局的例子，该局根据与英语的距离把各种语言分为三类，给予学习者不同的资助和学习时间。最难的一类包括日语、朝鲜语、缅甸语、汉语等；中等难度的一类包括波兰语、俄语、波斯语、土耳其语等；最容易的一类包括丹麦语、德语、西班牙语等。Trudgill（1983）则指出有些亲属语言，如同属印欧语系日耳曼语族北日耳曼语支的挪威语和瑞典语极其相似，以至受过良好教育的两国人可以不经翻译进行交流。上述研究初步提出了“语际距离”的概念，但是囿于二语习得中的二分法观点，即语言间的相似性意味着学习容易性，相异性造成学习困难，得出的结论不免失之偏颇；其次，既然概念中有“距离”，那就必定涉及语言间差异定量测定的问题，而上述语言学家对于语言间远近的判定还停留在语言类型学框架内的定性分析。

随着二语习得研究的深入开展，人们逐渐摒弃了对母语在二语习得中作用的二分法观点，转而探讨母语在何时、何种条件下影响第二语言习得。在此背景下，Kellerman（1979）强调了学习者主观意识到的语言距离的重要性，首先提出“心理语言距离”的概念，用来指学习者认为语言之间存在的距离，这一距离可能和客观语言距离相符或者相反。近年来，Ringbom（2001）、Sercu（2007）、Kirkici（2007）、Analia（2009）、Rast（2010）等学者对“心理语言距离”的研究表现出强烈的兴趣和关注，从词汇、词法和句法等不同方面证实了心理语言距离的存在和作用。Cenoz（2001）考察了以巴斯克语或西班牙语为母语、英语为三语的中小学生的英语词汇使用情况，发现学习者感觉到的心理语言距离比实际语言距离对迁移的影响更大。

在语际距离判定方面，部分经济学家为相关测量提供了工具和方法，为语际距离的测度做了重要的先驱性工作。比如，Hart-Gonzalez & Lindemann, S.（1993）选取说英语的美国人对他们进行16—24周的语言培训，之后进行测试评分，列出了国际上43种语言与英语之间距离的评分，分数越高与英语的距离就越近，分数越低与英语的距离就越远。这两位经济学家的实验为语际距离的判定提供了一个全新的视角和可操作的步骤，为语际距离的定量分析奠定了基础。另一个测量语际距离的角度是Kessler（1995）提出的运用“编辑距离”来计算语际距离。编辑距离的计算原理是计算将字符串A变为字符串B的编辑次数，而且是A转化为B所需的最少编辑操作次数。由于编辑距离能够通过定量研究客观地显示语言间的亲疏远近关系，近年来，这一测量方法经常被 Heeringa（2004）、Serva & Petroni（2008）等应用于计算方言间的语际距离，从而达到将方言归类的目的。最后是 Van Hout & Münstermann（1981）提出的有关心理语际距离测量方法，他们将语言距离的远近分成几个层级，通过让受试者听不同语言的录音，以调查问卷的方式，让受试者选出他们认为受试语言间的远近距离。

目前，国外有关语际距离的研究围绕以下三个视角展开：第一，语际距离视野下外语习得和语言教学法研究。如 De Angelis & Selinker（2001）、Fouser（2001）、Ringbom（2003）、De Angelis（2005）等开展了语际距离对二语/三语习得过程影响的实证研究。Martín（2008）、Moreno（2010）等提出在组织对外西语教学时要根据不同的语际距离采取不同的教学方法。第二，语际距离与移民者语言熟练度关系性研究。如，Chiswick & Miller（1998）阐述了语际距离在多大程度上影响非英语国家移民的英语熟练度。Chiswick & Miller（2005）进一步论证了可以通过语际距离有效衡量出非英语国家的移民去美国或者加拿大的英语熟练程度。在其他变量相同的情况下，两国语言距离越远，该国移民的英语熟练度越低。第三，研究语际距离与国际贸易流量的关系。如，Melitz（2008）将语际距离导入“引力模型”，论证了缩小语际距离可以促进国际贸易。Lohmann（2011）提出语言距离与双边贸易显著负相关。

国内相关研究有初步进展：第一，在二语/三语习得方面，欧亚丽、刘承宇（2009）、杨学宝（2014）等研究了语际距离对蒙古族、沧源佤族等少数民族学生三语习得的影响。徐浩（2011）则通过研究证实了母语与二语间的距离越近，学习者二语视听工作记忆广度之间的差异就越小。第二，在外语教学方面，王振亚（1993）、陆经生（2009b）提出由于汉语和西方语言距离较大，很多西方通用的教学方法和教材并不符合中国外语教学的实际情况，为此，必须构建具有国情特色的外语教学体系。第三，在移民问题方面，伏干（2014）提出语际距离对外来务工人员的语言能力具有显著的预测作用。第四，语言经济学方面，苏剑（2011）把语际距离隐喻为货币汇率，认为可以把语际距离看作一种民族通用语言为别的民族通用语言所表示的价格。苏剑、葛加国（2013）根据汉语留学预科生的成绩测度出语际距离，实证研究语际距离对国际贸易量的影响程度。研究表明，在其他条件不变的情况下，两国的语言距离越大，两国的贸易流量越小，两者呈负相关关系。

我们认为，语际距离的量度和研究，也就是对于汉语与拉美地区普遍使用的西班牙语和葡萄牙语差异的分析，将有助于我们有针对性地开展对外汉语传播工作，面向拉美地区汉语学习者使用特定教学方法，提高汉语在拉美地区的教学和传播成效。通过汉语和西班牙语以及葡萄牙语的比较，我们发现，就发音而言，汉语的音素发音对于绝大多数拉美地区学生而言并不造成太大的困难，因为汉语普通话中大部分音素在西班牙语或者葡萄牙语中也有。然而，汉语四声却对拉美学生构成一定的难度。在超音段层面，西班牙语和葡萄牙语中都有重音，但重音的概念和声调却完全不同。拉美地区汉语初学者往往会将这两者搞混，错误地认为普通话的声调和西班牙语或葡萄牙语的重音类似，所以有必要先对这两者进行概念区分，再进一步分析汉语声调的特点。西班牙学者 Quilis（1999：388）对重音的定义是“音的加重”，且重音有区别意义的作用。而声调则是指有辨义作用的音高升降曲折的状态。需要强调的是声调的音高是相对的，不是绝对的。嗓音高低个人不一样，但决不会影响声调的高低升降，因为声调之间高低升降的相对关系是比较固定的。在理论比较的基础上，教学初级阶段可以让拉美地区的学生较为夸张地进行四声发音，当他们能够准确分辨时，再逐步纠音。

上一小节的调研也显示，汉字的书写对拉美地区学生来说也是一大难点。他们习惯使用字母书写，对于完全不同的汉字书写体系比较陌生。此时，汉语教师要从基本笔画和笔顺入手，让这些学生了解汉字的构成，然后反复操练。此外，当他们掌握了基本的汉字书写后，可以教授在电脑上使用拼音输入法书写汉字，以提高汉语书写习得的获得感和成就感。对于天性乐观开朗的拉美学生而言，这种成就感对于促进汉语学习尤为重要。

总之，面对语言距离较大语言的习得时，也就是目的语和母语差异较大的情况时，首先，我们要引导学生克服心理上的障碍。上述种种调研结果均显示，尽管汉语和西班牙语或者葡萄牙语之间的语际距离比较大，差异很明显，但在很多情况下，这些差异并不会构成太大的学习障碍。相反，拉美地区的汉语教师可以充分发挥差异所带来的两种优势来提升汉语传播时的声誉，指出：第一，有差异才有学习乐趣，有差异才能激发学习潜能，有差异才能打开遥远东方大国文字的神秘大门。第二，正是因为差异巨大，母语反而不会因为类似性而对汉语学习造成干扰，从零起步，“在白布上作画”，绘画效果反而更好。通过这样的解释，力争缩小上文提到的语言学习“心理距离”，促进汉语在拉美地区的教学与传播。

当然，在缩小“心理语言距离”的基础上，拉美地区的汉语教师也要通过语言比较，提前预判到拉美地区学生汉语学习的两大难点：第一，就是汉语普通话的声调；第二，就是汉字的书写。当然，这两个困难并非拉美地区汉语学生特有，但是拉美地区的汉语教师可以基于汉语和西班牙语或葡萄牙语等学生母语的对比，系统分析汉语声调和西班牙语或葡萄牙语重音的不同，并对此设计重音和四声区分的针对性练习。汉字书写方面，首先要通过书写基本单位的比较，让拉美地区学生逐步了解并掌握基础笔画和笔顺，并通过反复练习与实践加以掌握。其次，随着电脑技术的普及，也可以在掌握基本汉字书写的基础上，教授汉语拼音输入法，使用电脑来书写汉字，提高汉字学习的趣味性和实用价值。

第三节　国际比较视野下面向拉美地区的汉语传播战略

一　各国面向拉美地区的主要语言传播战略

在本书的第三章和第四章中，我们介绍并比较了各国面向拉美地区实施的语言传播战略，在本节中，我们将对各国面向拉美地区的主要语言传播战略作一小结，并在此基础上分析这些战略对于我国面向拉美地区传播汉语的启示。

(1) 基于语言传播动因的战略

基于语言传播动因的战略主要有“联合战略”“亲情牌战略”“文化名片战略”和“就业驱动战略”。“联合战略”是语言受军事动因驱动进入拉美地区，如今已经在拉美当地获得语言传播相对优势的国家普遍使用的战略，以西班牙、葡萄牙、美国和荷兰为主要代表。第二章的分析表明，军事动因强大，受此动因推动而传播至拉美的西班牙语、葡萄牙语、英语和荷兰语都已经成了当地的官方语言。结合语言传播的历史背景以及如今面临的全球化语言竞争，这些国家普遍采用联合策略，希冀以此丰富本国语言的内涵，同时强化语言的竞争实力。

西班牙将他们的联合战略命名为“泛西班牙语”，一个“泛”字突出了联合战略的包容性和联盟实质。在联合战略的大框架下，西班牙语言规划和推广机构实现了从最初追求西班牙语的纯正到如今大度地采纳各种拉美西班牙语变体的转变。这种转变有利于巩固西班牙语在拉美地区的强势地位，也有利于这门语言在拉美地区激烈的语言传播竞争中立于不败之地。与西班牙类似，葡萄牙的语言文化推广机构也开始谋求与拉美葡语国家巴西的联盟，并且在围绕巴西的周边国家密集布点，把这些国家视为该国语言文化推广的战略高地，一起纳入战略联盟。美国面向拉美的语言传播战略则对接“门罗主义”，主张美洲是美洲人民的美洲，也就是我们都是美洲人，同时，基于共同的“美洲人”身份来传播英语。荷兰同样如此，该国的语言文化推广机构“荷兰语语言联盟”本身就包含“联盟”两字，突出联合拉美的重要性。2003 年，该机构正式把苏里南纳入荷兰语语言联盟，签署战略合作协议，这对于荷兰语在苏里南地位的巩固和提升起到了非常关键的作用。

“亲情牌战略”则是语言受移民动因驱动传入拉美的国家普遍采用的战略，以德国、日本、意大利为主要代表。历史上，这几个国家的语言，即德语、日语和意大利语在拉美地区传播主要依靠移民动因驱动。如今，这些国家注重深挖拉美当地移民的潜力，力求依靠移民的力量，把这些国家移民较为密集的地区作为语言文化推广的重点区域，充分利用当地良好的语言文化认同基础进一步深化语言传播。德国的语言文化传播机构在拉美进行布点时，第一批战略高地的选择都集中在德裔移民集中的几个拉美国家，包括秘鲁、玻利维亚、巴西、哥伦比亚和智利。日本的做法也非常类似，该国在拉美地区推广日语语言文化之时，首选拥有大量日本移民的巴西。意大利同样如此，把历史上意大利移民集中的阿根廷作为意大利语推广的大本营，在该国密集布点，数量名列全球第一。众所周知，语言除了工具性之外，还具有人文性，能够发挥文化传承和身份认同的作用。语言是有温度和记忆的，因为各种各样的原因移居到拉美的第一代移民们带着他们各自的乡音来到拉美这片广阔的土地，在定居扎根的同时，也把他们的语言带到了第二故乡。异域的乡音承载着他们童年的回忆，那是他们内心力量的来源，也是他们身份的象征。这些移民聚集的地方自然具有良好的群众基础，有利于这些受移民驱动而来到拉美的语言进一步传播。换一个角度看，身份认同和文化传承的力量是巨大的，也是语言使用者最难割舍的，因此，亲情牌战略基于人类最朴素的情感，看似是个“软战略”①，却能深入人心，在拉美这片移民人口众多的土地上取得很好的语言传播效果。

“文化名片战略”是那些语言声誉较高的国家经常使用的战略，代表国家有法国和日本等。法语和日语在拉美当地享有良好声誉，法语被视为优雅的语言，日语是可爱卡通的语言。因此，法国和日本面向拉美地区传播语言文化时就充分挖掘各自语言所承载的文化内涵，举办一系列文化活动，以此来吸引拉美地区的民众学习法语和日语。此外，日本还向拉美地区输出了一大批卡通电视剧和电影，日语也随着很多卡通人物和卡通片情节一起深入到拉美的各个角落，拉美很多人开始学习日语就是因为喜欢日本动漫。值得注意的是，日语通过卡通电视剧和电影来传播语言的方式是“大众”传媒的方式，也就是说，语言文化传播的受众面是非常广的。和举办一场文化活动至多吸引百来人或者上千人不同，大众传媒的对象是成万甚至上亿的，从这个角度去看，这种传播方式效率很高。

“就业驱动战略”则是那些语言受到经济贸易或者科技推动的国家使用的战略，代表性国家有美国、德国和中国。作为经贸、科技发达的国家，美国和德国的语言一直受到拉美民众的欢迎，英语长期占据拉美当地外语学习榜的首位。拉美民众学习英语和德语主要是因为这两个国家经济、科技发达，拉美很多大型美国企业或者德国高科技企业都需要他们的员工掌握英语或者德语。此时，语言学习成为谋求工作的准入证，很多拉美人学习英语或者德语就是为了能够在美国或者德国企业就职，

---

①　美国学者约瑟夫·奈在20世纪90年代最先提出了“软实力”概念，认为一个国家的综合实力既包括经济、科技、军事实力等“硬实力”，也包括文化、价值观、意识形态影响力等“软实力”。借用“软实力”这个术语，本节中，我们把基于共同身份、文化认同的亲情牌战略定义为“软战略”，把基于经济、科技、军事动因驱动的战略称为“硬战略”。

获得相对高的薪水。近年来，随着中国国力的提升以及中拉贸易的大幅增长，也有越来越多的拉美人开始学习汉语。根据秘鲁孔子学院的调查，汉语已经在当地外语学习排行榜上跃升至第二名，而大部分人选择学习汉语就是为了用这门语言作为敲门砖，谋求更好的职业发展。

（2）基于拉美独特性的战略

除了对接语言传播动因之外，语言传播战略的实施还必须“量体裁衣”“因地制宜”，这就需要切合拉美地区的独特性。基于拉美地区独特性的语言传播战略主要有“国力牌战略”“网络传播战略”和“语言相似性战略”。

“国力牌战略”主要运用于语言文化传播机构的布点。在布点初期，很多国家会研究分析拉美地区综合国力强大的国家和地区，将这些国家或地区确立为语言文化传播的高地。上文中提到，2022 年拉美地区 GDP 总值排名前几位的国家依次为巴西、墨西哥、阿根廷、哥伦比亚、智利和秘鲁。而我们研究的各国代表性语言文化传播机构也恰恰是在上述这几个国家密集布点。这种“不谋而合”并非偶然，在这背后体现出各国在拉美传播语言文化之时对于拉美地区各国综合实力的考量。当这些国家需要在拉美地区传播它们语言的时候，不可避免的，首先要对拉美地区有个比较充分全面的认知，了解拉美地区哪些国家经济实力或者综合国力较为强大，因为在这些国家传播语言有助于双边经贸往来，凸显语言传播的经济价值，开辟语言传播实施国和对象国双赢互惠的局面。

“网络传播战略”也是各国实施语言传播战略时基于拉美地区治安的考量，实施的一项比较具有拉美特色的战略。例如，法国、英国和西班牙的语言文化传播机构在面向拉美地区推广语言时，会更多开设网络课程或者虚拟课堂，而非实体机构。由于语言学习的特殊性，很多时候，由于缺乏共同学习的环境或者语言学习者本身自控能力不是很强，网络学习并不能达到很好的效果。但是，在语言文化深入推广之前，作为普及或者渲染的一种重要手段，利用网络来开展语言传播的力量不可忽视。此外，拉美人民性格活泼乐观，喜欢以相对生动或者娱乐的方式来进行语言学习。针对拉美当地人民的特点，英国语言文化传播机构开发了很多语言学习软件，甚至有深受拉美人民喜欢的足球语言学习软件。这种寓教于乐的方式深受当地人民的欢迎，也让语言传播变得更为生动且符合“拉美水土”。

“语言相似性战略”与其他传播战略充分挖掘语言附加值稍有不同，这项战略的实施更多基于语言本体的考量，代表性国家有葡萄牙和意大利。众所周知，西班牙语、葡萄牙语和意大利语都来源于民间拉丁语，从语言本体来看非常相似。很多语言学家甚至提出“天然相互理解”的概念，也就是说，这几门语言的使用者可以相互听懂对方的语言。这与我们汉语中部分方言类似，例如，吴语区的上海人能听懂同属吴方言的苏州话或者无锡话。基于这种语言本体之间的相似性，葡萄牙和意大利在声誉层面宣传语言学习的容易性，在教育层面开发面向拉美地区以西班牙语为母语人士的特制课程，优化语言学习体验，提高语言传播效率。当然，也有学者提出，语言的相似性有时反而会阻碍语言的传播。例如，很多巴西人并不能很好地习得西班牙语，因为他们往往能够听懂西班牙语，没有充分的学习动机。另外，即便是一方说西班牙语，另一方说葡萄牙语，也能相互交流，因此，反而缺乏语言学习的动力。当然，语言学习动机会在一定程度上影响语言的习得和传播，但总体而言，语言之间的相似性会促进语言的传播。

上面对于各国面向拉美地区的语言传播战略梳理表明，语言传播战略具有复合型特征，也就是说，一个国家往往会面向拉美综合使用几种战略，相互补充，从而优化语言传播效果。例如，德国面向拉美地区“软硬兼施”，既充分利用语言的工具性，实施“就业驱动战略”，也充分挖掘语言的人文性，实施温情十足的“亲情牌”战略。两种战略各具特色、相得益彰，有效促进了德语在拉美地区的传播。葡萄牙一边拉拢巴西，实施“联合战略”，一边基于本体的共同性实施“语言相似性战略”。美国则一手打联合牌，一手利用就业优势吸引拉美人民学习英语。

此外，通过国际比较我们发现，不管是受经济、军事、科技驱动的“硬战略”，还是受文化、价值观和身份认同驱动的“软战略”，要想取得语言传播良好的效果，有两条重要经验值得我们学习与借鉴。第一，国家实施的语言传播战略必须切合语言传播的动因。第二，面向拉美地区的语言传播战略要符合该地区的特点。因此，面向拉美地区，我们要构建切合语言传播动因并符合拉美独特性的汉语传播方案。只有充分对接语言传播动因，同时考虑到拉美本土化特征，在此基础上，充分挖掘汉语背后所承载的政治、经济、文化价值，面向拉美地区的汉语传播战略才能达到比较好的效果。

二 构建切合语言传播动因的汉语传播方案

我们在第二章中以拉美地区为例，解释了为什么有些语言会传播，而有些语言则很少发生地域流动，这些现象背后推动的力量又是什么。总体来说，同生物界情况类似，语言传播也遵循“弱肉强食”的丛林法则，语言所蕴含的综合实力越强大，向外传播的潜力也就越大。这些潜能一旦受到动因驱动，就会引发语言的传播。军事、宗教和经济是推动语言传播最为重要的几个因素。动因视域下的语言传播具有综合性、动态性、落差性和差异性这几个特点。汉语在拉美地区要想获得语言传播的成功，必须“苦练内功”，提高汉语所承载的综合价值，增强汉语面向拉美地区传播的潜能。在此基础上，还要辅以一定的传播技巧，构建切合动因的传播方案，以达到“随风潜入、润物无声”的传播效果。

历史上，汉语在拉美地区的传播主要依靠移民动因。受此动因驱动的汉语传播尽管在拉美西语或葡语中留有痕迹，但总体来说，影响力非常有限。近年来，汉语学习在拉美掀起一股热潮，这与中国国力的提升和中拉贸易的快速发展密切相关。也就是说，目前汉语在拉美地区的传播主要依靠经济贸易因素推动，李宇明（2011），马洪超、郭存海（2014），陈豪（2018）在他们的研究中表达了类似的观点。秘鲁天主教大学孔子学院曾在2015年做过一个汉语课程需求的调研①，采访了637位当地的汉语学习者。该调研显示，目前拉美地区汉语学习动机受经济贸易驱动明显，利用汉语在当地谋求更好的职业发展（39.9%），或者去中国工作（8.5%），进行公司项目（6%），从事贸易往来（5.5%）这几项学习动机排名前列，如表5－6所示。

① 调研数据由秘鲁天主教大学孔子学院提供。

表5－6　拉美学生汉语学习动机调研

汉语学习动机	比例（%）
职业发展	39.9
出国留学	14.9
学习外语是重要的	13.8
到中国工作	8.5
公司项目需求	6.0
贸易往来	5.5
说汉语的人很多	5.3
旅游	4.9
想了解中国	0.8
文化	0.4

综合上述学者的观点和拉美地区孔子学院的调研，在当前形势下，应当在拉美地区构建切合经济贸易动因的汉语传播战略。

首先，在声誉规划层面，借鉴美国、德国面向拉美的语言声誉规划经验，充分突出汉语学习的经济价值。我们以墨西哥为例，中国已成为该国在全球的第二大贸易伙伴，中墨双边贸易2014年达到434.5亿美元，是两国建交之初的3300多倍，主要集中在农副产品、产能装备、基建、能源、通信、旅游等领域。① 因此，在墨西哥当地宣传汉语学习时，应当重点提及上述领域的双边贸易意味着大量的就业机会和商业机遇，而汉语学习正是获得这些机会的有效途径。

其次，在教育规划层面，汉语语言文化推广机构在拉美地区的建设方案要根据中拉贸易情况有所侧重。孔子学院目前主要采用中外大学合作办学模式，由中外双方在充分协商的基础上签署合作协议。这种模式固然能够调动外方办学的积极性，但也在一定程度上造成了孔子学院布点的偶然性和分散性，缺乏聚焦和侧重。因此，面向地域广阔的拉美地区，要充分调研，基于中拉贸易发展的现状和前景打造孔院发展战略高地，给予政策、资源上的倾斜，充分挖掘汉语在拉美地区传播过程中所

① 《对驻墨西哥大使邱小琪的书面专访》，墨西哥《金融家报》经济版，2015年7月13日。

呈现的经济价值，以语言为纽带打造经贸共同体。

最后，在教育规划的课程建设方面，根据具体情况，设立“汉语+经贸”或者“经贸+汉语”培养模式。在确保汉语本体教学质量的前提下，开设经济贸易方向的汉语课程；或者选拔优秀经贸专业学生选修汉语，培养既懂语言，又能适应中国企业文化的拉美汉语人才。汉语学校或者汉语课堂主要做好该模式中的汉语习得部分，经贸部分则可充分调动外部资源有效对接。在条件允许的情况下，开设实践项目，培养学生从事涉华工作的能力，通过实践来了解并适应中国企业文化。

当然，除了经济贸易动因外，还要在一定程度上兼顾汉语在拉美传播的移民动因和文化动因，以此拓展汉语传播的人文内涵，优化传播效果。在秘鲁等华裔移民较多的地区，可参考德国、意大利、日本面向拉美大打亲情牌的经验，强调汉语学习在身份认同方面的作用，指出掌握汉语能够提高他们的归属感，增强自尊和自信。此外，借鉴法国、日本等国面向拉美语言文化的传播经验，在拉美地区利用大众媒体传播中国优秀当代文化，吸引拉美民众尤其是青年群体，以挖掘汉语语言和文化在当地的传播潜力。

三　构建切合拉美独特性的汉语传播方案

除了切合语言传播动因，国际比较经验还告诉我们，面向拉美地区传播语言还要做好本土化工作，即符合拉美地区特点，避免“水土不服”。

第一，就语言推广机构建设而言，可以借鉴美国的经验，积极与拉美当地教育机构合作，结合当地特色开展汉语教育工作。同时，以恰当的方式联合当地政府机构、教育部门、新闻媒体和出版社等单位和组织，以便获得传播对象国支持，进而使得拉美民众最大程度理解并接受汉语传播的内容和方式，达到汉语在拉美地区传播的最优效果。注重“喷淋效应”，关注拉美地区汉语推广对象中的精英群体，以期他们作为汉语在拉美地区推广的大使，实现自上而下的喷淋效应。汉语推广机构在开展文化活动的时候，要充分了解拉丁民族热情奔放的个性，通过拉美民众普遍热爱的音乐、舞蹈、体育、诗歌、壁画等文化交流活动开展汉语语言及文化推广。同时，注重与拉美当地文化艺术的互动，建立“对话机制”，以各种形式广泛邀请拉美艺术家共同参与汉语文化推广活动，以便以更加符合拉美民众审美标准的形式，生动有效地传播汉语和中国文化，为广大拉美民众喜爱和接受。

第二，就教育规划而言，要加强面向西语和葡语学生的对外汉语教学体系建设。拉美地区大部分国家以西班牙语和葡萄牙语为官方语言，因此，有必要加强切合西语和葡语学生的对外汉语教学体系研究，并在实践层面着力推进西班牙语或葡萄牙语对外汉语教材建设、拉美当地汉语师资培养和适合西语或葡语学生的汉语教学模式探索。在实践过程中，可先选择部分拉美汉语课堂进行小规模试点，在试点方案完善之后全面铺开，总结经验，形成切合拉美学生的汉语教学体系。我们在第五章第二节中总结了拉美学生汉语学习的主要问题和难点，在教学实践或者教材编制的过程中，要对这些问题和难点加以重点关注，详细讲解，并设计合适的练习加以操练强化。此外，中国和拉美地理上相距遥远，派遣中国志愿者在拉美当地轮流担任汉语教师不但成本高，而且因为流动性强，无助于提升汉语教学的效果。因此，要特别关注拉美地区汉语本土师资的培养，设立专门项目进行拉美本土汉语教师培养的研究与实施。

此外，我们在拉美孔院的调研表明，拉美民众比较接受轻松愉快的汉语学习方式，这符合拉美民众普遍乐观开朗的性格。拉美民众热爱歌舞，在汉语教学的过程中可以充分利用歌曲等形式，优化教学效果。例如，在采访秘鲁天主教大学孔子学院汉语教师的过程中，他们提到，在教授汉语中的难点之一，量词的过程中，他们会选用《红山果》这首汉语民歌来进行教学，深受拉美学生的欢迎，教学效果也很好。《红山果》的开头部分歌词如下：“一朵花、一棵树、一座房子、一条路、一座山、一条河、一只小船、一个我、一颗心、一把火、一个木瓜、一个你。划着船，过了河，你在水边看着我。”短短几句歌词中集中了 8 个量词，涉及与 12 个不同名词的搭配。歌曲的形式朗朗上口，寓教于乐，方便记忆，非常适合拉美地区的学生。

第三，充分利用网络和社交媒体资源在拉美地区开展远程汉语教学。考虑到拉美地区的治安现状和社交媒体的迅猛发展，借鉴西班牙塞万提斯学院、法国法语联盟、英国文化委员会等老牌语言文化传播机构实施拉美战略的经验，充分利用网络和社交媒体资源开展远程汉语教学活动。

同时，注意利用信息技术收集拉美汉语学习者数据及汉语学习反馈信息，在大数据分析的基础上探索个性化教学模式，优化汉语学习体验，提高远程教学质量。

总之，面对当前在拉美持续升温的汉语热，应当抓住机遇，优化资源配置，制定切合拉美国家需求并符合我国整体发展战略的汉语传播方案。拉美地区汉语传播机构在建设过程中，应当深入了解拉美各国社会人文背景，考虑到拉丁美洲的具体情况，因地制宜，制定切实可行的汉语推广战略，提高汉语在拉美地区的传播成效。

第六章

结　论

拉美地区语言文化丰富多样，走在拉美的街头，我们能听到各种各样的语言：西班牙语、葡萄牙语、英语、法语、荷兰语等。本书开头我们提出了一系列的问题：这些语言是如何传播到拉美的？推动这些语言传播的力量是什么？各种语言传播到拉美后会发生哪些变化？在当前全球语言竞争大背景下，各国是如何争取拉美这片广阔地域的？汉语又如何在拉美地区进行传播？通过上文五个章节的阐释和研究，这些问题已经有了初步的答案。在本章中，我们就把这些答案逐一罗列，为本书作结。

总体来说，现代拉美语言文化根植于拉美的历史演变进程，本土民族与语言、欧洲殖民者及外来语言、来自亚非欧洲等地的外来移民及其语言文化等共同参与了现代拉美语言文化的形成与塑造。总体而论，当代拉美呈现多种语言并存的状况，西班牙语、葡萄牙语、英语、法语、荷兰语与从前殖民时期就留存下来的多种土著语言和方言在拉丁美洲百花齐放，但以西班牙语和葡萄牙语为主要语言。据统计，在欧洲人抵达拉丁美洲之前，这片大陆有多达 1750 种语言。到 20 世纪 90 年代中期，整个拉美还有 550—700 种语言。如今，在拉美地区有 56 个语系和 73 种独立语言。目前，在该地区，除了克丘亚语和艾马拉语等印第安土著语，其他官方语言或者通用语都是外来语，或者外来语和当地土著语的混合。由此可见，这些原本不在拉美地区，主要通过殖民进程传播到拉美的语言，如西班牙语、葡萄牙语、英语、法语和荷兰语等都比较强势，它们不仅通过传播进入拉美地区，还在当地占据主导地位。从各国和地区的语言政策来看，绝大部分国家受殖民时期影响，将宗主国带来的语言确定为官方语言。在少部分土著人口较多的国家，政府也鼓励和保护土著印第安语言的使用。

伴随全球化进程，在拉美各国和地区的基础教育中，学校除教授本国通用的母语外，也开设外国语言学习课程。在独立初期的拉美各国，学习外语为有途径接受中学和高等教育的少量精英所独享。在公共教育中最有声望的欧洲语言跟来自法国、英国、意大利和德国的移民相一致。在二十世纪的拉丁美洲，最突出的外语是法语，其次是英语、意大利语和德语。在很多国家的中学教育中教授两种欧洲语言。法语在外语教学中受追捧，与拉美人对法国文化的尊崇有关。法语被认为是一种优雅的贵族语言。在过去的很长时期内，外语能力主要是精英专属的特有领域，与中等和高等教育以及私立学校有关。近年来，开始在小学甚至学前教育阶段迅速扩张。随着全球化进程的推进，英语逐渐在外语教学中体现出强势地位。近年来，拉美各国加强对外语教学，尤其是英语教学的重视，旨在让本国国民全面参与全球化进程，同时能够更广泛地获取各种信息。许多国家正大力加强英语教学，如哥伦比亚和墨西哥在初等教育中要求必修外语，通常是英语。英国和美国也大力推动并帮助提升拉美地区的英语教学水平与师资力量，如英国文化协会在拉美多国协助培训英语师资。近年来，随着中拉政治互信增强、经贸往来增多，中国在拉丁美洲影响力的增强，汉语的吸引力也日益增长。汉语从之前主要在华侨华人中使用，逐步推广到拉美各国的大中小学教学中，不少拉美当地人主动学习汉语。2014 年，在智利圣地亚哥成立了孔子学院拉丁美洲中心，旨在优化拉美地区资源配置，进一步推动拉美各国的汉语教学与中国文化推广。

从语言文化政策角度来看，历史上，拉丁美洲就存在三种语言文化政策取向：单一语言制、多语制、多元语言制，至今，这三种语言文化政策取向在现代拉美社会依然存在，并相互竞争。其中，单一语言制否定语言多样性，体现出文化排斥倾向；多语制承认语言多样性是一个“问题”，但同时也是一项权利，体现出文化包容和从属倾向；多元语言制则将语言的多样性视为丰富的资源，体现出文化和跨文化基础的导向。总体而言，经过殖民地时期以来漫长的“卡斯蒂利亚化”，拉美的单一语言制，即以殖民者语言为官方语言的传统根深蒂固。尽管在土著人口占多数的玻利维亚等国，试图实行语言的“去殖民化”，将土著语言提升到重要的位置，但西班牙语长期以来形成的强势地位依然不可撼动。近年来，为保护本国文化以及语言的多样性，拉美多国采取的语言政策体现出多语制和多元语言制的倾向。

从语言传播角度来看，“殖民时期”和“移民潮时期”是各种语言传播到拉美地区的两个重要时期。通过殖民进程传播到拉美的语言主要有西班牙语、葡萄牙语、英语、法语和荷兰语。殖民时期，外来语言在拉美地区的传播和推广经历了与土著语言并存到逐渐变为主导语言的过程。殖民进程中，外来语言从使用者寥寥的弱势语言转变为拉美各国的通用语甚至官方语言，这种转变的实现主要依赖家庭传播、权利传播和学校传播这三大路径。家庭传播是西班牙语在殖民时期迅速、广泛推广开来的重要途径。伴随西方殖民者与土著居民通婚，大量土生混血种人产生，西方殖民者的语言也在混血的过程中得以在族际和家庭间传播开来。在殖民初期，由于西方殖民者男性居多，他们生下的混血子女往往受母亲的土著语言影响更大。但伴随殖民者的语言成为代表权势的语言，除土生白人外，混血家庭的子女以及印第安精英家庭的子女开始使用西班牙语、葡萄牙语等殖民者的语言作为交流的主要方式。除了家庭传播之外，宗主国王室还通过颁布法令的方式，强制性规定在行政管理和教育中使用西班牙语。这种语言依靠权力进行传播的方式，是西班牙语、葡萄牙语在殖民地推广开来的重要原因之一。此外，通过学校的教育进行传播是西班牙语得以在受教育人群中迅速推广的重要途径。早在 1768 年，卡洛斯三世颁布法令规定西班牙语为教育用语。这一规定使得殖民者的语言通过学校传播成为常态，成为西班牙语最为正式、规范且持久的传播方式。学校传播让广大学生群体通过系统学习掌握殖民者的语言，促使这些语言最终在广袤的拉美地区落地生根。家庭传播、权利传播和学校传播这三种传播途径相辅相成，相互促进，相得益彰，有效推动了殖民者语言在拉美地区的传播。

通过移民潮进入拉美的语言主要包括各类非洲语言、意大利语、德语、汉语、日语和阿拉伯语等。伴随第一次移民潮进入的主要是从非洲、印度、中国等地输入，在拉美当地被当作奴隶和劳工使用的被动移民。十六世纪至十九世纪初，移民进入拉美地区人数最多的是非洲人。由于当时欧洲殖民者对美洲原住民印第安人大规模屠杀，当地土著人口锐减，为开发美洲殖民地以适应欧洲对原料和市场的需求，殖民者便到非洲掠夺黑奴。这些奴隶遭受各种压迫，此时，参加各类宗教或文娱活动成为他们精神慰藉的最好方式。在这些活动中，他们保留使用非洲母语的习惯，由此，各类非洲语言，尤其是那些和宗教、乐器、舞蹈和音乐相关的语言得以在拉美地区进行传播。1840 年鸦片战争打开了中国大门，西方殖民者和拉美大种植园主乘机掠夺中国的劳动力，以契约华工取代非洲黑奴。1847—1874 年间，拉美输入契约华工人数高达 50 万人。这些华人劳工主要分布在古巴、秘鲁和英属圭亚那等地从事农业和采矿业劳动。

第二次移民潮发生在 1870—1940 年间，主要是来自南欧的自由移民。当时，欧洲正处于工业化浪潮中，机械化生产模式使得劳动力大量过剩。迫于生计，意大利、西班牙和葡萄牙等南欧的大量自由移民涌向巴西、阿根廷和乌拉圭等南美地区。此外，处于现代化早期的拉美国家普遍宣传移民福利政策，例如，可以获得土地和高收入，以此来吸引欧洲移民。第一次世界大战以后以及希特勒统治时期，德国国内的一部分受压迫者也选择移居拉美，其中百分之九十选择巴西南部、阿根廷东北部、巴拉圭、乌拉圭、智利南部、秘鲁、委内瑞拉和玻利维亚作为他们的目的地。1880—1930 年，近 500 万欧洲移民进入阿根廷，其中意大利人多达 300 万。19 世纪中叶，也有黎巴嫩等中东国家的移民来到拉美，如今生活在拉美地区的黎裔人士，大多是当时移民潮中黎巴嫩人的后代。此间也有一些亚裔移民，如日本人移居巴西等南美国家。

不论是被动移民，还是自由移民，受移民动因驱动进入拉美的语言影响力非常有限，只会在语音语调、个别词汇和句法层面对当地语言产生少量影响。首先，很多移民是以劳力被输入的，社会地位较低，无法通过权力传播和学校传播等途径传播他们的语言。此外，很多劳工移民来自不同部落或地区，相互之间也只能使用当地殖民者的语言进行交流。其次，在劳工移民和自由移民到达拉美之时，西班牙语和葡萄牙语在当地的势力已经非常强大。当地政府为了同化移民，会强制规定使用这两门语言。此外，第二次世界大战期间，作为轴心国的语言，德语、日语和意大利语在拉美遭禁，这也阻碍了这三门语言在当地的进一步传播。最后，有些移民群体移居至拉美后很快融入当地社会，开始使用当地的语言或者向当地语言靠拢。

推动各种语言传播到拉美的力量主要包括军事动因、移民动因、经济贸易动因、宗教动因、文化动因和科技动因。受军事动因驱动传入拉美的语言主要有西班牙语、葡萄牙语、英语、法语和荷兰语；受移民动因推动传入拉美的语言包括各类非洲语言、汉语、意大利语、德语、日语等；受经济贸易动因在拉美地区传播的语言主要有英语、汉语、西班牙语等；受宗教动因传播的语言主要是西班牙语和各类非洲语言；受文化动因传播的语言有法语、日语、韩语等；受科技动因传播的语言主要是德语。总体来说，同生物界情况类似，语言传播也遵循“弱肉强食”的丛林法则，语言所蕴含的综合实力越强大，向外传播的潜力也就越大。这些潜能一旦受到动因驱动，就会引发语言的传播。军事、宗教和经济是推动各种语言传播到拉美最为重要的几个因素。其中，军事动因最为强大，受其推动而传播至拉美地区的语言都成为当地的官方语言。

动因视域下面向拉美地区的语言传播具有综合性、动态性、落差性和差异性这几个特点。综合性可以从两方面去理解，首先，在同一地区，推动各种语言传播的动因是不同的。总体而言，语言传播动因大多是语言外因素，语言本体的因素很少。我们以拉美地区为例，该地区语言传播动因非常多样，包括军事、移民、经济贸易、宗教、科技、文化等，这些因素综合作用，相互交融，共同绘制出拉美地区丰富多彩、独具风情的语言地图。其次，就某种特定语言而言，在同一时期推动它传播的动因也往往不是单一的，而是综合的。落差性是指语言的地域流动在动因层面也遵循从较高语势往较低语势流动的规律，落差越大传播越快，这和水流总是从较高地势流入较低地势极为相似。我们所述的语势是指一门语言所承载的综合价值，军事动因层面，殖民者的语言语势大大高于拉美当地的印第安语，因此很快在拉美传播开来，并长期占据主导地位。移民动因层面，尽管影响有限，但意大利、日本、德国等移民还是把他们的母语带到了拉美。进入 21 世纪，随着经济一体化的发展，经济动因层面语势高的语言，如英语、汉语等在拉美地区的传播速度也在持续加快。在拉美，尽管秘鲁、玻利维亚等国家规定印第安土著语和西班牙语同为官方语言，政府承认并支持“多语”与“多元文化”。但实际情况是，除了一些使用人口较多的印第安语，如瓜拉尼语和克丘亚语，很多印第安语已濒临灭绝。究其原因，还是因为印第安语的语势较低，在全球化语言竞争的大背景下很难与其他语言抗争，这些语言所承载的军事、经济、文化等价值不足以构成其向外传播的动力。

语言传播的动因还有动态性特点，即在不同时期推动某种语言传播的动因也是不同的，传播动因随着时间的变化而发生改变，呈现出动态变化的特点。差异性则是指不同动因推动语言传播的力量有所差异，最终形成的传播效果也迥然不同。总体说来，军事动因、宗教动因和经济贸易动因最为强大，受其推动的语言能够进入语言传播的内圈（语言作为母语）或者外圈（语言作为二语并作为官方语言）；经济贸易动因推动的语言通常进入外圈或者扩展圈（语言作为二语并且只作为外语）；移民、文化、科技等其他动因推动的语言往往进入扩展圈。

各种殖民者的语言传播到拉美之后会与当地的土著语言进行接触碰撞，并带来语音、词形、句法、词汇等层面的变化，产生各种变体。同时，即便是在通用西班牙语的 19 个拉美国家中，各国的西班牙语在发音、语义、俚语等方面也存在一定差异性。西班牙语因受土著语影响而产生的变体主要分为三类：第一，在墨西哥等地受到玛雅语言的影响；第二，安第斯山脉，从哥伦比亚南部到玻利维亚，受到克丘亚语和艾马拉语的影响；第三，在巴拉圭及附近地区受到瓜拉尼语的影响。土著语言对于葡萄牙语的影响主要体现在词汇层面。

我们的分析表明，西班牙语和葡萄牙语在拉美地区传播过程中与其他语言相互接触是形成拉美西语各种变体和巴西葡语的最主要原因。这些接触的语言除了印第安人的土著语言之外，还包括成千上万被贩卖到拉美的非洲奴隶带来的非洲语言、中国劳工带来的中国粤语，以及自由移民带来的语言，包括意大利语、德语等。除此之外，各种殖民者的语言也会相互接触、互相影响。需要指出的是，我们的研究表明，上述三类语言接触而造成的语言变化不涉及核心语法、词汇，语音层面的变化也只是在音位变体层面，所以这些变体不会影响语言的使用和理解。因此，尽管在拉美地区传播最为广泛的西班牙语和葡萄牙语传播历史久、变体多，也不会形成语言层面的交流障碍，这一点对于西班牙语和葡萄牙语在世界范围内的进一步传播来说意义重大。

当我们了解了拉美地区各种语言传播的历史之后，有必要分析一下全球化背景下，各国如何面向拉美地区实施各种语言传播战略，开展语言传播竞争，从而为本国争取利益。当前，各国在拉美地区积极布点，实施各种语言传播战略，争取拉美这片广阔地域。这些语言传播战略在地位规划、本体规划、教育规划和声誉规划各个层面展开，包括由经济、科技动因驱动的“硬战略”，以及基于共同身份、文化认同的“软战略”。“就业驱动战略”是硬战略的主要代表，而软战略主要包括“联合战略”“亲情牌战略”和“文化名片战略”。这些战略切合语言传播动因，并关注到拉美地区的特殊性，有效地推动了各国语言在拉美地区的传播与推广。实施语言传播战略的过程中，各国注重挖掘语言所蕴含的政治、经济和文化价值，用语言搭建桥梁，实现民心相通，贸易往来。

“就业驱动战略”的实施主要基于语言所承载的经济和科技价值，代表性国家有美国、德国和中国。作为经贸、科技发达的国家，美国和德国的语言一直受到拉美民众的欢迎，长期占据拉美当地外语学习榜的前列。拉美民众学习英语和德语主要是因为这两个国家经济、科技发达，拉美很多大型美国企业或者德国高科技企业都要求他们的员工掌握英语或者德语。此时，语言学习成为谋求工作的准入证，很多拉美人学习英语或者德语就是为了能够在美国或者德国企业就职，获得相对高的薪水。近年来，随着中国国力的提升以及中拉贸易的大幅增长，也有越来越多的拉美人开始学习汉语。根据秘鲁孔子学院的调查，汉语已经在当地外语学习排行榜上跃升至第二名，而大部分人选择学习汉语就是为了用这门语言作为敲门砖，谋求更好的职业发展。

“联合战略”基于语言所体现的身份认同，是那些已经在拉美当地获得语言传播相对优势的国家普遍采用的战略，以西班牙、葡萄牙和美国为主要代表。西班牙将他们的联合战略命名为“泛西班牙语”，一个“泛”字突出了联合战略的包容性和联盟实质。“泛西班牙语”战略有利于西班牙整合西语世界 20 多个国家的优势，联合起来，以一个整体的形象在拉美地区激烈的语言竞争中与英语抗衡。与西班牙类似，葡萄牙的语言文化推广机构也谋求与拉美葡语国家巴西的联盟，在围绕巴西的周边国家密集布点。美国面向拉美的语言传播战略则对接“门罗主义”，主张美洲是美洲人民的美洲，也就是“我们都是美洲人”，进而基于共同的“美洲人”身份来传播英语。拉美作为美国的“后院”，是美国最早输出其语言文化的目标地区之一。长期以来，美国一直将拉美视为自己的势力范围，美国对拉美的各项语言战略一直受到“门罗主义”的主导。

“亲情牌战略”则是语言受移民动因驱动传入拉美的国家普遍采用的战略，以德国、日本、意大利为主要代表。历史上，这几个国家的语言，即德语、日语和意大利语在拉美地区传播主要依靠移民动因驱动。如今，这些国家注重深挖拉美当地移民的潜力，力求依靠移民的力量，把这些国家移民较为密集的地区作为语言推广的重点区域，充分利用当地良好的语言文化认同基础进一步深化语言传播。德国的语言文化传播机构在拉美进行布点时，第一批战略高地的选择都集中在德裔移民较多的几个拉美国家，包括秘鲁、玻利维亚、巴西、哥伦比亚和智利。日本的做法也非常类似，该国在拉美推广日语，首选拥有大量日本移民的巴西。意大利同样如此，把历史上意大利移民集中的阿根廷作为意大利语推广的大本营。

“文化名片战略”是那些语言声誉较高的国家经常使用的战略，代表性国家有法国和日本。法语和日语在拉美当地享有良好声誉，法语被视为优雅的，日语是可爱卡通的语言。因此，法国和日本面向拉美地区传播语言文化时就充分挖掘各自语言所承载的文化内涵，举办一系列文化活动，以此来吸引拉美地区的民众学习法语和日语。此外，日本还向拉美地区输出了一大批卡通电视剧和电影，日语也随着很多卡通人物和卡通片一起传播到拉美的各个角落。

通过研究，我们发现，各国面向拉美地区的语言传播战略具有复合性特征。一方面，语言的复合属性决定了语言传播战略的复合性。语言所承载的经济、科技价值决定了实施语言传播“硬战略”能以就业、经贸方面的优势吸引广大的语言学习者，从而取得较为理想的传播效果。然而，众所周知，语言除了工具性之外，还具有人文性。语言是有温度和记忆的，由于各种原因移居到拉美的第一代移民带着他们各自的乡音来到这片广阔的土地，在定居扎根的同时，也把他们的语言带到了第二故乡。异域的乡音承载着他们童年的回忆，那是他们力量的来源，也是他们身份的象征。这些移民聚集的地方自然具有良好的群众基础，有利于这些受移民驱动而来到拉美的语言进一步传播。身份认同和文化传承的力量是巨大的，也是语言使用者最难割舍的，因此，那些语言传播

“软战略”基于人类最朴素的情感，看似柔软，却能深入人心，在拉美这片移民人口众多的土地上取得很好的传播效果。

另一方面，对于各国面向拉美地区的语言传播战略梳理也表明，一个国家往往会面向拉美地区综合使用几种战略，相互协调、互为补充，从而优化语言传播效果。例如，德国面向拉美地区“软硬兼施”，既充分利用语言的工具性，实施“就业驱动战略”，也充分挖掘语言的人文性，实施温情十足的“亲情牌战略”。两种战略各具特色、相得益彰，有效促进了德语在拉美地区的传播。美国则一手打联合牌，利用“我们都是美洲人”的身份认同来传播英语，一手打经济牌，利用就业优势和商业机遇吸引拉美民众学习英语。

历史上，汉语在拉美地区的传播主要依靠移民动因，受此动因驱动的汉语尽管在拉美西语或葡语中留有痕迹，例如，秘鲁西语中的 chifa（中餐厅），但总体来说，影响力非常有限。近年来，汉语学习在拉美掀起一股热潮，这与中国国力的提升和中拉贸易的快速发展密切相关。也就是说，目前汉语在拉美的传播主要由经济贸易动因推动。尽管汉语和拉美当地学习者的母语之间差异较大，但我们的研究表明，汉语习得的困难并不阻碍汉语在拉美地区的传播。面对机遇，我们可以借鉴各国面向拉美地区传播语言的经验，“软硬兼施”，构建切合语言传播动因和拉美独特性的汉语传播方案，推动汉语在拉美地区的传播。

一方面，我们可以实施切合经贸动因的汉语传播“硬战略”，突出汉语学习的经济价值，强调汉语学习是获得大量就业机会和商业机遇的有效途径。与此同时，充分挖掘汉语在拉美地区传播过程中所呈现的经贸价值，以语言为纽带打造发展共同体。汉语教学过程中，根据具体情况，适时设立“汉语 + 经贸”或者“经贸 + 汉语”培养模式。在确保汉语本体教学质量的前提下，开设经济贸易方向的汉语课程；或者选拔优秀经贸专业学生选修汉语，培养既懂语言，又能适应中国企业文化的拉美汉语人才。此外，在课程建设和测试评估层面进一步推动“经贸汉语”课程和“商务汉语考试”。

另一方面，同时实施切合移民和文化动因的汉语传播“软战略”。除了经济贸易动因外，还要在一定程度上兼顾汉语在拉美传播的移民动因和文化动因，以此拓展汉语传播的人文内涵，优化传播效果。在秘鲁等华裔移民较多的国家或地区，可打亲情牌，强调汉语学习在身份认同方面的作用，指出掌握汉语能够提高他们的归属感，增强自尊和自信。此外，要充分了解拉丁民族热情奔放的个性，通过拉美民众普遍热爱的音乐、舞蹈、体育、壁画、诗歌等文化形式开展汉语以及中国文化的推广活动。与此同时，注重与拉美当地文化艺术的互动，建立“对话机制”，以各种形式广泛邀请拉美艺术家和文学家共同参与汉语文化推广活动，以便以更加符合拉美民众审美的形式，生动有效地传播汉语和中国文化，为广大拉美民众喜爱和接受。

就拉美地区汉语教育而言，目前来说，主要面临教学师资、教学体系构建、教学点经济来源和本土文化这几方面的挑战。随着拉美地区汉语学习需求的不断扩大，派出的汉语教师和志愿者学生的数量已不能满足当地汉语教学的需求。此外，汉语教师和志愿者的任期常常为一年或两年，流动性比较大。拉美地区的孔子学院往往缺乏长期固定且专业性强的师资。这样的师资配备，若仅仅是语言课程，也许尚可应对。但是，若想把汉语作为一门专业课程，配合文化、历史、政治、经济等通识知识开展系统教学，这样的师资配备远远不够。因此，有必要通过各种方式，大力培养拉美地区本土化汉语教学和研究师资。就教学体系而言，我们对拉美地区的汉语课程、教材教法以及测试评估进行了分析。总体上看，拉美地区的汉语课程、教材教法和测试评估都遵循了多样性和因材施教的基本原则。但是，西语编写的汉语教程数量仍旧非常有限，有很大的发展空间，可以出版更多的西语版汉语教程，尤其是切合拉美各国语言特色的教材。教学方面，在初级汉语的教授过程中，可以考虑邀请本土师资共同参与。这些师资汉语水平不需要很高，但需要母语为西班牙语或者葡萄牙语，可以与中国派去的汉语教师联合授课，这样便于学生理解。另外，在测试评估方面，有必要借鉴西班牙和法国的经验，加大在线测试的投入。汉语教学点的资金来源也有必要进一步多元化发展，吸引各方面的资金支持。最后，汉语教师要在语言文化传播的过程中循循善诱，一方面，积极适应拉美当地文化，另一方面，“润物无声”地将中国文化的精髓带到拉美的土地上。

参考文献

一　论文

柏悦：《歌德学院与德国语言文化外交的演变》，《北京社会科学》2016年第2期。

曹羽菲：《从语际距离看对外西语教材编制：以第三人称宾格代词为例》，《复旦外国语言文学论丛》（春季号），复旦大学出版社2011年版。

曹羽菲：《从语言传播角度谈中国西语教学》，《多元化图景下的中国外语教学与研究》，上海外语教育出版社2012年版。

曹羽菲：《多样中的统治——简析全球化背景下的泛西班牙语语言政策》，《中国社会语言学》（总）第14期，高等教育出版社2010年版。

曹羽菲：《论西班牙语语言政策与规划》，《文化视角下的欧盟成员国五国研究：西班牙、葡萄牙、意大利、希腊、荷兰》，上海外语教育出版社2014年版。

曹羽菲：《面向特定区域的语言传播战略比较研究框架构建——以拉美地区为例》，《西班牙语论丛2018—2019》，外语教学与研究出版社2021年版。

曹羽菲：《全球化背景下西班牙语言教育战略变革方略探析》，《语言政策与语言教育（1）》，商务印书馆2015年版。

曹羽菲：《西班牙国内语言政策与对外语言推广》，《西班牙语语言与文化2012》，外语教学与研究出版社2012年版。

曹羽菲、阮孝煜、徐怡萍：《委内瑞拉保护印第安语新举措》，《世界语言生活状况报告：2018》，商务印书馆2018年版。

陈保亚：《语势：汉语国际化的语言条件——语言接触中的通用语形成过

程分析》，《语言战略研究》2016 年第 2 期。
陈海芳：《基于西班牙语言推广机构的孔子学院发展研究》，《现代语文》（语言研究版）2013 年第 8 期。
陈豪：《西班牙语国家的汉语教学——现状与政策》，《当代外语研究》2018 年第 5 期。
陈杰珍：《试析 1820 年至 1930 年阿根廷的欧洲移民运动》，硕士学位论文，河北大学，2012 年。
陈卫强、方孝坤：《语言传播的冲突与协调——中德两国语言传播政策观照》，《湖北民族学院学报》（哲学社会科学版）2010 年第 2 期。
陈艺、余子侠：《孔子学院汉语教师问题及培养建议》，《世界教育信息》2016 年第 10 期。
陈永莉：《试论对汉语国际传播机遇期的把握》，《江淮论坛》2009 年第 1 期。
戴曼纯、贺战茹：《法国的语言政策与语言规划实践——由紧到松的政策变迁》，《西安外国语大学学报》2010 年第 1 期。
丁忠毅、魏星：《孔子学院：中国国家软实力建设的有效平台》，《理论与改革》2011 年第 5 期。
段亚男：《何处为家：巴西的日侨日裔与日本的巴西日裔》，《东南学术》2005 年第 4 期。
樊钉：《孔子学院质量评估体系研究》，《云南师范大学学报》（对外汉语教学与研究版）2012 年第 5 期。
伏干：《外来务工人员语言能力的多维分析——来自长三角、珠三角的证据》，《语言文字应用》2014 年第 2 期。
付爱萍：《汉语在古巴传播的 SWOT 分析及应对策略》，《四川职业技术学院学报》2013 年第 3 期。
古雯鋆：《国家利益视角下的巴西语言教育政策浅析》，《语言政策与语言教育（2）》，商务印书馆 2016 年版。
古雯鋆：《葡萄牙的对内语言规划及对外语言推广》，《剑南文学（下半月）》（经典教范）2013 年第 10 期。
古雯鋆：《去殖民化前后葡萄牙对非洲语言政策的转变及思考》，《欧盟及其成员国对非洲关系研究》，上海外语教育出版社 2015 年版。

郭洁：《周而复始的政治狂欢？——拉丁美洲的民众主义探析》，《国际政治研究》2017 年第 2 期。
郭熙：《语言规划的动因与效果——基于近百年中国语言规划实践的认识》，《新疆师范大学学报》（哲学社会科学版）2013 年第 1 期。
郭原奇：《德国文化外交政策的历史变迁》，《国外理论动态》2012 年第 10 期。
洪晓楠、林丹：《孔子学院的发展历程与文化意蕴》，《文化学刊》2011 年第 5 期。
黄方方、孙清忠：《拉美西语国家汉语教育的现状、问题及策略》，《未来与发展》2011 年第 11 期。
黄玲：《秘鲁学生汉语语音偏误分析及教学建议》，硕士学位论文，上海外国语大学，2012 年。
焦亚新：《当代美国对外英语教育研究》，硕士学位论文，河南大学，2012 年。
金立鑫：《试论汉语国际推广的国家策略和学科策略》，《华东师范大学学报》（哲学社会科学版）2006 年第 4 期。
金灵：《波哥大地区中小学汉语教学现状调查研究》，硕士学位论文，上海外国语大学，2015 年。
靳呈伟：《拉美文化多样性的表现、成因及维护》，《南京政治学院学报》2013 年第 5 期。
［阿根廷］雷奥诺·布勒姆：《苏里南：多民族、多语言、多风俗的国家》，《民族译丛》1981 年第 3 期。
李丹：《夹缝中生存的墨西哥印第安民族及其语言——墨西哥语言政策研究》，《北华大学学报》（社会科学版）2014 年第 2 期。
李琳：《语言的国际推广与国家的文化安全研究》，《湖南科技大学学报》（社会科学版）2013 年第 3 期。
李凌艳：《汉语国际推广背景下海外汉语教学师资问题的分析与思考》，《语言文字应用》2006 年第 S1 期。
李娜：《简析法国法语联盟及其对孔子学院的借鉴意义》，《文教资料》2014 年第 23 期。
李清清：《拉美跨文化双语教育政策：兴起、问题与启示》，《河北民族师范学院学报》2013 年第 1 期。
李清清：《英语和法语国际传播对比研究》，博士学位论文，北京外国语大学，2014 年。
李如龙、吴茗：《论大语言教育》，《汉语学报》2008 年第 4 期。
李宇明：《认识语言的经济学属性》，《语言文字应用》2012 年第 3 期。
李宇明：《什么力量在推动语言传播?》，《汉语国际传播研究》2011 年第 2 期。
李宇明：《探索语言传播规律》，《世界主要国家语言推广政策概览》序一，外语教学与研究出版社 2008 年版。
刘海涛：《语言规划的动机分析》，《北华大学学报》（社会科学版）2007 年第 4 期。
刘文龙、席侃：《全球化与拉丁美洲文化走向》，《拉丁美洲研究》1999 年第 6 期。
刘晓黎、李慧、桂凌：《世界其他语言文化推广机构发展模式对孔子学院可持续发展的启示》，《长江学术》2012 年第 3 期。
刘元满：《日本的语言推广体系及启示》，《语言文字应用》2008 年第 4 期。
卢桂荣：《英语传播与语言濒危》，《四川外语学院学报》2003 年第 3 期。
陆经生：《构建具有国情特色的西班牙语教学体系》，《中国外语教育发展战略论坛》，上海外语教育出版社 2009 年版。
陆经生：《汉语和西班牙语语言对比——兼析各自作为外语学习的语音难点》，《外国语》1991 年第 6 期。
陆经生：《西班牙语专业教育发展研究》，《中国外语教育发展研究》，上海外语教育出版社 2009 年版。
陆经生、曹羽菲、陈旦娜、沈怡、李戈：《塞万提斯学院语言推广战略研究》，《国外语言文化推广机构研究》，时事出版社 2016 年版。
陆经生、陈旦娜：《语言测试与语言传播：以西班牙语全球传播战略为例》，《外语教学与研究》2016 年第 5 期。
马洪超、郭存海：《中国在拉美的软实力：汉语传播视角》，《拉丁美洲研究》2014 年第 6 期。
马小彦：《法国面向拉美地区的语言文化传播战略》，《 语言政策与语言教育》2016 年第 1 期。

毛相麟：《古巴教育是如何成为世界第一的——古巴教育发展模式的形成和特点》，《拉丁美洲研究》2004 年第 5 期。

茅晓嵩：《英国文化委员会》，《国际资料信息》2005 年第 8 期。

莫嘉琳：《孔子学院与世界主要语言文化推广机构的比较研究》，《云南师范大学学报》（对外汉语教学与研究版）2009 年第 5 期。

欧亚丽、刘承宇：《语言距离对英语作为第三语言学习的蒙古族学生语音迁移的影响》，《西安外国语大学学报》2009 年第 4 期。

潘希武：《巴西种族教育的立法、政策及其启示》，《中国民族教育》2006 年第 2 期。

普忠良：《官方语言政策的选择：从本土语言到殖民语言——秘鲁语言政策的历史与现状问题研究》，《世界民族》1999 年第 3 期。

普忠良：《一些国家的语言立法及政策述略》，《民族语文》2000 年第 2 期。

丘立本：《拉丁美洲与加勒比地区的国际移民——兼论中国移民的生存发展空间》，《华侨华人历史研究》2007 年第 1 期。

阮孝煜：《英语作为教学语言之争：来自菲律宾和波多黎各的比较案例》，《 语言政策与语言教育》2016 年第 1 期。

申宏磊、牛景华：《塞万提斯学院如何在中国办学》，《对外传播》2009 年第 9 期。

沈骑：《全球化背景下我国外语教育政策研究框架建构》，《外国语》2011 年第 1 期。

宋佳：《全球化时代八国语言教育推广机构文化使命的国际比较》，《比较教育研究》2013 年第 8 期。

苏剑：《语言距离对语言差异的经济学测度》，《中国社会科学报》2013 年 1 月 14 日第 A07 版。

苏金智：《葡萄牙与巴西的语言推广政策》，《语文建设》1993a 年第 8 期。

苏金智：《日本的语言推广政策》，《语文建设》1993b 年第 3 期。

苏振兴：《拉美印第安人运动兴起的政治与社会背景》，《拉丁美洲研究》2006 年第 3 期。

滕星、孔丽娜：《墨西哥印第安人的多元文化教育发展》，《中国民族教育》2011 年第 9 期。

王辉：《西方语言规划观的演变及启示》，《宁夏大学学报》（人文社会科学版）2009 年第 6 期。

王加林：《影响语言迁移的几个因素》，《韩山师范学院学报》2000 年第 4 期。

王璐、张吉生：《吴语互通度与编辑距离之间的关系》，《语言研究》2014 年第 2 期。

王明利、戚天骄：《法语联盟文化传播策略研究》，《 法国研究》2012 年第 1 期。

王奕瑶：《荷兰面向拉美地区的语言文化传播战略》，《语言政策与语言教育》2016 年第 1 期。

王振亚：《外语教学的差异性》，《外语学刊》1993 年第 2 期。

王志强、王爱珊：《德国对外文化政策视角下德语对外传播及其实践》，《德国研究》2014 年第 4 期。

魏晋慧：《试论美洲西班牙语特点及其社会语言学意义》，《外语教学》2006 年第 2 期。

文秋芳、俞希：《英语的国际化与本土化》，《国外外语教学》2003 年第 3 期。

武波：《英国英语教师的培训及资格认证》，《西安外国语学院学报》2004 年第 4 期。

夏晓娟：《中国在拉美地区推广汉语教育的不足与对策》，《许昌学院学报》2017 年第 1 期。

肖莉：《墨西哥学生汉语拼音习得的难点分析》，《语言文字应用》2005 年第 S1 期。

徐浩：《中、日、德、西英语学习者母语、二语视听工作记忆广度差异研究》，《外语教学与研究》2011 年第 4 期。

徐守磊：《从国际比较视角看汉语国际推广拨款机制》，《比较教育研究》2010 年第 11 期。

徐怡萍、张佳凤：《日本面向拉美地区的语言传播战略——以巴西为例》，《西班牙语论丛 2017》，外语教学与研究出版社 2019 年版。

徐亦行：《论葡萄牙语言政策》，《文化视角下的欧盟成员国五国研究：西班牙、葡萄牙、意大利、希腊、荷兰》，上海外语教育出版社 2014 年版。

徐亦行等：《卡蒙斯学院语言推广战略研究》，《国外语言文化推广机构研究（上）》，时事出版社 2016 年版。

许丹：《西班牙塞万提斯学院与我国孔子学院异同探析》，《重庆第二师范学院学报》2014 年第 1 期。

杨德春：《汉语对外推广和中国文化对外传播的新战略》，《华北水利水电学院学报》（社科版）2013 年第 2 期。

杨慧林：《学术制度、国家政策和语言的力量》，《中国人民大学学报》2009 年第 1 期。

杨菁：《浅析外来语言对巴西葡萄牙语的影响》，《科技信息》2011 年第 18 期。

杨利英：《汉语推广与中国软力量的提升》，《甘肃联合大学学报》（社会科学版）2008 年第 5 期。

杨敏：《孔子学院与塞万提斯学院发挥国家认同功能之比较》，《新疆师范大学学报》（哲学社会科学版）2012 年第 6 期。

杨敏：《孔子学院与塞万提斯学院之比较——中国文化的现代意识与西班牙文化的后殖民主义》，《当代外语研究》2012 年第 3 期。

杨学宝：《语言距离视野下沧源佤族中学生第三语言学习倦怠研究》，《铜仁学院学报》2014 年第 2 期。

于森：《墨西哥汉语教学概览》，《国际汉语教学动态与研究》2008 年第 3 期。

亓华：《汉语国际推广与文化观念的转型》，《北京师范大学学报》（社会科学版）2007 年第 4 期。

袁东振：《拉美人的民众主义观——拉美学者民众主义研究评述》，《当代世界与社会主义》2007 年第 1 期。

张帆、王红梅：《文化的力量：德国歌德学院的历史和启示》，《比较教育研究》2006 年第 11 期。

张婧霞：《日语国际推广的历史与现状研究》，硕士学位论文，西南大学，2008 年。

张天宇、周桂君：《英语语言推广的权力之争——20 世纪以来英美海外语言推广的合作与竞争》，《东北大学学报》（社会科学版）2016 年第 1 期。
张西平：《汉语国际推广中的两个重要问题》，《长江学术》2008 年第 1 期。
张西平、柳若梅：《研究国外语言推广政策，做好汉语的对外传播》，《语言文字应用》2006 年第 1 期。
张晓涛：《哥伦比亚汉语口语教学调查与分析》，《暨南大学华文学院学报》2008 年第 4 期。
张晓宇：《以日语国际推广为观照的汉语国际推广问题研究》，硕士学位论文，辽宁大学，2015 年。
张颖：《拉美民族意识和拉丁美洲名称的形成》，《拉丁美洲研究》1991 年第 3 期。
赵璐：《对外汉语教学中影响语言迁移的因素》，《语文学刊》2008 年第 5 期。
赵蓉晖：《中国外语规划与外语政策的基本问题》，《云南师范大学学报》（哲学社会科学版）2014 年第 1 期。
赵沙莎：《从拉美混合型文化看世界文化共融》，《中外企业家》2011 年第 9 期。
赵守辉：《语言规划国际研究新进展——以非主流语言教学为例》，《当代语言学》2008 年第 2 期。
赵守辉、张东波：《语言规划的国际化趋势：一个语言传播与竞争的新领域》，《外国语》2012 年第 4 期。
郑书九：《墨西哥基础外语教学的理念和方法——从〈教育基本法〉到〈外语教学大纲〉》，《外语教学与研究》2010 年第 1 期。
周春霞：《浅议当下古巴通俗西班牙语中的非洲语汇》，《长春理工大学学报》（社会科学版）2012 年第 12 期。
周磊：《德国面向拉美地区的语言传播战略》，《语言政策与规划研究》2016 年第 1 期。
周世秀：《巴西印第安人现状和政府的相关政策》，《拉丁美洲研究》2000 年第 6 期。

朱风云:《英语的霸主地位与语言生态》,《外语研究》2003 年第 6 期。

朱猛:《国际交流基金与日语国际推广》,《公共外交季刊》2015 年第 8 期。

朱瑞平:《汉语国际推广中的文化问题》,《语言文字应用》2006 年第 S1 期。

朱守信:《拉美地区双语教育的发展困境及归因》,《比较教育研究》2012 年第 3 期。

朱小健:《汉语国际推广基地建设构想》,《语言文字应用》2006 年第 6 期。

朱勇:《基于因特网的南美汉语教师培训与发展模式构建》,《世界汉语教学》2009 年第 4 期。

朱勇:《智利、阿根廷汉语教学现状与发展策略》,《国际汉语教学动态与研究》2007 年第 4 期。

左晓园:《中国与巴西:战略伙伴关系的建立与深化》,《拉丁美洲研究》2011 年第 2 期。

Argüelles, L. M., "The status of languages in Puerto Rico", *Langue et droit*, 1989.

Baldauf, R. B., "Issues of prestige and image in language education planning in Australia", *Current Issues in Language Planning* (5), 2004.

Baldauf R. B. & Kaplan R. B., "Language Policy and Planning in Ecuador, Mexico and Paraguay: Some Common Issues", *Language Planning and Policy in Latin America*, *Vol.* 1, *Ecuador*, *Mexico and Paraguay*, Multilingual Matters, Clevedon, Buffalo, Toronto, 2007.

Cao, Yufei, "Enseñanza de la escritura china a hispanohablantes: comparación y reflexiones", *México y la cuenca del Pacífico* (38), 2010.

Cao, Yufei, "La pronunciación del chino para hispanohablantes. Análisis contrastivo de los rasgos prosódicos distintivos entre chino y español", *México y la cuenca del Pacífico* (47), 2013.

Cao, Yufei, "La gramática del chino para hispanohablantes", *México y la cuenca del Pacífico* 5 (14), 2016.

Cao, Yufei, "Dificultades para pronunciar el mandarín", *Dangdai* (22), 2018.

Carreira, María M., "Español a la venta: la lengua en el mercado global", *Lingüística aplicada del español*, Arco/Libros, Madrid, 2007.

Casilda Béjar, R. "Una década de inversiones españolas en América Latina. 1990 – 2000. El idioma como ventaja competitiva", Ponencia en el Ⅱ Congreso de la Lengua Española, 2001.

Cela, C., "Aviso de la defensa de nuestra lengua común: El español." Ponencia en el I Congreso de la Lengua Española, 1997. (http://www.cvc.cervantes.es/obref/congresos/zacatecas/inauguracion/cela, htm)

Cenoz, J., "The effect of linguistic distance, L2 status and age on cross-linguistic influence in third language acquisition", *Cross-linguistic influence in third language acquisition* (1), 2001.

Cerrón-Palomino, Rodolfo, "Language policy in Peru: a historical overview", *International Journal of the Sociology of Language* (77), 1989.

Chiswick, B. R. & Miller, P. W., "English Language Fluency Among Immigrants in the United States", *Research in Labor Economics* (17), 1998.

Chiswick, B. R. & Miller, P. W., "Linguistic distance: A quantitative measure of the distance between English and other languages", *Journal of Multilingual and Multicultural Development* (26), 2005.

Clements, J. C., "Brazilian Portuguese and the Ecology of (Post-) Colonial Brazil", *Iberian Imperialism and Language Evolution in Latin America*, University of Chicago Press, Chicago, 2014.

Corder, S. P., "Language distance and the magnitude of the language learning task", *Error Analysis and Interlanguage*, OUP, Oxford, 1980.

Córdova Abundis, Patricia, "Estudios de variación en español", *Función: Sistema y variación*, Universidad de Guadalajara, Guadalajara, 2004.

Cruz, E., *As Políticas de Divulgação e Internacionalização da Língua Portuguesa-O Exemplo do Mercosul*, Tese de mestrado em Ensino do Português como Língua Segunda e Estrangeira, Universidade Nova de Lisboa, 2013.

De Saint Robert, M. J., "La politique de la Langue française", *Que sais-je?*, Puf, Paris, 2000.

De Bergia, F., "La internacionalización del español: Lengua, conocimiento, industria", Ponencia en el Ⅲ Congreso de la Lengua Española, 2004. (http: //www. congresodelalengua3. ar/ponencias, htm)

De Graff, M., "The Ecology of Language Evolution in Latin America: A Haitian Postscript toward a Postcolonial Sequel", *Iberian Imperialism and Language Evolution in Latin America*, University of Chicago Press, Chicago, 2014.

Fávero, L. L., "Século XVIII-A língua portuguesa no Brasil e o discurso do poder", *Gramática e Humanismo*, vol I. Braga, Universidade Católica Portuguesa, 2005.

Fishman, J. A., "Advances in language planning", *Walter de Gruyter* (5), 1974.

García, Ofelia, "Lenguas e identidades en mundos hispanohablantes: desde una posición plurilingüe y minoritaria", *Lingüística aplicada del español*, Arco/Libros, Madrid, 2007.

González Puy, Inmaculada, "Español en China", *Anuario del Instituto Cervantes* 2006 - 2007, Instituto Cervantes, 2007.

González Puy, Inmaculada, "Español en China", *Anuario del Instituto Cervantes* 2012, Instituto Cervantes, 2012.

(http: //cvc. cervantes. es/lengua/anuario/anuario_12/default. htm 2012.)

González Puy, Inmaculada, "Pekín", *Memoria* 2012 - 2013 *del Instituto Cervantes. Instituto Cervantes*, 2013.

Hamel, Rainer Enrique, "Language policy and ideology in Latin America", *The Oxford Handbook of Sociolinguistics*, Oxford University Press, New York, 2013.

Haarmann, H., "Language planning in the light of a general theory of language: A methodological frame work", *International Journal of Sociology and Language* (86), 1990.

Hart-Gonzalez, L. &Lindemann, S., "Expected Achievement in Speaking Proficiency", School of Language Studies, Foreign Services Institute, Department of State, 1993.

Haugen, E., "The implementation of corpus planning: Theory and practice", *Progress in language planning*, Mouton, Amsterdam, 1983.

Hutchinson, W. K. , "Linguistic Distance as a Determinant of Bilateral Trade", Vanderbilt University, Department of Economics, 2003.

Instituto Cervantes, *¿Qué es ser un buen profesor o una buena profesora de ELE?*, Instituto Cervantes, 2011.

(http: //cfp. cervantes. es/imagenes/File/recursos_proyectos/informe_buen_profesor_ele/informe-buen-profesor-cervantes. pdf)

Instituto Cervantes, *Autofinanciación y contención del gasto*, *claves de los presupuestos del Cervantes para* 2014, Instituto Cervantes, 2013.

(http: //www. cervantes. es/sobre_instituto_cervantes/prensa/2013/noticias/comparecencia-congreso-oct-2014. htm)

Instituto Cervantes, *El español: una lengua viva. Informe* 2013, Instituto Cervantes, 2013.

(http: //cvc. cervantes. es/lengua/anuario/anuario_13/i_cervantes/p01. htm)

Kelly & Grenfell, *European Profile for Language Teacher Education*, University of Southampton, 2004.

(http: //www. lang. soton. ac. uk/profile/report/MainReport. pdf)

Kim, Hwajung, "Cultural Diplomacy as the Means of Soft Power in an Information Age", *Institute for Cultural Diplomacy*, 2011.

Leeman, Jennifer y García Pilar, "*Ideologías y prácticas en la enseñanza del español como lengua mayoritaria y lengua minoritaria*", *Lingüística aplicada del español*, Arco/Libros, Madrid, 2007.

Lipski, John M. , "*El español de América en contacto con otras lenguas*", *Lingüística aplicada del español*, Arco/Libros, Madrid, 2007.

Lipski, John M. , "The many facets of Spanish dialect diversification in Latin America", *Iberian Imperialism and Language Evolution in Latin America*, University of Chicago Press, Chicago, 2014.

Lu, Jingsheng, "*Enseñanza del español en China*", *Selección de textos del* 11° *Encuentro Nacional de Profesores de Lenguas Extranjeras*, México D. F. , 2005.

Lu, Jingsheng, "Distancia interlingüística: partida de reflexiones metodológicas del español en el contexto chino", *México y la Cuenca del Pacífico* (32), 2008.

Malagahoy, *Los profesores de la UMA cobran un sueldo medio bruto de* 2. 100 *euros al mes*, Malagahoy, 2014.

(http: //www. malagahoy. es/article/malaga/1556144/los/profesores/la/uma/cobran/sueldo/medio/bruto/euros/mes. htm)

Mar-Molinero, Clare, "Derechos lingüísticos, política lingüística y planificación lingüística en el mundo de habla hispana", *Lingüística aplicada del español*, Arco/Libros, Madrid, 2007.

Molina, César Antonio, "El valor de la lengua", *Anuario del Instituto Cervantes* 2006 – 2007, Instituto Cervantes, 2007.

Moore, Denny, " Historical Development of Nheengatu (Língua Geral Amazônica)", *Iberian Imperialism and Language Evolution in Latin America*, University of Chicago Press, Chicago, 2014.

Moreno, Francisco, " Perfil histórico-geográfico de la lengua española", *Lingüística aplicada del español*, Arco/Libros, Madrid, 2007.

Nickels, E. L. , "English in Puerto Rico", *World Englishes* (2), 2005.

Pardo, M. , "El desarrollo de la escritura de las lenguas indígenas en Oaxaca", *Iztapalapa* (13), 1993.

Riegelhaupt, F. , Carrasco, R. L. , & Brandt, E. , "Spanish: A Language of Indigenous Peoples of the Americas", *Nurturing Native Languages*, Northern Arizona University, Flagstaff, 2003.

Rodrigues, A. D. 'I. , "Línguas indígenas: 500 anos de descobertas e perdas", *Ciência Hoje*, v. 16, n. 95, nov: 83 – 103, 1993.

Rodríguez Pantoja, T. , "La lengua española y los grandes retos del nuevo milenio", *Unidad en la deiversidad. Portal informativo sobre la lengua castellana*, 2000.

(http: //unidadenladiversidad. com/)

Rodríguez, Quinque, *Un salario medio en España de* 23. 650 *euros anuales*, *pero con muchos mileuristas*, Empleo, 2014.

(http: //www. teinteresa. es/empleo/salario-Espana-euros-anuales-mileuristas_0_1135086695. html)

Siguan, Miguel, "El español en contacto con otras lenguas en España",

Lingüística aplicada del español, Arco/Libros, Madrid, 2007.

二 著作

［英］彼得·伯克、哈利勒·伊纳尔哲克主编：《人类文明史》（第5卷：16世纪至18世纪），中文版编译委员会译，译林出版社2015年版。
曹德明主编：《国外语言文化推广机构研究》，时事出版社2016年版。
曹羽菲：《西班牙语小史》，上海外语教育出版社2020年版。
陈章太：《语言规划研究》，商务印书馆2005年版。
韩琦主编：《世界现代化历程·拉美卷》，江苏人民出版社2010年版。
焦震衡编著：《委内瑞拉》（第2版），社会科学文献出版社2015年版。
李广一主编：《列国志·赤道几内亚、几内亚比绍、圣多美和普林西比、佛得角》，社会科学文献出版社2007年版。
李宇明主编：《中法语言政策研究》，商务印书馆2014年版。
李宇明：《中国语言规划论》，商务印书馆2010年版。
刘海方编著：《列国志·安哥拉》，社会科学文献出版社2010年版。
刘艳房：《全球化背景下的中国国家形象战略——基于国家利益的研究视角》，中央编译出版社2016年版。
吕银春、周南俊编著：《列国志·巴西》，社会科学文献出版社2010年版。
沈骑：《当代东亚外语教育政策发展研究》，北京大学出版社2012年版。
孙晓萌：《语言与权力：殖民时期豪萨语在北尼日利亚的运用》，社会科学文献出版社2014年版。
文秋芳、徐浩主编：《2011中国外语教育年度报告》，外语教学与研究出版社2013年版。
张西平、柳若梅编：《世界主要国家语言推广政策概览》，外语教学与研究出版社2008年版。
赵世举主编：《语言与国家》，商务印书馆、党建读物出版社2014年版。
中国社会科学院民族研究所、“少数民族语言政策比较研究”课题组、国家语言文字工作委员会政策法规室编：《国家、民族与语言——语言政策国别研究》，语文出版社2003年版。
中国社会科学院民族研究所、“少数民族语言政策比较研究”课题组、国家语言文字工作委员会政策法规室编：《国外语言政策与语言规划进程》，语文出版社 2001 年版。

周玉忠主编：《美国语言政策研究》，外语教学与研究出版社 2011 年版。

朱伦、吴洪英主编：《世界民族》（第八卷：美洲大洋洲），中国社会科学出版社 2013 年版。

Ager, D. E., *Motivation in Language Planning and Language Policy*, Multilingual Matters, Clevedon, 2001.

Appadurai, A., *Modernity at Large: Cultural dimensions of globalization*, University of Minnesota Press, Minneaplis, 1997.

Baken, N., *De Nederlandse Taalunie* 2013 – 2017, Amsterdam University Press, Amsterdam, 2013.

Baptista, Luís V., Costa, J. & Pereira, P., *O mundo dos leitorados: políticas e práticas de internacionalização da língua portuguesa*, Edições Colibri, Lisboa, 2009.

Blommaert, J., *Sociolinguistics of Globalization*, Cambridge University Press, Cambridge, 2010.

Calvet, Louis-Jean, *La guerre des langues et les politiques linguistiques*. Hachette Littérature, Paris, 2005.

Carlin, E. B. & Arends, J., *Atlas of Languages of Suriname*, Kitlv Press, Leiden, 2002.

Chaubet, François, *La politique culturelle française et la diplomatie de la langue: L'Alliance française* (1883 – 1940), L' Harmattan, Paris, 2004.

CIA, *The World Fact Book*, 2005. (https://www.cia.gov/library/publications/download/download-2005/index.html)

Cooper, R. L., *Language Planning and Social Change*, Cambridge University Press, Cambridge, 1989.

Crystal, David, *English as a Global Language*, Cambridge University Press, Cambridge, 1997.

Instituto Cervantes, *Las competencias clave del profesorado de lenguas segundas y extranjeras*, Instituto Cervantes, 2008.

Kachru, Braj B., *The Indianization of English: The English Language in In-*

dia, Oxford University Press, New York, 1983.

Kaplan, R. B. and Baldauf, R. B., *Language and Language-in-Education Planning in the Pacific Basin*, Kluwer, Dordrecht, 2003.

Kloss, H., *Grundfragen der Ethnopolitik im* 20, Wilhelm Braumüller Universitäts-Verlagsbuchhandlung Wien, Jahrhundert, 1969.

Kumaravadivelu, B., *Cultural Globalization and Language Education*, Yale University Press, New Haven and London, 2008.

Lacorte, M., *Lingüística Aplicada del Español*, Arco Libros, Madrid, 2007.

Mar-Molinero, Clare, *The Politics of Language in the Spanish-Speaking World: From Colonisation to Globalisation*, Routledge, London and New York, 2000.

Marqués de Tamarón (coord.), *El peso de la lengua española en el mundo*, Universidad de Valladolid, Valladolid, 1997.

Martín, E., *Diccionario de términos clave de ELE*, SGEL, Madrid, 2008.

Mateus, M., *Uma política de língua para o português*, Edições Colibri, Lisboa, 1998.

Mateus, M., *A língua portuguesa: teoria, aplicação e investigação*, Colibri, Lisboa, 2014.

Montenay, Yves, *La langue française face à la mondialisation*, Les Belles Lettres, Paris, 2005.

Moreno, Francisco, *Las variedades de la lengua española y su enseñanza*, Arco/Libros, Madrid, 2010.

Moreno, J. C., *Spanish is different: introducción al español como lengua extranjera*, Castalia, Madrid, 2010.

Mufwene, Salikoko S. (eds.), *Iberian Imperialism and Language Evolution in Latin America*, The University of Chicago Press, Chicago and London, 2014.

Newby, David, *Portafolio Europeo para Futuros Profesores de Idiomas*, University of Graz, 2007.

Odlin, Terence, *Language transfer*, Cambridge University Press, Cambridge, 1989.

Pavlenko & Blackledge (eds.), *Negotiation of Identities in Multilingual Con-*

texts, Multilingual Matters, Clevedon & NY, 2004.

Quilis, A., *Tratado de fonología y fonética españolas*, Polígono Industrial, Málaga, 1999.

Quinn, Mary Ellen, *Historical Dictionary of Librarianship*, Rowman & Littlefield, Plymouth, 2014.

Rama, Á., *Transculturación narrativa en América Latina*, Siglo XXI, México D. F., 1982.

Reis et al., *A Internacionalização da Língua Portuguesa. Para uma política articulada de promoção e difusão*, Gabinete de Estatísticas e Planeamento da Educação, Lisboa, 2010.

Rollo, M., Queiroz, T. Brandão & Salgueiro A., *Ciência, Cultura e Língua em Portugal no século XX*, Imprensa Nacional Casa da Moeda, Lisboa, 2012.

Söhrman, I., *Lingüística contrastiva como herramienta para la enseñanza de lenguas*, Arco Libros, Madrid, 2007.

Tamarón, Marqués (coord.), *El peso de la lengua española en el mundo*, Universidad de Valladolid, Valladolid, 1997.

Teyssier, P., *História da Língua Portuguesa*, Livraria Sá da Costa Editora, Lisboa, 1993.

Weinstein, B., *Language policy and political development*, Greenwood Publishing Group, Westport, 1990.

Wright, S., *Language Policy and Language Plannig*, Palgrave Macmillan, New York, 2004.

附　　录

一　世界主要语言文化传播机构在拉美地区的布点情况①

国家	语言文化传播机构	在拉美地区的布点总数	布点所在国家（数量）	布点所在城市（数量）
西班牙	塞万提斯学院	8	巴西（8）	贝洛奥里藏特（1）、巴西利亚（1）、里约热内卢（1）、萨尔瓦多（1）、圣保罗（1）、阿雷格里港（1）、累西腓（1）、库里奇巴（1）
葡萄牙	卡蒙斯学院	32	阿根廷（2）	布宜诺斯艾利斯（2）
			巴西（8）	巴西利亚（2）、贝洛奥里藏特（1）、里约热内卢（1）、圣保罗（1）、萨尔瓦多（1）、库里奇巴（1）、贝伦德帕拉（1）
			智利（4）	圣地亚哥（3）、瓦尔帕莱索（1）
			哥伦比亚（3）	波哥大（3）
			古巴（2）	哈瓦那（2）
			墨西哥（4）	墨西哥城（3）、瓜达拉哈拉（1）
			乌拉圭（1）	蒙得维的亚（1）
			委内瑞拉（5）	加拉加斯（5）
			巴拿马（1）	巴拿马城（1）
			秘鲁（2）	利马（2）

① 根据2023年7月各国语言文化传播机构官方网站的数据更新。

续表

国家	语言文化传播机构	在拉美地区的布点总数	布点所在国家（数量）	布点所在城市（数量）
英国	英国文化委员会	14	古巴（2）	哈瓦那（1）、圣多明各（1）
			牙买加（1）	金斯敦（1）
			特立尼达和多巴哥（1）	圣奥古斯汀（1）
			墨西哥（1）	墨西哥城（1）
			秘鲁（1）	利马（1）
			哥伦比亚（2）	圣菲波哥大（1）、麦德林（1）
			乌拉圭（1）	蒙得维的亚（1）
			委内瑞拉（1）	加拉加斯（1）
			巴西（2）	里约热内卢（1）、圣保罗（1）
			智利（1）	圣地亚哥（1）
			阿根廷（1）	布宜诺斯艾利斯（1）
美国	美国中心	4	墨西哥（1）	墨西哥城（1）
			特立尼达和多巴哥（1）	西班牙港（1）
			古巴（1）	哈瓦那（1）
			牙买加（1）	金斯顿（1）
	信息资源中心	13	阿根廷（1）	布宜诺斯艾利斯（1）
			巴西（1）	巴西利亚（1）
			智利（1）	圣地亚哥（1）
			哥伦比亚（1）	波哥大（1）
			哥斯达黎加（1）	圣何塞（1）
			古巴（1）	哈瓦那（1）
			秘鲁（1）	利马（1）
			巴拉圭（1）	亚松森（1）
			乌拉圭（1）	蒙得维的亚（1）
			巴拿马（1）	巴拿马城（1）
			萨尔瓦多（1）	圣萨尔瓦多（1）
			洪都拉斯（1）	特古西加尔巴（1）
			尼加拉瓜（1）	马那瓜（1）

续表

国家	语言文化传播机构	在拉美地区的布点总数	布点所在国家（数量）	布点所在城市（数量）
美国	海外中心	97	巴西（37）	巴西利亚（1）、戈亚尼亚（1）、贝伦（1）、马瑙斯（1）、贝洛奥里藏特（1）、茹伊斯迪福拉（1）、维索萨（1）、帕特罗西尼乌（1）、乌巴（1）、乌贝拉巴（1）、累西腓（1）、圣路易斯（1）、福塔莱萨（1）、萨尔瓦多（1）、维多利亚（1）、韦利亚镇（1）、坎普斯戈伊塔卡济斯（1）、马卡埃（1）、里约热内卢（1）、巴雷图斯（1）、坎皮纳斯（1）、弗朗卡（1）、林斯（1）、马里利亚（1）、里贝朗普雷图（1）、圣贝尔纳多－杜坎普（1）、圣若泽－杜斯坎普斯（1）、圣保罗（1）、桑托斯（1）、索罗卡巴（1）、陶巴特（1）、图庞（1）、库里奇巴（1）、瓜拉普阿瓦（1）、隆德里纳（1）、阿雷格里港（1）、若因维利（1）
			阿根廷（13）	里瓦达维亚海军准将城（1）、圣菲（1）、门多萨（1）、巴拉那（1）、罗萨里奥（1）、圣地亚哥－德尔埃斯特罗（1）、圣米格尔－德图库曼（1）、布宜诺斯艾利斯（1）、科尔多瓦（1）、圣弗朗西斯科（1）、萨尔塔（1）、圣拉斐尔（1）、乌斯怀亚（1）
			智利（7）	安托法加斯塔（1）、拉塞雷纳（1）、圣地亚哥（1）、瓦尔帕莱索（1）、库里科（1）、奇廉（1）、康塞普西翁（1）

续表

国家	语言文化传播机构	在拉美地区的布点总数	布点所在国家（数量）	布点所在城市（数量）
美国	海外中心	97	哥伦比亚（9）	亚美尼亚（1）、巴兰基亚（1）、波哥大（1）、布卡拉曼加（1）、卡塔赫纳（1）、卡利（1）、马尼萨莱斯（1）、麦德林（1）、佩雷拉（1）
			墨西哥（3）	蒙特雷（1）、韦拉克鲁斯（1）、埃莫西约（1）
			秘鲁（8）	皮乌拉（1）、奇克拉约（1）、特鲁希略（1）、利马（1）、塔拉波托（1）、万卡约（1）、库斯科（1）、阿雷基帕（1）
			玻利维亚（4）	科恰班巴（1）、圣克鲁斯（1）、苏克雷（1）、塔里哈（1）
			委内瑞拉（4）	加拉加斯（2）、梅里达（1）、苏利亚州（1）
			多米尼加共和国（1）	圣多明各（1）
			厄瓜多尔（2）	瓜亚基尔（1）、昆卡（1）
			洪都拉斯（2）	特古西加尔巴（1）、圣佩德罗苏拉（1）
			哥斯达黎加（1）	圣何塞（1）
			萨尔瓦多（1）	圣萨尔瓦多（1）
			危地马拉（1）	危地马拉城（1）
			海地（1）	太子港（1）
			尼加拉瓜（1）	马那瓜（1）
			巴拉圭（1）	亚松森（1）
			乌拉圭（1）	蒙得维的亚（1）

续表

国家	语言文化传播机构	在拉美地区的布点总数	布点所在国家（数量）	布点所在城市（数量）
法国	法语联盟	220	阿根廷（60）	布宜诺斯艾利斯（5）、科尔多瓦（1）、贝尔维尔（1）、耶稣玛利亚（1）、马科斯化雷斯（1）、里奥夸尔托（1）、拉斐拉（1）、圣豪尔赫（1）、罗萨里奥（1）、雷孔基斯塔（1）、圣菲（1）、贝纳多图埃托（1）、门多萨（1）、圣拉斐尔（1）、圣胡安（1）、圣路易斯（1）、梅塞德斯镇（1）、乌拉圭河畔康塞普西翁（1）、康科迪亚（1）、瓜莱瓜伊（1）、瓜莱瓜伊丘（1）、诺戈亚（1）、巴拉那（1）、贝亚维斯塔（1）、贝纳尔（1）、坎帕纳（1）、拉普拉塔（1）、卢汉（1）、皮拉尔（1）、维森特洛佩斯（1）、布兰卡港（1）、苏亚雷斯上校镇（1）、拉普里达（1）、马德普拉塔（1）、奥拉瓦里亚（1）、皮圭（1）、坦迪尔（1）、特雷斯阿罗约斯（1）、布宜诺斯艾利斯（1）、布拉加多（1）、胡宁（1）、梅塞德斯（1）、佩瓦霍（1）、圣罗莎（1）、卡莱塔奥利维亚（1）、辛科萨尔托斯（1）、圣卡洛斯－德巴里洛切（1）、里瓦达维亚海军准将城（1）、埃斯克尔（1）、内乌肯（1）、波萨达斯（1）、雷西斯滕西亚（1）、萨尔塔（1）、圣萨尔瓦多－德胡胡伊（1）、圣地亚哥－德尔埃斯特罗（1）、圣米格尔－德图库曼（1）、乌斯怀亚（1）
			百慕大（1）	哈密尔顿（1）

续表

国家	语言文化传播机构	在拉美地区的布点总数	布点所在国家（数量）	布点所在城市（数量）
法国	法语联盟	220	玻利维亚（4）	拉巴斯（1）、科恰班巴（1）、圣克鲁斯（1）、苏克雷（1）
			巴西（35）	阿拉卡茹（1）、阿拉拉夸拉（1）、贝伦（1）、贝洛奥里藏特（1）、布卢梅瑙（1）、巴西利亚（1）、坎皮纳斯（1）、格兰德营（1）、库里奇巴（1）、弗洛里亚诺波利斯（1）、福塔莱萨（1）、伊瓜苏（1）戈亚尼亚（1）、大 ABC 地区（圣安德烈）（1）、若昂佩索阿（1）、若因维利（1）、茹伊斯迪福拉（1）、隆德里纳（1）、马塞约（1）、马瑙斯（1）、纳塔尔（1）、尼泰罗伊（1）、新弗里堡（1）、欧鲁普雷图（1）、阿雷格里港（1）、累西腓（1）、里贝朗普雷图（1）、里约热内卢（1）、萨尔瓦多（1）桑托斯（1）、圣卡洛斯（1）、圣贡萨洛（1）、圣若泽－杜斯坎普斯（1）、圣保罗（1）、维多利亚（1）
			智利（6）	安托法加斯塔（1）、康塞普西翁（1）、奥索尔诺（1）、复活节岛（1）、拉塞雷纳（1）、瓦尔迪维亚（1）
			哥伦比亚（12）	圣玛尔塔（1）、巴兰基亚（1）、卡塔赫纳（1）、布卡拉曼加（1）、麦德林（1）、马尼萨莱斯（1）、佩雷拉（1）、亚美尼亚（1）、波哥大（1）、卡利（1）、波帕扬（1）、库库塔（1）

续表

国家	语言文化传播机构	在拉美地区的布点总数	布点所在国家（数量）	布点所在城市（数量）
法国	法语联盟	220	哥斯达黎加（1）	圣何塞（1）
			古巴（2）	哈瓦那（1）、圣地亚哥（1）
			多米尼克（1）	罗索（1）
			多米尼加共和国（4）	圣多明各（1）、圣地亚哥（1）、马奥（1）、蒙特克里斯蒂（1）
			厄瓜多尔（5）	基多（1）、瓜亚基尔（1）、昆卡（1）、洛哈（1）、波托维耶霍/曼塔（1）
			萨尔瓦多（1）	圣萨尔瓦多（1）
			格林纳达（1）	圣乔治（1）
			危地马拉（1）	危地马拉城（1）、安提瓜（1）、克察尔特南戈（1）
			海地（5）	海地角（1）、和平港（1）、雅克梅勒（1）、热雷米（1）、戈纳伊夫（1）
			洪都拉斯（2）	特古西加尔巴（1）、圣佩德罗苏拉（1）
			牙买加（1）	金斯敦（1）
			墨西哥（35）	阿卡普尔科（1）、阿瓜斯卡连特斯（1）、坎佩切（1）、华雷斯城（1）、维多利亚城（1）、库埃纳瓦卡（1）、杜兰戈（1）、瓜达拉哈拉（1）、瓜纳华托（1）、伊拉普阿托（1）、莱昂（1）、梅里达（1）、墨西加利（1）、墨西哥城（1）、蒙特雷（1）、莫雷利亚（1）、瓦哈卡（1）、普埃布拉（1）、克雷塔罗（1）、萨尔蒂约（1）、圣克里斯托瓦尔－德拉斯卡萨斯（1）、圣路易斯波托西（1）、坦皮科（1）、塔帕丘拉（1）、特斯科科（3）、蒂华纳（1）、特拉斯卡拉（1）、托卢卡（1）、托雷翁（1）、韦拉克鲁斯（1）、比亚埃尔莫萨（1）、哈拉帕（1）、萨卡特卡斯（1）

续表

国家	语言文化传播机构	在拉美地区的布点总数	布点所在国家（数量）	布点所在城市（数量）
法国	法语联盟	220	尼加拉瓜（3）	马那瓜（1）、格拉纳达（1）、莱昂（1）
			巴拿马（2）	巴拿马城（1）、戴维（1）
			巴拉圭（1）	亚松森（1）
			秘鲁（10）	阿雷基帕（1）、奇克拉约（1）、库斯科（1）、伊基托斯（1）、哈恩（1）、利马（1）、皮乌拉（1）、普诺（1）、塔克纳（1）、特鲁希略（1）
			波多黎各（3）	圣胡安（1）、庞塞（1）、马亚圭斯（1）
			圣基茨和尼维斯（1）	巴斯特尔（1）
			圣卢西亚（1）	卡斯特里（1）
			圣文森特和格林纳丁斯（1）	金斯敦（1）
			苏里南（1）	帕拉马里博（1）
			特立尼达和多巴哥（1）	西班牙港（1）
			乌拉圭（7）	蒙得维的亚（1）、梅洛（1）、梅赛德斯（1）、派桑杜（1）、罗恰（1）、萨尔托（1）、塔夸伦博（1）
			委内瑞拉（10）	加拉加斯（1）、巴伦西亚（1）、巴基西梅托（1）、拉克鲁斯港（1）、梅里达（1）、马拉凯（1）、马拉开波（1）、新埃斯帕塔（1）、巴里纳斯（1）、奥尔达斯港（1）
荷兰	荷兰语语言联盟	1	苏里南（1）	帕拉马里博（1）

续表

国家	语言文化传播机构	在拉美地区的布点总数	布点所在国家（数量）	布点所在城市（数量）
德国	歌德学院	14	阿根廷（2）	布宜诺斯艾利斯（1）、科尔多瓦（1）
			玻利维亚（1）	拉巴斯（1）
			巴西（5）	圣保罗（1）、里约热内卢（1）、萨尔瓦多（1）、库里蒂巴（1）、阿雷格里港（1）
			智利（1）	圣地亚哥（1）
			哥伦比亚（1）	波哥大（1）
			墨西哥（1）	墨西哥城（1）
			秘鲁（1）	利马（1）
			乌拉圭（1）	蒙得维的亚（1）
			委内瑞拉（1）	加拉加斯（1）
	歌德中心	10	阿根廷（2）	门多萨（1）、圣胡安（1）
			玻利维亚（1）	圣克鲁斯（1）
			巴西（1）	巴西利亚（1）
			智利（1）	康塞普西翁（1）
			哥斯达黎加（1）	圣何塞（1）
			厄瓜多尔（1）	基多（1）
			墨西哥（1）	瓜达拉哈拉（1）
			巴拉圭（1）	亚松森（1）
			秘鲁（1）	阿雷基帕（1）
日本	国际交流基金	2	墨西哥（1）	墨西哥城（1）
			巴西（1）	圣保罗（1）
意大利	但丁协会	146	阿根廷（106）	阿罗约塞科（1）、阿韦亚内达（1）、布兰卡港（1）、巴尔卡塞（1）、巴萨维尔瓦索（1）、贝尔维尔（1）、布拉加多（1）、布宜诺斯艾利斯（1）、坎帕纳（1）、卡皮亚德尔蒙特（1）、卡洛斯－卡萨雷斯（1）、查哈里（1）、查纳尔拉德亚多（1）、奇维尔科伊（1）、西波列蒂（1）、科隆（1）、乌拉圭河畔康塞普西翁（1）、康科迪

续表

国家	语言文化传播机构	在拉美地区的布点总数	布点所在国家（数量）	布点所在城市（数量）
意大利	但丁协会	146	阿根廷（106）	亚（2）、科尔多瓦（1）、科拉尔－德布斯托斯（1）、科雷亚（1）、科连特斯（1）、迪亚曼特（1）、埃尔帕洛马－卡塞罗斯（1）、埃斯佩兰萨（1）、皮科将军镇（1）、罗卡将军镇（1）、罗德里格斯将军市（1）、瓜莱瓜伊丘（1）、温卡雷南科（1）、胡斯蒂尼亚诺波塞（1）、拉法尔达（1）、拉普拉塔（1）、拉里奥哈（2）、拉博尔德（1）、拉沃拉耶（1）、拉努斯（1）、拉斯弗洛雷斯（1）、拉斯罗萨斯（1）、洛韦里亚（1）、洛马斯－德萨莫拉（1）、卢汉（1）、卢汉德库约（1）、马德普拉塔（1）、门多萨（2）、梅洛（1）、蒙特卡塞罗斯（1）、莫龙（1）、内科切阿（1）、内乌肯（1）、诺戈亚（1）、奥拉瓦里亚（1）、翁卡蒂沃（1）、巴拉那（1）、帕索德洛斯利布雷斯（1）、佩尔加米诺（1）、皮圭（1）、波萨达斯（1）、拉斐拉（1）、拉莫斯梅希亚（1）、雷孔基斯塔（2）、雷西斯滕西亚（1）、里奥夸尔托（1）、里奥特尔塞罗（1）、罗萨里奥（1）、罗萨里奥德尔塔拉（1）、萨拉迪约（1）、萨尔塔（1）、圣卡洛斯－德巴里洛切（1）、圣弗朗西斯科（2）、圣伊西德罗（1）、圣豪尔赫（1）、圣胡安（1）、圣胡斯托（1）、圣路易斯（1）、圣马丁德洛斯安第斯（1）、圣马丁（门多萨省）（1）、圣马丁（布宜诺斯艾利斯省）－特雷斯－德费布雷罗（1）、

续表

国家	语言文化传播机构	在拉美地区的布点总数	布点所在国家（数量）	布点所在城市（数量）
意大利	但丁协会	146	阿根廷（106）	圣拉斐尔（2）、圣萨尔瓦多－德胡胡伊（1）、圣菲（1）、圣罗莎（1）、圣地亚哥－德尔埃斯特罗（1）、塔菲别霍（1）、坦迪尔（1）、蒂格雷（1）、托艾（1）、托托拉斯（1）、圣米格尔－德图库曼（1）、五月二十五日城（1）、贝纳多图埃托（1）、维森特洛佩斯（1）、别德马（1）、卡洛斯帕斯镇（1）、玛丽亚镇（1）、梅塞德斯镇（1）、雷希纳镇（1）、萨拉特（1）、伊图萨因戈（1）、乌斯怀亚（1）
			巴西（10）	南卡希亚斯（1）、若因维利（1）、图巴朗（1）、库里奇巴（2）、累西腓（1）、里约热内卢（1）、巴西利亚（1）、圣保罗（2）
			墨西哥（11）	墨西哥城（1）、蒙特雷（4）、瓜达拉哈拉（1）、梅里达（1）、阿瓜斯卡连特斯（1）、特拉斯卡拉（1）、博卡德尔里奥（2）
			智利（3）	圣地亚哥（1）、瓦尔帕莱索（1）、安托法加斯塔（1）
			哥伦比亚（3）	波哥大（1）、巴兰基亚（1）、卡塔赫纳（1）
			厄瓜多尔（3）	基多（1）、瓜亚基尔（1）、昆卡（1）
			玻利维亚（1）	拉巴斯（1）
			哥斯达黎加（2）	圣何塞（1）、圣维托（1）
			古巴（1）	哈瓦那（1）
			危地马拉（1）	危地马拉城（1）
			萨尔瓦多（2）	圣萨尔瓦多（2）
			巴拉圭（1）	亚松森（1）
			乌拉圭（1）	蒙得维的亚（1）
			委内瑞拉（1）	马拉凯（1）

续表

国家	语言文化传播机构	在拉美地区的布点总数	布点所在国家（数量）	布点所在城市（数量）
中国	孔子学院	47	墨西哥（6）	墨西哥城（2）、瓜达拉哈拉（1）、蒙特雷（1）、梅里达（1）、奇瓦瓦（1）
			秘鲁（4）	利马（2）、阿雷基帕（1）、皮乌拉（1）
			哥伦比亚（3）	麦德林（1）、波哥大（2）
			古巴（1）	哈瓦那（1）
			智利（3）	特木科（1）、圣地亚哥（1）、比尼亚德尔马（1）
			巴西（11）	圣保罗（3）、巴西利亚（1）、里约热内卢（1）、阿雷格里港（1）、贝洛奥里藏特（1）、累西腓（1）、坎皮纳斯（1）、贝伦（1）、福塔莱萨（1）
			阿根廷（3）	布宜诺斯艾利斯（1）、拉普拉塔（1）、科尔多瓦（1）
			哥斯达黎加（1）	圣何塞（1）
			牙买加（1）	金斯顿（1）
			巴哈马（1）	拿骚（1）
			玻利维亚（1）	科恰班巴（1）
			厄瓜多尔（1）	基多（1）
			多米尼加（1）	圣多明各（1）
			特立尼达和多巴哥（1）	西班牙港（1）
			圭亚那（1）	乔治敦（1）
			萨尔瓦多（1）	圣萨尔瓦多（1）
			格林纳达（1）	圣乔治（1）
			巴巴多斯（1）	布里奇顿（1）
			委内瑞拉（1）	加拉加斯（1）
			苏里南（1）	帕拉马里博（1）
			巴拿马（1）	巴拿马城（1）
			安提瓜和巴布达（1）	五岛（1）
			乌拉圭（1）	蒙得维的亚（1）

续表

国家	语言文化传播机构	在拉美地区的布点总数	布点所在国家（数量）	布点所在城市（数量）
中国	孔子课堂	19	秘鲁（1）	皮乌拉（1）
			哥伦比亚（4）	波哥大（3）、滕霍（1）
			智利（7）	圣地亚哥（2）、蓬塔（1）、奇廉（1）、比尼亚德尔马（1）、瓦尔帕莱索（1）、瓦尔迪维亚（1）
			巴西（5）	圣保罗（2）、累西腓（2）、里约热内卢（1）
			厄瓜多尔（1）	基多（1）
			格林纳达（1）	圣乔治（1）

二　对拉美地区孔子学院中方院长的采访问卷

1. 对秘鲁天主教大学孔子学院中方院长的采访问卷

采访目的：了解汉语在秘鲁当地人中的形象和地位；了解当前汉语传播在秘鲁的现状和前景。

问题1. 目前汉语在秘鲁人的心目中是怎样的一种形象，他们如何看待汉语这种语言？是什么因素影响了秘鲁人对汉语的这种看法？

问题2. 汉语目前在秘鲁的社会地位如何？主要是什么因素影响了汉语在秘鲁社会中的地位？

问题3. 汉语传播在秘鲁当前是什么样的情况，存在怎样的优势（或者机会）和困难？孔院如何在当前的基础上进一步进行汉语传播的推广？

问题4. 我们了解到，当前秘鲁除了孔院还有其他的中文学校，孔院和其他的中文教育机构是如何共同促进汉语在当地的传播的？

问题5. 据我们了解，越来越多的秘鲁人出于经济贸易因素而开始学习汉语，我们应该怎样利用中国越来越强大的经济实力来进一步促进汉语的推广？是否准备开设“经贸汉语”课程？

问题6. 目前日本韩国的文化产业（例如韩国音乐、电影，日本动漫、电视剧）在拉美都有非常强大的文化影响力，这种影响力的受众面也相当广泛。相对言之，当前中国对外的文化宣传还主要停留在传统文化艺术方面（剪纸、书法等），其受众也比较小，我国能否借鉴日韩的经验促进文化产业的推广从而进一步在文化领域加强汉语的吸引力？

问题7. 孔子学院与英国文化委员会、德国歌德学院、法国法语联盟等语言文化推广机构相比在面向拉美的语言推广方面有什么优势或者不足？

2. 对阿根廷拉普拉塔孔子学院中方院长的采访问卷

采访目的：了解阿根廷汉语教育规划现状与问题。

问题1. 请问您所在的孔子学院师资状况怎样？多少中方教师，多少外方教师，多少志愿者？对于师资方面有何建议？

问题2. 请问在教学中使用哪些教材和教学法，课程设置是怎样的？是否有遇到困难，有何建议？

问题3. 您可以介绍一下孔子学院的资金来源吗？主要是由国家财政拨款吗？有哪些拓宽资金的建议？

问题4. 现在是通过什么测试评估呢？除了HSK还会给学生做什么相应的测试吗？HSKK、YCT、BCT、HSKE这四种考试是否普及？是否支持开展线上测试，一切数据化网络化？对于测试评估有哪些建议？

问题5. 您觉得现在阿根廷的孔子学院或者拉美的孔子学院存在什么问题？有哪些建议呢？

三　拉美地区汉语学生疑难问题调查问卷与数据统计

1. 汉语学习疑难问题调查问卷

1.1　问卷 I

性别 Sexo：	年龄 Edad：	学习汉语的时间 Cuánto tiempo llevas aprendiendo el chino mandarín?

第一部分　语音　　Parte I Fonética

1. 下列拼音正确的是：(Cuál es el correcto?)

A. lioù　　B. yǚ

C. xué　　D. qǎ

2. 下列汉字对应读音正确的是：(Cuál es correctamente correpondiente a sus caracteres chinos?)

A. 不好 bǔ hǎo　　B. 不喝 bú hē

C. 不要 bù yào　　D. 不忙 bù máng

3. 下列汉字对应读音正确的是：(Cuál es correctamente correpondiente a sus caracteres chinos?)

A. 一杯 yībēi　　B. 一下 yíxià

C. 一起 yìqǐ　　D. 一斤 yíjīng

4. 给"一点儿"和"女儿"注音正确的是：(Cuáles son los pinyins correctos de 一点儿 y 女儿?)

A. yìdiǎn'ér　nǚr　　B. yìdiǎnr　nǚ'ér

C. yìdiǎnr　nǔ'ér　　D. yídiǎnr　nǚr

5. 下列汉字注音正确的是：(Cuál es correctamente correpondiente a sus caracteres chinos?)

A. 妈妈 māmā　　B. 葡萄酒 pútaojiǔ

C. 你呢 nǐ nē　　D. 他们 tāmén

6. 汉语发音难吗？1—5 简单—难（Es difícil la pronunciación del chino? 1 -5 escala de fácil - difícil）

1	2	3	4	5

7. 目前发音还有问题吗？1—5 没有—很多

（Todavía tienes dificultades de pronunciación？1 –5 escala de “no tengo” a “tengo muchas”）

1	2	3	4	5

第二部分　汉字　　Parte Ⅱ Carácteres chinos

1. 知道汉字的基本笔画名称吗？1—5 不知道—知道

（Sabe los nombres de los trazos de los caracteres chinos？1 –5 escala de “No，no sé nada.” a “Sí，lo sé todo”）

1	2	3	4	5

2. 知道汉字书写有顺序吗？1—5 不知道—知道

（Sabe que los caracteres se escriben según un orden？1 –5 escala de “No，no sé nada.” a “Sí，lo sé todo”）

1	2	3	4	5

3. 知道汉字的结构吗？1—5 不知道—知道

（Sabe las estructuras de los caracteres chinos？1 –5 escala de “No，no sé nada.” a “Sí，lo sé todo”）

1	2	3	4	5

4. 汉字“弯”（wān）有几画？（Cuántos trazos tiene el carácter chino “弯”？）

A. 12 画　　　　B. 10 画

C. 9 画　　　　D. 8 画（trazos）

5. 请写出“餐”的笔画顺序（Escribe los trazos del carácter chino “餐”. Véase el ejemplo.）

例如：“三”

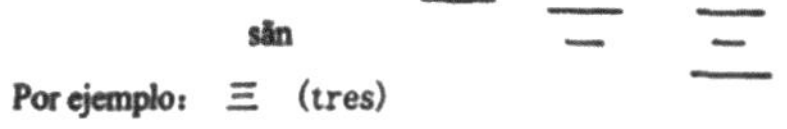

6. 汉字难记吗？1—5 简单—难（Es difícil memorizar los caracteres chinos？1 –5 escala de fácil a difícil）

1	2	3	4	5

7. 汉字难写吗？1—5 简单—难（Es difícil escribir los caracteres chinos？1 –5 escala de fácil a difícil）

1	2	3	4	5

第三部分　语法　　Parte Ⅲ Gramática

1. 下列句子正确的是：（Cuál oración es correcta?）

A. 苹果是很红。　　B. 苹果三块五是一斤。

C. 他苹果红。　　D. 他今年二十岁。

2. 下列句子正确的是：（Cuál oración es correcta?）

A. 你认识不认识林娜吗？　　B. 你认识林娜还是不认识吗？

C. 我们认识一下，好吗？　　D. 我不认识林娜，你吗？

3. 下列句子正确的是：（Cuál oración es correcta?）

A. 我们她教英语。　　B. 我们不都是学生。

C. 我喝咖啡去餐厅。　　D. 昨天我买苹果在这儿。

4. 下列句子正确的是：（Cuál oración es correcta?）

A. 您今年几岁？　　B. 您孙女儿今年多少岁数？

C. 你今年几岁数？　　D. 你今年几岁？

5. 下列句中划线情态动词与“天气暖和了，可以游泳。”中的“可以”意义相同的是：

Cuál verbo auxiliar en las oraciones abajopuestas tiene el mismo sentido de “可以” en “天气暖和了，可以游泳”？

A. 八点前我们能到学校。

B. 他会游泳。

C. 你可以自我介绍一下吗？

D. 天气暖和了，我们应该去游泳。

6. 下列句子“了”使用正确的是：（En cuál oración se usa correctamente “了”?）

A. 他能了喝五杯红葡萄酒。　　B. 我买了三斤香蕉。

C. 你看没看了房子？　　D. 他没买了酒。

7. “马大为请丁立波让张教授教他汉语。” 中 “他” 指的是：（A quién se refiere “他”?）

A. 张教授　　B. 丁立波

C. 马大为　　D. 林娜

8. 汉语语法难吗？1—5 简单—难（Es difícil la gramática del chino? 1 –5 escala de fácil a difícil）

1	2	3	4	5

9. 汉语语法与西班牙语差别大吗？1—5 不大—大（Es muy distinta la gramática del chino de la del español? 1 –5 escala de “No. Son iguales.” a “Sí, son totalmente distintas.”）

1	2	3	4	5

10. 你认为哪些语法比较难？（Puedes enumerar los puntos gramaticales que te parecen difíciles de aprender?）

1.2 问卷Ⅱ

性别 Sexo：	年龄 Edad：	学习汉语的时间 Cuánto tiempollevas aprendiendo el chino mandarín?

第一部分　语音　　Parte I Fonética

1. 下列拼音正确的是：（Cuál es el correcto?）

A. lioù　　B. yǚ

C. xué　　D. qǎ

2. 下列汉字对应读音正确的是：（Cuál es correctamente correpondiente a sus caracteres chinos?）

A. 一杯 yībēi　　B. 一下 yíxià

C. 一起 yǐqǐ　　D. 一斤 yíjīng

3. 汉语发音难吗？1—5 简单—难（Es difícil la pronunciación del chino? 1 –5 escala de fácil – difícil ）

1	2	3	4	5

4. 目前发音还有问题吗？1—5 没有—很多

（Todavía tienes dificultades de pronunciación? 1 – 5 escala de "no tengo" a "tengo muchas"）

1	2	3	4	5

第二部分　汉字　　Parte Ⅱ Carácteres chinos

1. 知道汉字的基本笔画名称吗？1—5 不知道—知道

（Sabe los nombres de los trazos de los caracteres chinos? 1 – 5 escala de "No, no sé nada." a "Sí, lo sé todo"）

1	2	3	4	5

2. 知道汉字的结构吗？1—5 不知道—知道

（Sabe las estructuras de los caracteres chinos? 1 – 5 escala de "No, no sé nada." a "Sí, lo sé todo"）

1	2	3	4	5

3. 汉字"弯"（wān）有几画？（Cuántos trazos tiene el carácter chino "弯"?）

A. 12 画　　　　　　　　　　　B. 10 画

C. 9 画　　　　　　　　　　　D. 8 画（trazos）

4. 请写出"餐"的笔画顺序（Escribe los trazos del carácter chino "餐". Véase el ejemplo.）

例如："三"　　　　　sān　　　一　　二　　三
Por ejemplo:　三　（tres）

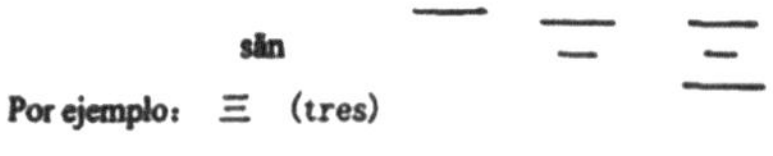

5. 汉字难记吗？1—5 简单—难（Es difícil memorizar los caracteres chinos? 1 – 5 escala de fácil a difícil）

1	2	3	4	5

6. 汉字难写吗？1—5 简单—难（Es difícil escribir los caracteres chinos? 1 – 5 escala de fácil a difícil）

1	2	3	4	5

第三部分　语法　　Parte Ⅲ Gramática

1. 下列句子正确的是：(Cuál oración es correcta?)

A. 我们她教英语。　　B. 我们不都是学生。

C. 我喝咖啡去餐厅。　　D. 昨天我买苹果在这儿。

2. 下列句中划线情态动词与"天气暖和了，可以游泳。"中的"可以"意义相同的是：

Cuál verbo auxiliar en las oraciones abajopuestas tiene el mismo sentido de "可以" en "天气暖和了，可以游泳"?

A. 八点前我们能到学校。

B. 他会游泳。

C. 你可以自我介绍一下吗?

D. 天气暖和了，我们应该去游泳。

3. "马大为请丁立波让张教授教他汉语。"中"他"指的是：(A quién se refiere "他"?)

A. 张教授　　B. 丁立波

C. 马大为　　D. 林娜

4. 下列句子正确的是：(Cuál oración es correcta?)

A. 他长很高。　　B. 我看那部电影两遍过。

C. 我没听得懂了。　　D. 他住二楼。

5. 下列句子正确的是：(Cuál oración es correcta?)

A. 他比她高很多。　　B. 他比她高极了。

C. 他不比她高多了。　　D. 他跟她一样很高。

6. 下列句子不正确的是：(Cuál oración es incorrecta?)

A. 你把照片带了吗?　　B. 你带照片了吗?

C. 照片带了吗?　　D. 照片带来了吗?

7. 下列句中"了"使用不正确的是：(Cuál oración es incorrecta?)

A. 他昨天买了苹果。　　B. 昨天他买了苹果了。

C. 苹果买了吗?　　D. 苹果买没买了?

8. 下列句子正确的是：（Cuál oración es correcta?）

A. 花瓶被打了。　　　　　　B. 小偷让抓住警察了。

C. 自行车被偷了。　　　　　　D. 那件衣服会被别人不买走。

9. 下列句子正确的是：（Cuál oración es correcta?）

A. 墙上正挂着一张照片。

B. 墙上要挂着一张照片。

C. 墙上挂着过一张照片。

D. 墙上挂了一张照片。

1.3　问卷Ⅲ

性别 Sexo：	年龄 Edad：	学习汉语的时间 Cuánto tiempollevas aprendiendo el chino mandarín?

1. 汉语发音难吗？1—5 简单—难 （Es difícil la pronunciación del chino? 1 – 5 escala de fácil – difícil ）

1	2	3	4	5

2. 目前发音还有问题吗？1—5 没有—很多

（Todavía tienes dificultades de pronunciación? 1 – 5 escala de "no tengo" a "tengo muchas"）

1	2	3	4	5

3. 汉字"弯"（wān）有几画？（Cuántos trazos tiene el carácter chino "弯"?）

A. 12 画　　　　　　B. 10 画

C. 9 画　　　　　　D. 8 画（trazos）

4. 请写出"餐"的笔画顺序（Escribe los trazos del carácter chino "餐". Véase el ejemplo.）

例如："三"　　　sān　一　二　三
Por ejemplo: 三 (tres)

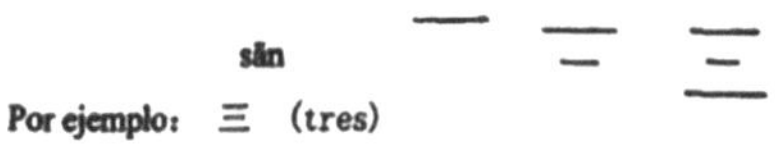

5. 汉字难记吗？1—5 简单—难（Es difícil memorizar los caracteres chinos？1 – 5 escala de fácil a difícil）

1	2	3	4	5

6. 汉字难写吗？1—5 简单—难（Es difícil escribir los caracteres chinos？1 – 5 escala de fácil a difícil）

1	2	3	4	5

7. 下列句子正确的是：（Cuál oración es correcta？）

A. 我们她教英语。　　B. 我们不都是学生。

C. 我喝咖啡去餐厅。　　D. 昨天我买苹果在这儿。

8. 下列句子正确的是：（Cuál oración es correcta？）

A. 他长很高。　　B. 我看那部电影两遍过。

C. 我没听得懂了。　　D. 他住二楼。

9. “马大为请丁立波让张教授教他汉语。”中“他”指的是：（A quién se refiere“他”？）

A. 张教授　　B. 丁立波

C. 马大为　　D. 林娜

10. 下列句子正确的是：（Cuál oración es correcta？）

A. 丁立波写汉字到本子上。　　B. 你苹果拿给我。

C. 书还给他了吗？　　D. 他轻轻地放书桌子上。

11. 下列句子正确的是：（Cuál oración es correcta？）

A. 他的脸红红通通的。　　B. 他的脸红红。

C. 桌子今天干干净净的。　　D. 桌子今天干净干净的。

12. 下列句子正确的是：（Cuál oración es correcta？）

A. 衣服洗的不干净。

B. 丝绸的旗袍价格更高。

C. 小狗开心得围在主人身边。

D. 他是卖东西地。

13. 下列句子正确的是：（Cuál oración es correcta？）

A. 他给我三苹果。

B. 一共来了俩人。

C. 我家有一条狗和一条猫。

D. 我要一杯米饭。

14. 下列句子正确的是：(Cuál oración es correcta?)

A. 昨天我一共花了 1000 块多钱。

B. 这本词典有七百几页。

C. 中国有五千多年的历史。

D. 前面来了十个多人。

15. 下列句子中疑问代词与“我不记得放在哪儿了。”中“哪儿”用法意义相同的是：(Cuál pronombre interrogativo en las oraciones abajo tiene el semejante uso y significado que“哪儿”en“我不记得放在哪儿了。”?)

A. 谁都不能在教室里抽烟。

B. 她什么都想买。

C. 他不知怎么把钥匙丢了。

D. 哪儿风景美，我们就去哪儿。

16. 下列句子正确的是：(Cuál oración es correcta?)

A. 苹果又好吃又贵。

B. 苹果不但好吃而且很贵。

C. 苹果既好吃又贵。

D. 苹果很好吃，但很贵。

17. 汉语语法难吗？1—5 简单—难（Es difícil la gramática del chino? 1 – 5 escala de fácil a difícil）

1	2	3	4	5

18. 汉语语法与西班牙语差别大吗？1—5 不大—大（Es muy distinta la gramática del chino de la del español? 1 – 5 escala de “No. Son iguales.” a “Sí, son totalmente distintas.”）

1	2	3	4	5

19. 你认为哪些语法比较难？(Puedes enumerar los puntos gramaticales que te parecen difíciles de aprender?)

1.4　问卷Ⅳ

性别 Sexo：	年龄 Edad：	学习汉语的时间 Cuánto tiempollevas aprendiendo el chino mandarín?

1. 汉语发音难吗？1—5 简单—难（Es difícil la pronunciación del chino? 1－5 escala de fácil－difícil）

1	2	3	4	5

2. 目前发音还有问题吗？1—5 没有—很多

（Todavía tienes dificultades de pronunciación? 1－5 escala de “no tengo” a “tengo muchas”）

1	2	3	4	5

3. 汉字“弯”（wān）有几画？（Cuántos trazos tiene el carácter chino “弯”?）

A. 12 画　　B. 10 画

C. 9 画　　D. 8 画（trazos）

4. 请写出“餐”的笔画顺序（Escribe los trazos del carácter chino “餐”. Véase el ejemplo.）

例如：“三”

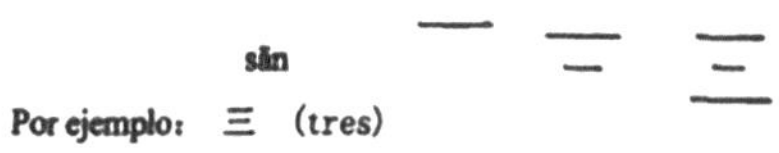

5. 汉字难记吗？1—5 简单—难（Es difícil memorizar los caracteres chinos? 1－5 escala de fácil a difícil）

1	2	3	4	5

6. 汉字难写吗？1—5 简单—难（Es difícil escribir los caracteres chinos? 1－5 escala de fácil a difícil）

1	2	3	4	5

7. 下列句子正确的是：（Cuál oración es correcta?）

A. 我们她教英语。　　B. 我们不都是学生。

C. 我喝咖啡去餐厅。　　D. 昨天我买苹果在这儿。

8. 下列句中划线情态动词与“天气暖和了，可以游泳。”中的“可以”意义相同的是：

Cuál verbo auxiliar en las oraciones abajopuestas tiene el mismo sentido de “可以” en “天气暖和了，可以游泳”？

A. 八点前我们能到学校。

B. 他会游泳。

C. 你可以自我介绍一下吗？

D. 天气暖和了，我们应该去游泳。

9. 下列句子正确的是：(Cuál oración es correcta?)

A. 他长很高。

B. 我看那部电影两遍过。

C. 我没听得懂了。

D. 他住二楼。

10. 下列句子正确的是：(Cuál oración es correcta?)

A. 他给我三苹果。

B. 一共来了俩人。

C. 我家有一条狗和一条猫。

D. 我要一杯米饭。

11. “马大为请丁立波让张教授教他汉语。”中“他”指的是：(A quién se refiere “他”?)

A. 张教授　　B. 丁立波

C. 马大为　　D. 林娜

12. 下列句子正确的是：(Cuál oración es correcta?)

A. 昨天我一共花了 1000 块多钱。

B. 这本词典有七百几页。

C. 中国有五千多年的历史。

D. 前面来了十个多人。

13. 下列句子中疑问代词与“我不记得放在哪儿了。”中“哪儿”用法意义相同的是：(Cuál pronombre interrogativo en las oraciones abajo tiene el semejante uso y significado que “哪儿” en “我不记得放在哪儿了。”?)

A. 谁都不能在教室里抽烟。

B. 她什么都想买。

C. 他不知怎么把钥匙丢了。

D. 哪儿风景美，我们就去哪儿。

14. 下列句子正确的是：（Cuál oración es correcta?）

A. 他的脸红红通通的。　　B. 他的脸红红。

C. 他的脸通红通红的。　　D. 他的脸通红红的。

15. 下列句中语气助词“呢”与“你干什么呢?”中用法相同的是：

（Cuál“呢”tiene el mismo uso que el“呢”en“你干什么呢?”?）

A. 美术馆还没开门呢!

B. 他在画画呢。

C. 我的相机呢?

D. 她妈妈在做什么好吃的呢?

16. 下列句中语气助词“了”与“他写完作业了。”中用法相同的是：

（Cuál“了”tiene el mismo uso que el“了”en“他写完作业了。”?）

A. 我有女朋友了。　　B. 下过雨了。

C. 大家都笑死了。　　D. 他要走了。

17. 下列句子与“他差点没赶上考试”意思相同的是：

（Cuál oración tiene el mismosentido de“他差点没赶上考试”?）

A. 他没赶上考试。

B. 他几乎赶不上考试。

C. 他差不多没赶上考试。

D. 他差点赶不上考试。

18. 下列句子正确且符合事实的是：（Cuál oración es correcta y verdadera?）

A. 熊猫不是很可爱，而是很珍贵。

B. 熊猫不但很可爱，反而很珍贵。

C. 熊猫不管多可爱，也很珍贵。

D. 熊猫不仅很可爱，而且很珍贵。

19. 汉语语法难吗? 1—5 简单—难（Es difícil la gramática del chino? 1 –5 escala de fácil a difícil）

1	2	3	4	5

20. 汉语语法与西班牙语差别大吗？1—5 不大—大（Es muy distinta la gramática del chino de la del español? 1 –5 escala de “No. Son iguales.” a “Sí，son totalmente distintas.”）

1	2	3	4	5

21. 你认为哪些语法比较难？（Puedes enumerar los puntos gramaticales que te parecen difíciles de aprender?）

2. 数据统计

2.1 问卷 I

问卷 I 统计结果

选择题	正确人数		错误人数		
语音 1	18		2		
语音 2	14		6		
语音 3	10		10		
语音 4	15		5		
语音 5	8		12		
汉字 4	9		11		
汉字 5	4		16		
语法 1	13		7		
语法 2	14		6		
语法 3	8		12		
语法 4	9		11		
语法 5	1		19		
语法 6	14		6		
语法 7	10		10		
阶梯题	1	2	3	4	5
语音 6	0	3	4	8	5
语音 7	1	5	7	5	2
汉字 1	6	4	2	6	2
汉字 2	0	2	4	7	7
汉字 3	2	2	9	4	3

续表

问卷Ⅰ统计结果					
汉字 6	3	1	5	8	3
汉字 7	4	0	9	4	3
语法 8	0	2	9	5	4
语法 9	1	1	4	6	8

2.2　问卷Ⅱ

问卷Ⅱ统计结果		
选择题	正确人数	错误人数
语音 1	17	3
语音 2	16	4
汉字 3	9	11
汉字 4	12	8
语法 1	8	12
语法 2	4	16
语法 3	10	10
语法 4	5	15
语法 5	2	18
语法 6	1	19
语法 7	4	16
语法 8	8	12
语法 9	4	16
语法 10	16	4

阶梯题	1	2	3	4	5
语音 3	0	1	9	4	6
语音 4	0	3	14	3	0
汉字 1	5	3	9	1	2
汉字 2	1	1	11	5	2
汉字 5	1	1	8	9	1
汉字 6	2	5	10	3	0
语法 11	0	0	10	5	5
语法 12	0	1	4	7	8

2.3 问卷Ⅲ

问卷Ⅲ统计结果

选择题	正确人数	错误人数
3	4	6
4	3	7
7	0	10
8	6	4
9	7	3
10	5	5
11	5	5
12	2	8
13	1	9
14	6	4
15	1	9
16	8	2

阶梯题	1	2	3	4	5
1	1	2	2	4	1
2	1	3	3	3	0
5	1	0	4	2	3
6	0	3	4	2	1
17	1	0	2	6	1
18	0	0	2	3	5

2.4 问卷Ⅳ

问卷Ⅳ统计结果

选择题	正确人数	错误人数
3	3	1
4	2	2
7	2	2
8	1	3
9	4	0

续表

问卷Ⅰ统计结果					
10		2		2	
11		2		2	
12		2		2	
13		2		2	
14		0		4	
15		0		4	
16		1		3	
17		1		3	
18		1		3	
阶梯题	1	2	3	4	5
1	0	0	2	1	1
2	0	2	1	1	0
5	0	0	2	0	2
6	1	0	1	2	0
19	0	0	1	2	1
20	0	0	1	1	2